MARX ALÉM DE MARX

AUTONOMIA
LITERÁRIA

Coordenação Editorial:
Cauê Seignemartin Ameni, Hugo Albuquerque, Manuela Beloni
Tradução: Bruno Cava
Preparação Final: Hugo Albuquerque
Capa: Joana Coutinho
Diagramação: Manuela Beloni

Dados Internacionais de Catalogação na Publicação (CIP)
Vagner Rodolfo CRB-8/9410

N386m Negri, Antonio, 1933-

Marx além de Marx: ciência da crise e da subversão: cadernos de trabalho sobre os Grundrisse / Antonio Negri ; traduzido por Bruno Cava. - São Paulo : Autonomia Literária, 2016.
360 p. ; 14cm x 21cm.

Tradução de: Marx oltre Marx
Inclui índice.
ISBN: 978-85-69536-06-2

1. Filosofia. 2. Marxismo. I. Cava, Bruno. Título.

2016-328 CDD 320.5322
CDU 141.182

Índice para catálogo sistemático
1. Marxismo 320.5322
2. Marxismo 141.182

AUTONOMIA LITERÁRIA
Rua Conselheiro Ramalho 945
01325-001, São Paulo - SP
autonomialiteraria@gmail.com
www.autonomialiteraria.com.br

Antonio Negri

MARX ALÉM DE MARX

Ciência da crise e da subversão
Cadernos de trabalho sobre os Grundrisse

Tradução: Bruno Cava

1ª Edição, 2016

Editora Autonomia Literária
2016

SUMÁRIO

"O fato de que há contradições contidas no capital, nós somos os últimos a negar.
Nosso objetivo é, na verdade, desenvolvê-las completamente"

Karl Marx, Grundrisse, p. 280.

A minhas irmãs e irmãos na prisão

Toni Negri

PREFÁCIO

Ciência da Crise e da Subversão

por Homero Santiago[1] *e Rafael Versolato*[2]

Falando deste livro quase duas décadas após sua primeira edição em 1979, o autor afirma que ele é fruto da mais pura "alegria teórica"; aquela, acrescenta, que "nenhuma paixão triste" pode fazer esquecer.[3] De fato, é provável que só mesmo esse tipo de alegria intelectual, quando aflora na estreita comunhão com a prática política mais aguerrida, seja capaz de, debruçando-se sobre um dos mais intrincados textos marxianos (não esqueçamos o rigoroso subtítulo: "caderno de trabalho sobre os *Grundrisse*"), revolucionar inteiramente as preconcepções, ousar nas interpretações e dar-nos a conhecer – em plena guerra fria, com o socialismo à leste e a crise um pouco por toda parte – a um inusitado Marx *feliz*.

Para ponderar o tamanho da novidade, é suficiente recobrarmos um pouco a memória daquela iconologia soviética que gostava de estampar um Marx hirsuto e carrancudo, em geral ao lado de Engels e Lênin, às vezes de coisa pior, a nos observar de soslaio, categórico e impiedoso; um senhor que, talvez por conhecer como ninguém as leis inapeláveis do materialismo histórico, não

---

[1] Homero Santiago é filósofo e professor livre-docente da Faculdade de Filosofia Letras e Ciências Humanas da Universidade de São Paulo (FFLCH-USP) com estudos e pesquisas vinculados, sobretudo, à Filosofia da Imanência e pensadores como Baruch de Espinosa, Karl Marx, Antonio Negri dentre outros.

[2] Rafael Versolato é mestre em filosofia pela FFLCH-USP.

[3] Antonio Negri, "Introduzione alla nuova edizione", *Marx oltre Marx*, Roma, Manifestolibri, 2003 (1a ed. 1979), p. 10. O texto está datado de novembro de 1997.

ri nem sorri, jamais demonstra humanidade.[4] Difundida por décadas com o apoio de uma poderosa máquina de propaganda, tal representação acabou por entrar na cabeça de quase todos que, ao menos até 1968, mantiveram preocupação com a transformação social. O clássico militante comunista, absorvendo-a, chegou ao ponto de não ser muito mais que um sujeito "triste", "ascético", atravessado por razões de estado soviéticas, ébrio do sonho de um esplendoroso futuro pós-revolucionário; miragem cuja gravidade, no entanto, cerceava-lhe as alegrias, impossibilitava-lhe a vida presente, fadada esta à cruz de um dever insuportável.[5]

Nada disso se encontrará neste "caderno de trabalho" de Negri. Ao invés do senhor esclerosado da ortodoxia, aqui nos é desvendado um pensador alegre; e isso num sentido substantivo: metodicamente, teoricamente, revolucionariamente feliz, trabalhando entre 1857 e 1858 nos cadernos que no século XX virão a ser publicados e conhecidos como *Esboços da crítica da economia política* ou, como é mais corrente, simplesmente *Grundrisse*. "Marx se acha numa fase muito feliz: um momento a meia distância, que não é eclético nem pautado pela mediação, um momento que não reduz a riqueza das pulsões a um ponto médio anódino, de achatamento das categorias ou de desaceleração da imaginação."[6] Feliz porque, ao relacionar a crise e a emergência da subjetividade revolucionária, consegue finalmente compreen-

---

[4] Baudelaire já discernira, no campo da representação artística, esse nexo: tal como nunca se representa o deus-filho cristão rindo, um sábio jamais deve rir, e se o faz por descuido, logo em seguida põe-se a tremer horrorizado; é um signo certo de sua superioridade, dessa profundidade que jamais deve acompanhar-se da alegria porque conquistada na tristeza. Cf. Baudelaire, "Da essência do riso e de modo geral do cômico nas artes plásticas", em *Poesia e prosa,* Rio de Janeiro, Nova Aguilar, 2002, pp. 734-735.

[5] Para a descrição do "velho militante", cf. Michael Hardt e Antonio Negri, *Império*, Rio de Janeiro, Record, 2005 (1ª ed. 2000), p. 435.

[6] *Marx além de Marx*, Lição 1

der que todo o seu trabalho, o que hoje chamamos de marxismo, está pronto a tomar a forma, em sentido genuíno e profundo, de "*ciência da crise e da subversão*".[7]

Para Negri, redescobrir essa verdade desgraçadamente obscurecida e reatar os laços com o núcleo mais radical da obra marxiana, *naquele momento*, era uma tarefa crucial, pois única maneira de – em meio à crise, à guerra fria, etc. – reafirmar o *comunismo*. Não como esperança num futuro longínquo cuja senha de entrada seja o deixar-se capturar pelo objetivismo partidário, mas como enfrentamento presente contra a ordem das coisas; contra a exploração e a autovalorização do capital, o comunismo como autovalorização operária e descoberta de uma subjetividade revolucionária em ação. Muitos acreditaram que ser comunista era ser materialista e ser materialista era descartar a subjetividade. Estavam errados. "O caminho do materialismo é aquele da subjetividade. O caminho da subjetividade é aquele do constituir-se material do comunismo. Subjetividade é a classe operária, separada, motor do desenvolvimento, da crise, da transição, do comunismo."[8]

Resgatar e pôr em atividade esse "fio vermelho" do método marxista é para Negri a forma mais adequada de, a seu tempo, produzir uma nova ciência da crise e da subversão.

Em 24 de agosto de 1857, o banco estadunidense Ohio Life Insurance and Trust Company decretou falência provocando pânico no mercado financeiro. Outras instituições se viram arrastadas no turbilhão, o que culminou na quebra da Bolsa de Valores de Nova York. Longe de se restringir à Wall Street, o desequilíbrio acarretado pelo fluxo excessivo de metais preciosos provenientes da corrida do ouro no Oeste, pelo crédito desmedido e pelas transações especulativas afetou as principais capitais europeias. De Londres, Marx acompanhava cuidadosamente os

[7] *Marx além de Marx,* Lição 1

[8] *Marx além de Marx,* Lição 1.

acontecimentos. Como sabemos pela correspondência trocada com Engels e pelos artigos que redigia regularmente para o *New York Daily Tribune*, a seus olhos a crise já no segundo semestre de 1856 preparava-se; em 9 de outubro, em artigo para o referido diário, ele prevê seu estourar próximo e a atribui principalmente à especulação financeira.[9]

Com o desenrolar dos acontecimentos, o analista exulta. O agravamento da crise, a seu ver, ocasiona uma possibilidade revolucionária que mais e mais se mostra real, forte, imediata. Em agosto de 1857, ele começa a redigir os textos que viriam a constituir os *Grundrisse*. "A atual crise comercial", afirma, "impeliu-me a trabalhar seriamente sobre meus esboços de economia política".[10] Lança-se febrilmente a escrever "todas as noites até as quatro da manhã"[11], antes que ocorra o "dilúvio"[12]. Nos textos, a alegria mal se contém; e é ela que permite ao pensador avançar como nunca, ir além de si mesmo, como quer Negri. Decerto Marx já tinha planos e uma soma enorme de materiais para a obra em gestação, "todavia, além do material histórico, a própria crise permite toda uma gama de descobertas".[13] E principalmente aquelas que apontem, desde o núcleo mais duro do trabalho teórico, para os rumos

---

[9] Para uma análise detalhada do trabalho de Marx nesse período, a qual será amplamente utilizada por Negri em seu estudo, cf. Sergio Bologna, "Moneta e crisi: Marx corrispondente della *New York Daily Tribune*" em S. Bologna, P. Carpignano, A. Negri, *Crisi e organizzazzione operaia*, Milão, Feltrineli, 1976. Citaremos sempre a partir da tradução inglesa: "Money and Crisis: Marx as correspondent of the *New York Daily Tribune*, 1856-57", disponível em: http://www.wildcat-www.de/en/material/cs13bolo.htm

[10] Carta a Engels, 21 de dezembro de 1857, citada por Bologna, "Money and Crisis".

[11] Carta a Engels, 18 de dezembro de 1857, em Marx e Engels, *Opere, vol. XL: Lettere 1856-1859*. Roma, Editori Riuniti, 1973.

[12] Carta a Engels, 8 de dezembro de 1857, ibidem.

[13] Bologna, "Money and Crisis".

do enfrentamento político. A crise é abertura, intensificação de forças subjetivas, não implica, porém, o automático o revolucionamento da sociedade; portanto, não se tratava apenas da busca de uma "alternativa teórica", já que para o autor dos *Grundrisse*, como sublinha Negri, ou a teoria é função da prática ou não é nada. O que Marx principalmente busca, trabalhando feito um louco num estado de ânimo singular, é conquistar armas que viabilizem na prática o salto revolucionário: a destruição de toda a ordem social fundada na exploração. E é isso mesmo, principalmente esse afã revolucionário, o que Negri mais necessita na década de 70.

Em agosto de 1971, em meio a instabilidades políticas e econômicas, os Estados Unidos suspenderam unilateralmente a conversibilidade do dólar em ouro acordada em 1944 em Bretton Woods; pouco tempo depois o regime de câmbio flutuante generaliza-se por todo o mundo. A partir de outubro de 1973, sucessivos aumentos do petróleo determinados no âmbito da OPEP (Organização dos Países Exportadores de Petróleo) afetaram a produção e o comércio internacionais, gerando enormes déficits em boa parte do globo. Era o escancaramento da crise do modelo de Estado gestado a partir da década de 30 e a organização da produção social que ele encabeçava; um processo sobre que Negri já vinha trabalhando desde a década passada e que encontra seu momento culminante no livro *Crise do Estado-plano*, publicado naquele mesmo 71, que afirma o aparecimento de um novo modelo: o "Estado-crise".[14] Em simultâneo, o capitalismo serve-se da crise para reestruturar a produção e responder com força ao antagonismo que se disseminará ao longo da década de 60 e tivera seu momento marcante em 68.

Nessas circunstâncias, a questão de uma recomposição de forças e uma nova organização política capaz de fazer frente ao capita-

[14] Negri, *Crisis dello Stato-piano*, em *I libri del rogo*, Roma, DeriveApprodi, 2006 (1ª ed. 1971), p. 41.

lismo no interior mesmo da nova estrutura produtiva em curso vem ao primeiro plano. A crise é abertura e momento de gestação do novo. O capital bem o sabe, tanto que sempre aproveitou-se e aproveita-se desses períodos para renovar-se, reestruturar-se; há um uso capitalista da crise capaz de, no plano econômico, solucionar aquilo de que o mercado já não tem condições de resolver, e, no plano político, recompor as relações de força e reconquistar aos seus inimigos o espaço perdido.[15] Ora, em sendo assim, mister é que a classe operária, a classe anticapitalista, saiba também fazer uso da crise a seu favor: o momento crítico não exige demasiada prudência nem deve inspirar desespero; o que a crise cobra é ousadia, invenção, capacidade de deixar para trás as velhas certezas e arrostar o novo, coragem de ir além de si mesmo. Convencido desse imperativo, o trabalho negriano ao longo dos anos 70 mais e mais privilegia os *Grundrisse* como centro nervoso da obra de Marx. Opondo-se a toda forma de objetivismo e insistindo na "subjetividade" e "multiplicidade" do método marxiano. Assim como o Marx que em face da crise se lançava vorazmente ao trabalho teórico, no afã de dar o salto prático e "mandar pelos ares" a sociedade fundada na exploração; assim também encontramos um Negri que, concebendo o paralelo entre a sua situação e a de Marx em 1857, esforça-se em compreender o presente crítico a fim de forjar armas que permitam o mesmo "salto" revolucionário, a transição comunista.

Esse movimento de análise, renovação teórica e audácia prática será definido por Negri, em 1977, como uma passagem "do *Capital* aos *Grundrisse*";[16] ou seja, condução ao limite de alguns dos mais importantes pressupostos do arcabouço teórico operaísta.

---

[15] Cf. Negri, "Marx sul ciclo e la crisi" em VV.AA. *Operai e stato. Lotte operaie e riforma dello stato capitalistico tra rivoluzione d'Ottobre e New Deal*, Milão, Feltrinelli, 1972.

[16] Cf. o primeiro capítulo, assim intitulado, de *La forma Stato. Per la critica dell'economia politica della Costituzione*, Milão, BCDe, 2012 (1ª ed. 1977).

Na base do que se costuma chamar "operaísmo italiano" com referência à experiência dos grupos ligados às revistas *Quaderni rossi* (1961-1965) e *Classe operaia* (1964-1965) estava uma inovadora leitura de Marx. Mediante a redescoberta de alguns textos esquecidos e a releitura de outros que padeciam do peso das décadas de interpretação oficialesca, o *Capital* à frente, os operaístas conseguiram romper as cadeias do marxismo ortodoxo com o escopo imediato de usar Marx para compreender o desenvolvimento capitalista tal como se apresentava no centro do sistema ao início da década de 60. A originalidade dessa operação, como sói ocorrer, residia numa questão de método. A leitura, principalmente dos textos maiores, está sempre na dependência de uma tomada de posição sobre aquilo que se busca. Não vamos dizer que cada um de nós possa, num texto, ler o que quiser; não obstante, muitas vezes, porque buscamos algo, podemos simplesmente deixar de lado outras coisas que lá estão mas que nós como que não queremos ver, ou porque não nos interessam, ou porque não se coadunam com nossas preconcepções – um pouco como sabemos que os chineses, cujas ideias cosmológicas não excluíam mudanças celestes, séculos antes de Galileu registraram o aparecimento de novas estrelas e manchas solares que eram "invisíveis" aos ocidentais presos ao geocentrismo.[17] Pois o que os operaístas buscavam nos textos de Marx era não somente entender o estágio do desenvolvimento capitalista como apreender algo que havia sido bastante negligenciado: a luta de classes, o conflito, o antagonismo. E o que eles vão descobrir e maturar como um *parti-pris* é que Marx sempre escreveu *a partir de um ponto de vista operário*, o único que pode interessar e em que se deve basear toda análise de classe que tenha em vista a revolução. Eis o que foi esquecido pela ortodoxia, eis o que urge recuperar: assim como a economia

[17] Cf. Thomas S. Kuhn, *A estrutura das revoluções científicas*, São Paulo, Perspectiva, 2001, p. 151.

burguesa produziu suas categorias, é preciso produzir as da classe operária. Está aí o núcleo do "giro copernicano" brilhantemente sintetizado por Mario Tronti em "Lênin na Inglaterra", ensaio publicado em 1964 no primeiro número de *Classe operaia*:

> Nós também vimos primeiro o desenvolvimento capitalista, depois as lutas operárias. É um erro. Cumpre inverter o problema, mudar o sinal, recomeçar do princípio: e o princípio é a luta de classe operária. Ao nível do capital socialmente desenvolvido, o desenvolvimento capitalista é subordinado às lutas operárias, vem depois delas e a elas deve fazer corresponder o mecanismo político da própria produção.[18]

Para o jovem Negri, que tomou parte na experiência operaísta, primeiro junto ao grupo dos *Quaderni rossi* e depois, ao lado de Tronti e outros, em *Classe operaia*, a redescoberta de Marx foi o elemento crucial a lhe permitir, daí por diante, ler toda a obra marxiana prevenido contra as tentações objetivistas que ou centravam em leis históricas todo o desenrolar dos acontecimentos, inclusive as possibilidades revolucionárias, ou então, de maneira inversa mas solidária, acantonando-se na crença numa ideologia totalitária decretavam um horizonte de portas inteiramente fechadas a toda emancipação. Por sua conta e risco, Negri vai constituindo para si um marxismo centrado na análise das forças subjetivas, sua composição técnica e política a cada momento, em seu poder de, mediante suas lutas, funcionar como o próprio motor do desenvolvimento capitalista. Assim, por exemplo, num seminal trabalho sobre Keynes escrito em 1967, o filósofo busca demonstrar como a forma do Estado capitalista gestada ao longo da década de 30 tinha como causa primeira não a crise de 29, mas o medo disseminado na burguesia internacional de que ela

[18] Tronti, *Operai e capitale*, Roma, Derive Approdi, 2006 (1ª ed. 1966), p. 87.

conduzisse a um novo 1917.[19] A história é a história da luta de classes; uma história que os homens fazem, ainda que não como deliberadamente a querem: tais verdades precisam ser novamente trazidas à baila e tomadas mais a sério que nunca; o marxismo é, prioritariamente, *ciência do antagonismo* e da ação desse antagonismo de classe na constituição do mundo social. Anos depois, o próprio Negri, ao fazer um balanço daqueles anos operaístas, explicará bem a importância desses princípios colhidos numa renovada leitura da obra marxiana:

> Qual a descoberta que está na base? O fato de que o *Capital*, e em geral toda a obra de Marx, representa o ponto de vista operário. Ou seja, o *Capital* não é aquele panetone que compreende uma teoria objetiva do desenvolvimento capitalista, mas ciência do antagonismo de classe, que vive ao longo de todas as passagens do desenvolvimento capitalista. Apreender a célula fundamental da formação histórica determinada capitalista quer dizer apreender o antagonismo fundamental que está na base da sociedade burguesa, da sociedade do capital. O problema é que essas mesmas categorias do capital vivem imediatamente a relação de exploração enquanto essa relação de exploração se representa subjetivamente do ponto de vista da classe, do ponto de vista dos sujeitos; portanto as categorias do capital são categorias que, na própria medida em que explicam o desenvolvimento capitalista, explicam a síntese forçada de uma luta que é sempre aberta (...) Descobrir a verdade da síntese capitalista através da emergência da resistência operária; era a luta que começava a todo momento a explicar a estrutura objetiva do capital, ao passo que era a luta, eram todos os momentos de intolerância, de rebelião, de sabotagem que revelavam de quando em quando como era organizado o poder do capital na fábrica.[20]

---

[19] Cf. Negri, "John M. Keynes e la teoria capitalistica dello stato nel '29" em *Operai e stato*.

[20] Negri, *Dall'operaio massa all'operaio sociale: intervista sull'operaismo*. Org. Paolo Pozzi e Roberta Tommasini. Verona, Ombre Corte, 2007, pp. 52-53.

Aberto o caminho, Negri irá longe. Ao início dos anos 70, concluindo a sua já mencionada análise da crise do Estado-plano, ele reafirma o valor do crucial giro trontiano: "pela segunda vez para nós é atual 'Lênin na Inglaterra'".[21] A via, contudo, será trilhada de modo original, pois cada vez mais seus trabalhos tomam como lastro teórico a perspectiva de uma obra de Marx cuja existência não fazia muito havia sido divulgada" e que vários leitores consideravam indecifrável: os *Grundrisse*. Estes é que deverão constituir, aos olhos de Negri, o foco privilegiado para a interpretação de todo o marxismo e para a utilização dessa ciência na análise do capitalismo de sua época.

O que são os *Grundrisse*? Como vimos, nos idos de 1857-1858, acompanhando com grande atenção a crise mundial, Marx se põe a trabalhar freneticamente na redação do que deveria ser a sua crítica da economia política definitiva. Após o frenesi inicial, todavia, não chega a concluí-la; sequer chega a acabar um texto no sentido exato da palavra, pois o que nos restou foi apenas um conjunto de cadernos e outras anotações (minuciosamente apresentadas por Negri na primeira aula deste livro) que alcançou a publicação somente ao início da década de 40 sob as inevitáveis dificuldades de um continente já em guerra e que por um bom tempo continuou sendo uma obra rara.[22]

Ora, ao contrário de muitos que não viram grande valor nesse amontoado de textos esparsos e anotações, os operaístas demonstraram, desde o início, um interesse particular pelos *Grundrisse*,

---

[21] *Crisi dello Stato-piano*, p. 59.

[22] Cf. Rolf Kecker, "A história desconhecida da primeira publicação dos *Grundrisse* sob o estalinismo" em *O ensaio geral: Marx e a crítica da economia política (1857-1858)*, org. de João Antonio de Paulo, Belo Horizonte, Autêntica, 2010; Roman Rosdolsky, ao apresentar seu crucial *Gênese e estrutura de O capital* de Karl Marx, Rio de Janeiro, EDUERJ & Contraponto, 2001, começa assim: "Em 1948, quando o autor deste trabalho teve a sorte de manusear um dos então raríssimos exemplares dos *Grundrisse*...".

neles descobrindo intuições teóricas que permitiam avançar na compreensão do, assim nomeado por alguns, "neocapitalismo" dos anos 60. Paradigmático nesse tópico é o privilégio que conferem ao trecho da obra que passa a ser conhecido como "Fragmento sobre as máquinas", traduzido por Renato Solmi e publicado no quarto número dos *Quaderni rossi*,[23] que se tornaria um texto seminal para as análises devotadas à automatização da produção capitalista; entre 1968 e 1970, Enzo Grillo, que também fora ligado ao grupo dos *Quaderni*, publicou os dois volumes da tradução integral da obra com o título: *Lineamenti fundamentali della critica dell'economia politica, 1857-1858*.[24]

No caso específico de Negri, esse interesse operaísta pelos *Grundrisse* será levado mais longe que nunca, pois como dito é essa obra que ele estabelecerá como o foco privilegiado para o entendimento do marxismo e, sobretudo, da situação política tal como se configura naquele momento de crise, reestruturação capitalista, de um lado, e de outro uma nova composição de classe que assinala a emergência do que Negri denominará o "operário social". Os *Grundrisse*, então, mostram abrir-se, mais que nenhum outro texto, à prática, ou melhor, à produção de uma teoria que faça jus à prática revolucionária que aos olhos de Negri se vai intensificando nesses anos 70 e que, no caso italiano, culmina em 1977, com um conjunto de grandes e violentas manifestações, movimentos de autorredução de tarifas de serviços básicos, ocupações em universidades, ação das rádios livres, etc. Em suma, questionamentos de toda ordem, provindos de todos os estratos e – é muito importante sublinhar, pois os políticos de

---

[23] Cf. Marx, "Frammento sulle macchine", *Quaderni rossi*, n. 4, 1964. Na edição brasileira dos *Grundrisse*, São Paulo, Boitempo, 2011, o trecho correspondente está entre as pp. 580-589.

[24] Cf. Guido Borio, Francesca Pozzi, Gigi Roggero, *Gli operaisti*, Roma, Derive Approdi, 2005, p. 22. A tradução de Grillo, publicada por La Nuova Italia Editrice, será a utilizada por Negri nas citações dos *Grundrisse* em *Marx oltre Marx*.

profissão gostariam que assim não fosse – irredutíveis à luta armada capitaneada pelas Brigadas Vermelhas. "O que caracteriza a explosão de 77 é a presença de desejos e comportamentos que vão além, prenunciando, como as trombetas do juízo, uma mudança de época à qual a política, com os seus instrumentos de compreensão, nunca conseguirá compreender."[25] O 77 italiano é como uma revolução, não aquela que toma o Palácio de Inverno, mas aquela que aos poucos assume a forma de um processo de liberação no próprio presente; não algo a esperar do comunismo que se instalará num futuro longínquo, mas uma liberação que é o próprio processo de transição que produz, nos interstícios da vida rotineira, uma nova ordem. Para a análise dessa situação peculiar, os *Grundrisse* eram o texto ideal. Primeiramente, capazes de desfazer todos os mal-entendidos perpetrados pelas interpretações objetivistas tradicionais do *Capital*, que levavam a concluir que a única força atuante da história seria o capital, ainda mais num período de crise aguda que parecia funcionar como um banho de água fria nas expectativas de 68. O texto choca-se diretamente com tal ilusão. Eles

> representam o cerne do desenvolvimento teórico de Marx, porque representam o momento em que o sistema em formação não se encerra, ao contrário, abre-se à totalidade da prática. (...) O desaguamento dos *Grundrisse* no *Capital* constitui um processo feliz, não se pode dizer o mesmo da afirmação inversa. (...) Nos *Grundrisse*, a análise teórica se torna unha e carne com a prática revolucionária.[26]

Segundo, e talvez até mais importante, o texto dava a já mencionada possibilidade de analogia, para Negri crucial, entre a sua época e a de Marx. A crise, já afirmara ele se referindo ao método marxista, é ser tomada sempre como "sintoma geral da superação da premissa e impulso rumo à assunção de uma nova forma histó-

---

[25] Marco Grispigni, *1977*, Roma, Manifestolibri, 2006, p. 88.

[26] Negri, *Marx além de Marx*, Lição 1.

rica".[27] Ora, o que se buscava, naquele momento, era exatamente reatar com esse ímpeto revolucionário, o único a permitir, não é demais reiterar, uma teoria igualmente revolucionária; constituir, em nosso tempo, como Marx fez no seu, uma "ciência da crise e da subversão". Pois é exatamente em 77 que, presumivelmente, a guinada metodológica de Negri rumos aos *Grundrisse* está mais madura que nunca, conforme enunciada na já citada apresentação de *A forma Estado*, livro que recolhia textos que vinham sendo escritos e publicados desde 1964. Ele sente-se de posse de todos os instrumentos necessários para apresentar um marxismo renovado em que Marx vai de encontro ao marxismo que se deleita no objetivismo, aos idólatras do método que o enrijecem a ponto de torná-lo inútil para a situação presente, um Marx que toca seus próprios limites, os tateia com ousadia, para ir além de si mesmo.

A oportunidade de elaborar tudo isso surge quando Negri é convidado por ninguém menos do que Louis Althusser, naquele mesmo 77, a proferir um curso sobre os *Grundrisse* na Escola Normal Superior de Paris. Do curso resultou o livro que ora o leitor finalmente tem em mãos traduzido ao português. A análise de um Marx feliz, que sente a proximidade revolucionária e corre a teorizar; "caderno de trabalho" de um Negri feliz, declaradamente feliz, teorizando a partir do que vira nascer naqueles anos, no seio dos movimentos de contestação, do ciclo de lutas que se iniciara em 68. O livro será publicado dois anos depois, mas em circunstâncias completamente diferentes; com Negri já preso sob falsas acusações, junto a inúmeros companheiros de luta, por obra do infame "processo de 7 de abril" com o qual o Estado italiano intenta brecar a contestação que se tornara maciça. Era o início do fim das aspirações de toda uma geração. Na prisão o filósofo ficará ainda por anos, até partir para o longo exílio francês. Apesar disso, *Marx além de Marx* permanece como a chave de abóbada

---

[27] *Crisi dello Stato-piano*, em *I libri del Rogo*, p. 19.

da reflexão prático-teórica daqueles anos vividos numa alegria que nem o sofrimento do cárcere foi capaz de apagar. Daí a força da advertência, de onde partimos, lançada pelo autor quando o livro, já então traduzido para várias línguas, foi finalmente republicado no idioma original: "E para acabar me seja concedido recordar a alegria com que as ideias expressas neste livro nasceram a partir do movimento real dos anos 70. Aquela alegria teórica, não há nenhuma tristeza que possa fazer esquecê-la".

Para concluir, é preciso ficar claro: com o título *Marx além de Marx*, Negri não pretende retocar ou corrigir pretensos erros da teoria marxiana nem a superar como se fosse algo obsoleto. Trata-se, sim, de ir *além* do Marx institucionalizado pelas escolas, oficializado pelos partidos ou petrificado pelos intelectuais. Noutras palavras, trata-se de ir a Marx como tarefa diretamente revolucionária, a fim de retomar-se uma teoria antagônica ao capital, que a partir da análise objetiva do capital e subjetiva do comportamento das classes em luta, busca na continuidade da pesquisa teórica o salto prático de transição ao comunismo. Em suma, ir além de Marx é ver a história como o antagonismo dinâmico das relações de força que situa o trabalho como não-capital e como tendência vencedora da luta de classes. Esse *Marx além de Marx* é o Marx dos *Grundrisse*. Todavia, Negri adverte que não se trata de uma "polêmica abstrata" contra *O Capital*; simplesmente ocorre que *O Capital* foi o texto que serviu "à redução da crítica de Marx à economia política, à anulação da subjetividade na objetividade, à sujeição do proletário subversivo à inteligência recompositora e repressiva do domínio".[28] Por outro lado, em simultâneo ele afirma que é possível "reconquistar" um "nível de leitura correto do *Capital*", mas não a partir da "consciência atenta do intelectual" e sim pela "consciência revolucionária das massas".

---

[28] *Marx além de Marx*, Lição 1.

Na crise do século XIX despontou ao Marx dos *Grundrisse* a possibilidade revolucionária da classe trabalhadora. A crise dos anos 70 do século XX levou Negri a retornar aos *Grundrisse* e indicou-lhe o "fio vermelho" do antagonismo como possibilidade revolucionária. Dessa perspectiva, a crise do século XXI – de que a queda do gigante financeiro Lehman Brothers, no outono de 2008, foi apenas um dos índices maiores e que se arrasta até os dias de hoje – indica-nos que, enquanto houver capital, a anomalia da crise será a norma cotidiana. Enquanto houver crise, *Marx além de Marx* será atual fonte de armas teóricas para a luta prática. Mostra-nos Negri, neste volume que o leitor logo começará a ler, que nessa luta não há concessões a serem feitas ao capital, nenhuma reforma pode superar o antagonismo, pois enquanto não se destruírem a sociedade burguesa, o trabalho assalariado, o dinheiro, vai persistir a exploração. À crise, deve-se responder com subversão – subversão comunista. Daí, sem medo e imbuído da mais profunda e revolucionária alegria, concluir Negri: apenas "o comunismo é a destruição da exploração e a libertação do trabalho vivo. *Do não-trabalho*. Isto e nada mais. Simplesmente"![29]

[29] *Marx além de Marx,* Lição 9.

APRESENTAÇÃO

Neste caderno de trabalho, reúno os materiais utilizados como base dos nove seminários ministrados por mim sobre os *Grundrisse* na *École Normale Supérieur* (Rue d'Ulm), durante a primavera de 1978. Antes de qualquer coisa, devo agradecer a Louis Althusser por ter-me convidado a celebrar este curso. Não teria podido oferecê-lo, igualmente, sem a fraterna ajuda de Roxanne Sielberman, Yann Moulier, Daniel Cohen, Pierre Ewenzyk, Danielle e Alain Guillerm. Já não consigo dizer o que foi mais importante: se minhas próprias incitações ou suas intervenções críticas. O que é certo é que tudo se amalgamou no texto. Durante a minha estada em Paris, inumeráveis outras discussões me foram úteis para avançar com o trabalho. Quero expressar o agradecimento, ainda, a Felix Guattari, que me ajudou (e muito), e aos companheiros com quem trabalhei na Universidade de Paris VIII (Vincennes). Por último, fica registrado também o meu agradecimento aos estúpidos que, forçando-me a emigrar, terminaram obrigando-me a organizar as ideias com uma tranquilidade que, de outra forma, eu não teria condições de fazer.

Antonio Negri
Milão, dezembro de 1978.

NOTA DO TRADUTOR

Nos originais publicados pela editora Feltrinelli em 1979, os trechos citados por Negri dos *Grundrisse*, abundantes ao longo das nove lições, se referem à edição italiana traduzida por Enzo Grillo: MARX, Karl. *Lineamenti fondamentali della critica dell'economia politica 1857-1858*. 2 vol., Firenze: La Nuova Italia Editrice, 1968-70. Nesta edição, a fim de facilitar o estudo pelo leitor lusófono, essas citações foram substituídas pelos trechos correspondentes extraídos da versão brasileira recentemente publicada dos *Grundrisse* (MARX, Karl. *Grundrisse*; Manuscritos econômicos de 1857-1858, esboços da crítica da economia política. Tradução de Mario Duayer e Nélio Schneider. São Paulo: Boitempo, 2011), fazendo-se pequenos ajustes, apenas quando necessário, para assegurar a conexão do corpo do texto com cada citação, em cada caso. Mediante o mesmo procedimento, os trechos citados de Roman Rosdolsky em *Gênese e estrutura de O Capital de Karl Marx* (Tradução de César Benjamin. Rio de Janeiro: Contraponto, 2001) e de Karl Marx no *Capital* (Livro 1. Crítica da economia política. Tradução de Rubens Enderle, São Paulo: Boitempo, 2013) foram substituídos por aqueles correspondentes extraídos diretamente da edição brasileira, ajustando-se a indicação das páginas para apontarem a elas. Os demais trechos de outras obras citadas, sem versão lusófona, foram transpostos ao português por mim. Nesses casos, a indicação das páginas se refere às edições italianas utilizadas por Negri na versão original de *Marx oltre Marx* (Feltrinelli, 1979). Por exemplo, nos casos de VYGODSKY, Vitaly S. *Introduzione ai "Grundrisse" di Marx*. Firenze: La Nuova Italia, 1974; MARX, Karl; ENGELS; *Carteggio* [Correspondência] *Marx-Engels*. 6º vol., Roma: Edizioni Rinascita, 1950-53; e BOLOGNA, Sergio; *Moneta e crise*; Marx corrispondente della New York Daily Tribune In BOLOGNA; CARPIGNANO; NEGRI; *Crisi e organizzazione operaria*. Milano: Feltrinelli, 1974, p. 4 e ss. As demais obras citadas ao longo da exposição aparecem, conforme o caso, nas notas de rodapé.

LIÇÃO 1
Os Grundrisse, obra aberta

Como nasce subjetivamente o texto; a "crise iminente" e os pontos de partida da análise. Descrição formal do texto. Os Grundrisse *e o plano do* Capital*: "deslumbramento do método", bloqueio da pesquisa? Do terreno filológico ao substancial: as duas vias, ou seja, a descoberta do mais-valor e a articulação da circulação, entre capital social, subjetividade e comunismo. Os* Grundrisse, *obra aberta: teses suplementares para uma leitura. O "universo plural" do método marxiano:* Forschung, Darstellung, neue Darstellung. *As interpretações tradicionais: a) Grundrisse delirantes?; b) A dialética materialista (Diamat) se renova?; c) homólogo ao* Capital*?; d) "revolução desde cima"? Não existe delegação à teoria. Os* Grundrisse *como centro dinâmico do pensamento marxiano, em sua história interna e no projeto revolucionário. Plano de leitura. Marx Além de Marx?*

Eric Hobsbawm disse dos *Grundrisse* que se trata de uma "espécie de taquigrafia intelectual privada que às vezes se torna impenetrável". Enzo Grillo, ao apresentar a sua elegante tradução italiana da obra, considera pertinente essa avaliação. Não há dúvida que, pelo menos no que se refere à leitura e, sobretudo, à tradução, essa avaliação seja absolutamente reducionista. Os *Grundrisse* são uma obra difícil. Mas não exageremos, ressaltando um ou outro parágrafo, o caráter críptico da obra marxiana. Na realidade, as dificuldades em questão se referem mais à forma dos *Grundrisse*, a sua formação tumultuada, do que à substância dos raciocínios. Esta é imediatamente iluminada pela extensão e densidade do projeto e somente se torna parcialmente confusa, em razão da furiosa impaciência com que foi redigida, do caráter conjuntural de algumas polêmicas e experimental de certos procedimentos. Ao mesmo tempo, apesar disso, é essa mesma grande urgência que gerou a primeira grande síntese política do pensamento de Marx: "a crise estadunidense – que tínhamos previsto, no número de novembro de 1850 da revista, que estalaria em Nova Iorque – ela é maravilhosa", escreve Marx a Engels, em 13 de novembro de 1857 (*Carteggio*, III, p. 107); "pessoalmente a minha situação financeira ainda é desastrosa, desde 1849 que eu não me sentia tão *cosy* em relação a este colapso". "Trabalho como um louco por noites inteiras para coordenar os meus estudos econômicos, para dotar de clareza os *Grundrisse*, antes do *déluge*", escreve a Engels, em 12 de dezembro de 1857 (*Carteggio*, III, p. 124). "Trabalho como um condenado. Habitualmente até as quatro da madrugada. Trata-se em realidade de um trabalho duplo, sobre: 1) a elaboração das linhas fundamentais da economia..., 2) a crise atual" (a Engels, 18 de dezembro de 1857, conforme *Carteggio*, III, p. 130). Ryazanov, os editores dos *Grundrisse*, Rosdolsky[30], Vygodsky[31] e, por último, magistralmente, Sergio Bologna – eles documentaram, paulatinamente, de modo mais do que exaustivo, o nascimento dos *Grundrisse*, a sua relação com o trabalho

---

[30] Nota do Editor: Roman Rosdolsky (1898-1967), pensador e militante socialista nascido na Galícia ucraniana, esteve implicado em guerras e revoluções no leste europeu até emigrar para os Estados Unidos, onde viveu seus últimos dias, dedicou sua vida aos estudos sobre a obra de Marx, mais precisamente à hermenêutica de *O Capital*.

[31] N. do E.: Vitaly Salomonovich Vygodsky (1928-1998), matemático e economista soviético, foi um grande expoente da Marxologia em seu país, se dedicando aos estudos de Marx sob um prisma econômico e de acordo com o oficialismo ideológico do Partido, deixando como legado quase duas centenas de obras.

realizado para o *New York Daily Tribune*, a sua articulação com os trabalhos sucessivos, e a sua relação com a situação política relativa à crise de 1857-1858 e as expectativas e esperanças de Marx e Engels. Não me resta alternativa senão remeter o leitor a esses escritos.

É preciso realçar outro elemento: a questão do modelo de síntese, o plano prático-teórico do projeto marxiano. A crise iminente não fundamenta somente a previsão histórica, como também se traduz numa síntese prático-política. A catástrofe iminente não é catástrofe capitalista senão na medida em que for *possibilidade do partido*, estabelecimento do partido. A descrição da crise iminente, imediatamente polêmica, se dá contra o "verdadeiro socialismo" e, ao mesmo tempo, contra todas as mistificações e distorções do comunismo. O "trabalhar como um condenado" na teoria implica uma impaciente recusa do eclipse da prática. Se a prática não está dada – e a correspondência de Marx reconstrói plenamente o sofrimento que isso produz – a análise deve redescobri-la, então, no instante mesmo em que a prática ocorre, porque a análise aponta para a subjetividade revolucionária implicada na crise. O caráter de síntese do trabalho marxiano está na relação entre previsão e *déluge*. Para o capital, são catástrofes: o partido, a subjetividade comunista desdobrada mais vontade e organização revolucionária. A crise volta a ativar a subjetividade, ao manifestá-la radicalmente transformada em sua capacidade revolucionária, no grau determinado pelo desenvolvimento das forças produtivas. Síntese significa, então, a vinculação de crise – pontual e catastrófica – às regras do desenvolvimento e à dinâmica da subjetividade. Todos esses termos se reúnem no reino da dialética. Não por acaso, portanto, na origem dos *Grundrisse*, a atividade como jornalista e polemista desempenhada por Marx – em seu trabalho para o jornal estadunidense e na exploração crítica das categorias da economia política

– se inscreve dentro do trabalho de releitura de Hegel[32]: "de resto, avanço a passos largos. Por exemplo, fiz explodir pelos ares toda a teoria do lucro tal como havia sido concebida até hoje. E quanto ao método, me foi de grande utilidade que, por puro acaso, eu tenha repassado a *Lógica* de Hegel" (a Engels, 14 de janeiro de 1858, conforme *Carteggio*, III, p. 154-155). Sim, "por puro acaso", mas não sem razão, tanto que Marx continua: "Se, em algum momento, eu encontrasse tempo para um trabalho desse tipo, teria muita vontade de tornar acessível ao intelecto do homem normal (...) o que de racional há no método descoberto por Hegel, mas, ao mesmo tempo, de mistificado". O caráter "racional" atribuído por Marx ao método aqui persegue o aspecto teórico-prático da insurgência revolucionária. A crise iminente demanda essa racionalidade. Faz tempo que foram acertadas as contas com Hegel, crítica e cientificamente. Agora se toma dele o que praticamente consiste em sua irredutível contribuição: o espírito de síntese teórico-prática.

Comecemos a examinar o texto, ou melhor, *os textos* contidos na edição a cargo do Instituto Marx-Engels em Moscou (IMEL), entre 1939 e 1941, com o título *Grundrisse der Kritik der politische Ökonomie*. ("Cadernos de crítica à economia política"). As indicações e a datação oferecidas por Enzo Grillo (no prefácio à edição italiana dos *Grundrisse*, p. X–XI) são as seguintes:

[32] N. do E.: Georg Wilhelm Friedrich Hegel (1770-1831), pensador germânico considerado a expressão máxima do *Idealismo Alemão*, movimento filosófico com enormes implicações no período. Dentre outras coisas, a filosofia de Hegel rompe com os princípios da filosofia clássica ocidental, instituindo uma nova forma de pensar calcada, por seu turno, no movimento e no devir, tendo por base o papel central da negação – ainda que conserve a lógica transcendente e o primado da ideia. Em seus aspectos políticos, o Estatismo ocupa uma função central, tendo enorme importância prática e política na unificação da Alemanha dos anos 1870. Não é exagero dizer que o pensamento alemão do século XIX se move a partir de ou contra Hegel, inclusive a própria obra de Marx, cuja relação com o sistema hegeliano é, sem exagero, dramática: da influência, tomada pela apreensão cuidadosa e sistemática, à ruptura.

1) A *Einleitung* ("introdução"), contida num caderno intitulado "M", redigido entre 23 de agosto e meados de setembro de 1857.

2) O manuscrito composto de sete cadernos (a rigor, os *Grundrisse* propriamente ditos), numerados, com frequência desfechados pelo próprio Marx, exceto o I, e redigidos na seguinte ordem cronológica:

- Caderno I: outubro de 1857.
- Caderno II: aproximadamente novembro de 1857.
- Caderno III: 29 de novembro/aproximadamente meados de dezembro de 1857.
- Caderno IV: aproximadamente meados de dezembro de 1857/fevereiro de 1858.
- Caderno V: 22 de janeiro/aproximadamente início de fevereiro de 1858.
- Caderno VI: aproximadamente fevereiro de 1858.
- Caderno VII: fins de fevereiro–março/fins de maio–princípios de junho de 1858.

Os textos secundários que formam o *Anhang* (apêndice), estreitamente ligados aos precedentes, que são:

3) A discussão sobre *Bastiat*[33] *e Carey*[34], escrita em julho de 1857, antes da *Einleitung*. Originalmente, ocupava as primeiras sete páginas do caderno III dos *Grundrisse*.

4) O *Index zu den 7 Heften*, redigido em junho de 1858, incluído no mesmo caderno M que contém a *Einleitung*.

---

33 N. do E.: Claude Frédéric Bastiat (1801-1850), economista e jornalista francês liberal e antissocialista, cujas ideias eram calcadas no individualismo.

34 N. do E.: Henry Charles Carey (1793-1879), econimista americano e conselheiro de Abraham Lincoln, que foi defensor do liberalismo e do livre-comércio, contudo, defendia o protecionismo como forma de manter o equilíbrio da economia americana face aos desequilíbrios trazidos pelas grandes potências da época, notadamente o Reino Unido, ex-colonizador de seu país.

5) O *Urtext* ("texto-base"), redigido entre agosto e novembro de 1858, que ocupa dois cadernos sem data, anotados *B'* (o primeiro) e *B" e B"II* (o segundo). Este último se acha dividido em mais duas partes.

6) Os *Referate* ("discursos"), atrelados ao conteúdo dos cadernos M (*Einleitung*), II-VIII (*Grundrisse*), (*Urtext*); redigidos aproximadamente em fevereiro de 1859, se encontram ao final do caderno B'.

7) O *Planentwurf* ("plano geral") de 1859.

8) Uma breve série de extratos tocantes à teoria do dinheiro de David Ricardo, contida no caderno VII dos 24 redigidos entre 1850 e 1853 e datados em Londres, novembro-dezembro de 1850.

9) Uma série bem mais ampla de extratos sistemáticos da terceira edição de *On the Principles of Political Economy*, de Ricardo, contidos no caderno VIII da série mencionada e redigidos entre abril e maio de 1851. Acham-se precedidos por dois brevíssimos textos: uma enumeração dos tipos de tributo mencionados por Ricardo e um índice da matéria contida nos *Principles*. Pertencem a um caderno concluído por Engels, datado de 1851, em que se encontra também a parte final do manuscrito "*Das vollendete Geldsystem*".

A minha atenção se concentrará, essencialmente, sobre o caderno M e os sete cadernos redigidos entre outubro de 1857 e a primavera de 1858. A discussão sobre *"Bastiat e Carey"* também é importantíssima, porque relaciona a polêmica contra Proudhon com o trabalho estadunidense de Marx. Como se sabe, o *Index* e os *Referate* foram incluídos no texto geral enquanto títulos e sumário.

Deixando de lado, por um momento, a *Einleitung*, os *Grundrisse* se apresentam, à primeira vista, como uma obra em grande medida incompleta e fragmentária, sem que isto signifique que não contenham um centro e uma dinâmica tremendamente coerentes. O desenvolvimento da argumentação, no caderno I, transcorre da análise do dinheiro até a definição da forma da troca (o valor). O caderno II se refere à transição do dinheiro ao capital. A conversão do mais-valor em capital constitui o objeto do caderno III. O mais-valor e o lucro começam a ser levados em consideração no caderno IV, embora a sua parte principal se concentre no processo crítico do capital na esfera da circulação. No caderno V, depois de largo parêntese sobre *Die Formen,* isto é, sobre as "Formas que precedem à produção capitalista" (veremos a sua inserção sistemática possível), a análise é retomada em relação ao processo de circulação e de reprodução do capital social. O caderno VI desenvolve, daí, explicitamente, o tema do capital enquanto força coletiva, bem como o tema do antagonismo coletivo entre operário e capitalista. No caderno VII, a crise da lei do valor e suas transformações (de novo, o tema do lucro) nos conduzem a uma identificação mais precisa da crise das condições objetivas e subjetivas da produção do capital. Como se vê, por conseguinte, assistimos ao longo dos *Grundrisse* a um *movimento progressivo da teoria*, cada vez mais coerente, orientado à identificação do momento fundamental determinado pelo *antagonismo entre operário coletivo e capital coletivo*, que aparece na forma da crise. As duas transições teóricas fundamentais consistem, na primeira parte dos *Grundrisse*, na definição da *lei do valor* na *forma do mais-valor*, quer dizer, na primeira formulação acabada da lei do mais-valor; e, na segunda parte, na *extensão da teoria da exploração* (a lei do mais-valor) *ao mecanismo de reprodução e circulação* do capital e, consequentemente, na tradução da lei da exploração como lei da crise e da luta de classes pelo comunismo.

Bastaria demorar-se neste ponto para entender, de modo introdutório, a excepcional importância dos *Grundrisse*. Essa importância se reafirma se, com base nos *Grundrisse*, for lido o plano de desenvolvimento posterior da obra de Marx, ou seja, o plano para *O Capital*. Retomamos aqui, segundo Rosdolsky[35] (p. 59, 60), a lista dos planos gerais de projeto formulados por Marx, bem como as modificações mais importantes ocorridas entre o plano dos *Grundrisse* (o que Rosdolsky denomina de "estrutura originária") e do *Capital* (ou seja, a "estrutura modificada"):

Estrutura da obra de Marx, entre os Grundrisse e o Capital,- segundo Roman Rosdoslky

A estrutura originária (6 livros) (planejada nos *Grundrisse* – 1857-58)	*A estrutura modificada* (3 livros) (realizada no *Capital*, a partir de 1867)
I. SOBRE O CAPITAL	O CAPITAL
a) *O capital em geral*	
1) *Processo de produção*	I. *O processo de produção do capital*
	(Seções):
	1) A mercadoria e o dinheiro
	2) A transformação do dinheiro em capital
	3–5) Mais-valor absoluto e relativo
	6) A remuneração do trabalho (salário)
	7) O processo de acumulação
2) *O processo de circulação*	II. *O processo de circulação do capital*
3) *Lucro e juro*	III. *O processo global da produção capitalista*
	(Seções):
	1–3) Lucro e taxa de lucro
b) *Competência*	4) Capital comercial
c) *Crédito*	5) Juro e crédito
d) *Capital por ações*	
II. SOBRE A RENDA IMOBILIÁRIA	6) Renda imobiliária
	7) Rendas
III. SOBRE O TRABALHO ASSALARIADO	
IV. SOBRE O ESTADO	
V. SOBRE O COMÉRCIO EXTERIOR	
VI. SOBRE O MERCADO MUNDIAL	

Linha contínua: variações internas aos três primeiros livros.
Linha pontilhada: variações internas ao "livro sobre o capital".

[35] N. do T.: Todas as referências a Roman Rosdolsky apontam para: *Gênese e estrutura de O Capital de Karl Marx*. Tradução de César Benjamin. Rio de Janeiro: Contraponto, 2001.

Quanto ao desenvolvimento do projeto do *Capital*, devem ter-se presentes, além das páginas 27-66 de Rosdolsky, as páginas importantísssimas 129-139, de Vygodsky[36].

Ainda assim, está correto esse enfoque filológico? Pessoalmente, tenho alguma dúvida a respeito. Por enquanto, a mim basta aqui registrar essa dúvida a fim de verificar, ao longo da pesquisa, se ela pode ser sanada num sentido positivo. Nesse sentido, a primeira dúvida é de caráter filológico: me pergunto se seria possível considerar corretamente a obra acabada de Marx – *O Capital*, no caso – como uma síntese exaustiva da pesquisa marxiana. As gêneses do *Capital* – expostas por companheiros ilustres e estudiosos – se acham, a meu ver, viciadas pela premissa de que *O Capital* seja o ponto mais alto da análise marxiana. Um exemplo pode ser suficiente a esse respeito: a explicação que Rosdolsky (p. 61-65) oferece ao fato que Marx "renuncie a um livro específico sobre o trabalho assalariado". Certamente, esse livro específico, previsto no plano original contido nos *Grundrissse*, não existe. Parte dos materiais reunidos para a sua confecção terminou inserida no livro I do *Capital*. Isso seria suficiente para afirmar, ainda assim, que Marx "tenha renunciado" a tal livro? Se a primeira dúvida, de caráter filológico, for articulada com outras dúvidas de caráter mais substancial, o grau de problematicidade da situação aumentará. O salário– tal e qual aparece no livro I do *Capital* – ou é uma dimensão do capital, ou exerce a função de motor do processo capitalista de produção/reprodução. As páginas sobre a redução da jornada de trabalho são fundamentais nesse tópico, pelo menos, em três pontos de vista distintos: 1) da dialética entre trabalho necessário e trabalho excedente, 2) da função reformista do salário e 3) do problema do Estado, diretamente implicado nas modificações/regulamentações da jornada de trabalho. A menção das três perspectivas conduz, nos *Grundrisse*,

---

36 N. do T.: Todas as referências a Vitaly Vygodsky se referem a: *Introduzione ai "Grundrisse" di Marx*. Firenze: La Nuova Italia, 1974.

a uma transição sucessiva, a um conceito de salário que transmite a sua qualidade antagonista ao próprio conceito de classe operária – a qual, nos *Grundrisse*, sempre aparece como conceito de crise e de catástrofe capitalistas, além de alusão potente ao comunismo. Seria possível entender, por conseguinte, que se encontra inteiramente realizado, no livro I de *O Capital*, o livro especial sobre o salário? Tal e qual havia sido previsto formalmente no plano dos *Grundrisse*, em que o conceito de salário, para além de *O Capital*, se aproxima ao de classe operária e de subjetividade revolucionária? Daremos uma resposta a essa pergunta, mas por enquanto nos limitaremos a afirmar que o procedimento seguido pelos intérpretes mais ilustres não nos agrada. Não poderia ser que, precisamente como preveem os planos preparatórios contidos nos *Grundrisse*, *O Capital* fosse apenas *uma parte* – e não *a* parte fundamental – da temática global marxiana? Não poderia *O Capital* ser uma parte superestimada, por ser a única bem-acabada e – por motivos menos nobres – pelo fato de que possa ser, em sua parcialidade, mais facilmente delimitável e, portanto, possível de ser reconduzida a horizontes interpretativos substancialmente incongruentes com o espírito global da obra de Marx? Kautsky[37], que tem entre as mãos

[37] N. do E.: Karl Kautsky (1854-1938), pensador e militante tcheco-áustriaco, editou o quarto volume de *O Capital* por ter se tornado o herdeiro do espólio intelectual de Marx e Engels, após a morte do último. Apesar de sua atividade revolucionária no século XIX, ele entrou para a posteridade como uma das maiores referências da vertente reformista do socialismo, sobretudo por suas posições no começo do século XX, crítica à Revolução Russa e a aproximação com a ala direita da social-democracia alemã quando da entrada do país na Primeira Guerra Mundial, o que lhe tornou alvo de críticas ácidas dos socialistas revolucionários do período. Um desses críticos públicos foi Vladimir Lenin, líder da Revolução Russa, o qual apesar de denunciar Kautsky, continuou a se reivindicar como seu discípulo. A revolucionária Rosa Luxemburgo (1871-1919) também divergiu firmemente de Kautsky, sobretudo no que toca à questão da Primeira Guerra, uma vez que ela foi firmemente contrária e ele inicialmente favorável.

os manuscritos marxianos, publica (com enormes erros) a *Einleitung* em 1903, mas evita publicar o restante dos *Grundrisse*. Seria por acaso? Talvez. As vicissitudes do movimento revolucionário em todo caso evidenciam o contrário. O fato é que os *Grudrisse* não são apenas um texto utilizável para estudar-se a gênese do *Capital*. Os *Grundrisse* são um texto político, a conjunção da apreciação das possibilidades revolucionárias oferecidas pela "crise iminente" e da vontade teórica de uma síntese adequada para a ação comunista da classe operária diante da crise. Os *Grundrisse* constituem a teoria dessa relação dinâmica. O problema ao lê-los consiste, portanto, em levar até o fundo, se necessário for, a identificação não apenas e nem tanto das homogeneidades, como também e sobretudo das *diferenças*, em relação a outros textos marxianos e, em particular, em relação a *O Capital*. *O Capital*, ao contrário, talvez constitua verdadeiramente *uma parte* da análise de Marx. Mais ou menos importante, mas não mais que uma parte. Uma parte viciada, todavia, pela apresentação de categorias que, com frequência, limitam e transformam a sua eficácia geral. "Deslumbramento do método" causado pela leitura de *O Capital* – admitiam os companheiros italianos não faz muito tempo. "Bloqueio da pesquisa" – concluíam. A objetivação das categorias do *Capital* bloqueia a ação da subjetividade revolucionária. Não seriam os *Grundrisse* – o veremos a seguir – um texto de apoio para a subjetividade revolucionária? Não será que os *Grundrisse* reconstroem o que a tradição marxista frequentemente separou, isto é, a unidade de constituição e projeto estratégico da subjetividade operária? Não será que os *Grundrisse* oferecem esse Marx total que outros textos atomizam e definem somente unilateralmente?

As observações dos intérpretes diante da excepcional densidade dos *Grundrisse* parecem cochichadas, sussurradas, insinuadas. A tese de Vygodsky de que, por exemplo, depois de Marx apossar-se da teoria do valor clássica na década de 1840 – e desenvolvido a teoria do materialismo histórico, na seguinte (aliás, a própria *Einleitung*, entre agosto e setembro de 1857, situa-se nessa altura do desenvolvimento da obra marxiana) –, somente com os *Grundrisse*, em sentido estrito, isto é, com os cadernos manuscritos entre setembro de 1857 e junho de 1858, é que Marx pôde chegar à teoria do mais-valor. Essa tese é um *decidido passo em frente*. Rosdolsky o nega, entretanto, e considera os *Grundrisse* meramente como uma primeira e importantíssima fase – na direção de *O Capital* – para o desenvolvimento de um pensamento contínuo: "em torno de 1848, estavam traçadas as linhas fundamentais de sua teoria do mais-valor, pedra angular de sua doutrina econômica. Restava a tarefa de desenvolver a teoria em detalhes, processo que podemos acompanhar nos *Grundrisse*" (p. 21, 22)[38] e que avança mediante ajustes, correções e polimentos sucessivos. Também se pode citar o exemplo do avanço teórico empreendido por Vygodsky que, realmente, capta essa maneira marxiana de proceder mediante cortes, descontinuidades e saltos, aprofundando um elemento *teórico* do pensamento marxiano; no entanto, ele não alcança caracterizações definitivas. Isto não se dá apenas porque Vygodsky não avance para além da simples descoberta do mais-valor; mas, sim, porque ele não desenvolve até às últimas consequências o alcance dessa descoberta. Portanto, converter a teoria do valor em teoria do mais-valor – e reconhecer que a forma histórica do valor é o mais-valor – significava efetuar "uma tarefa diretamente revolucionária" e alcançar o ponto de apoio para uma teoria antagonista do capital, uma teoria da exploração social, e assim tensionar a teoria *para alcançar a subjetividade da composição de classe em luta*. A teoria do mais-valor

[38] N. do T.: Todas as referências aos *Grundrisse* apontam para a edição brasileira pela Boitempo: MARX, Karl. *Grundrisse*; Manuscritos econômicos de 1857-1858, esboços da crítica da economia política. Tradução de Mario Duayer e Nélio Schneider. São Paulo, 2011. Na referida edição, as páginas são por sua vez referenciadas também ao projeto MEGA de compilação da obra de Marx.

– como já tinha demonstrado corretamente Isaac Rubin – se converte assim na rótula, na síntese dinâmica do pensamento de Marx, no ponto ao redor do que se articulam a análise objetiva do capital e a subjetiva do comportamento de classe, a partir do que o ódio de classe se transmite à ciência. Ainda assim, isto não basta. Tais aspectos dizem respeito apenas ao significado da descoberta da lei da exploração. Será preciso, no entanto, continuar a trajetória, identificar a amplitude de seus efeitos e ressonâncias. Da descoberta do mais-valor e do aperfeiçoamento de sua teoria, por conseguinte, até a identificação da articulação entre produção e reprodução, circulação e crise, capital social e subjetividade operária e, novamente, à tríade desenvolvimento – crise – comunismo. Esse processo se sustenta em sua totalidade sempre em função do ritmo do antagonismo fundamental definido pela exploração. Assim, *o dinamismo unitário do processo do mais-valor não anula em nenhum caso a cisão entre os sujeitos* (entre trabalho assalariado e capital); mas, sim, tensiona continuamente a mediação entre eles (forma valor, dinheiro, forma do trabalho, forma da troca etc.) até a contradição e a superação. A crise e a luta de classes se articulam tão profundamente que uma se configura de modo imediato dentro da dialética antagonista como *catástrofe*, enquanto a outra o faz como *comunismo*: isto é, um polo real e físico de uma vontade implacável e necessária, visando à destruição do adversário. O materialismo histórico – i.e., a análise das determinações da composição de classe – ganha aqui um novo conteúdo, dentro da abstração da crítica da economia política. Disso resulta que as leis da economia política passam a ser mediadas pela emergência concreta da composição de classe. Sobra assim alguma possível ambiguidade? Pelo menos aquelas produzidas pela interpretação do *Capital*? Em verdade, parece que não. Nos *Grundrisse* não existe – nem sequer em termos paradoxais – nenhuma possibilidade de esmagar o dinamismo do processo por meio da fixação de uma hipóstase, enrijecendo a análise segundo uma totalidade fechada com leis próprias de desenvolvimento – que seria possível, de tempos em tempos, apenas possuir, dominar, derrubar. Não. Aqui, a dominação e a inversão somente podem ser realizadas por aqueles que participam da relação antagonista. Fora do antagonismo, não pode existir movimento, não existem sequer categorias. A originalidade, a felicidade, o frescor dos *Grundrisse* estão assentados inteiramente nessa incrível abertura propiciada pelo antagonismo. A ciência se apresenta aqui com um *inacabamento paradoxal* que deriva, necessariamente, uma compreensão determinada pela subjetividade. Por que, então, tamanha timidez na leitura e na interpretação dos *Grundrisse*? Do mais-valor à articulação *capital–crise – subjetividade–comunismo* e, portanto, à função antagonista na reprodução da relação do capital – nessa trajetória se tensiona o fio condutor vermelho da vontade/possibilidade de revolução. Os *Grundrisse* constituem, assim, uma aproximação subjetiva (o que significa dizer: nas condições de "crise iminente") para a análise da subjetividade revolucionária no processo do capital. Representam, simultaneamente, o ponto mais alto da análise e da imaginação/vontade revolucionária de Marx. Todos os dualismos formais frequentemente papagaiados (análise teórica do capital *contra* a política, dialética *contra* materialismo, objetivismo *contra* subjetivismo) se acham aqui incinerados, derretidos e amalgamados, por assim dizer, num dualismo real que constitui, na forma antagonista, o processo do capital.

Obviamente, tudo isso deve ser demonstrado. Parece-me, apesar disso, leal e oportuno declarar desde já a minha tese, de modo preventivo, diante dos achatamentos ou de *avaliações* ambíguas, –tão somente sussurradas – que os *Grundrisse* experimentaram. Agora, para especificar o que até aqui alinhavei como enfoque para a minha leitura, quero acrescentar alguns pontos específicos que me parecem particularmente importantes, e ao redor do que será preciso desenvolver intensamente a análise.

1) *Da forma-dinheiro à forma-valor.* No Marx dos *Grundrisse*, essa relação é fundamental. A análise do dinheiro constitui o terreno específico que nos permite analisar a forma valor. Desse ponto de vista, como veremos, a eficácia da mistificação se torna melhor descrita do que noutros textos marxianos em que a forma-mercadoria assume um papel protagonista. Ao contrário, o valor de uso, quando justaposto à forma do valor derivada do dinheiro, ganha nova importância e um espaço pleno de desenvolvimento. Por isso, ao começar os *Grundrisse* com "*II. O capítulo do dinheiro*", Marx parece se referir ao "*I. O valor*" (um capítulo que não foi redigido, mas que de toda forma esboça um começo no caderno VII dos *Grundrisse*, p. 756-759), o que não é casual. É preciso sopesar as consequências desse fato que, a meu ver, parece apontar, de um lado, a uma crítica radical do dinheiro e, do outro, a imediatamente definir o valor em termos de uma mera mistificação.

2) *A definição do trabalho.* Nos *Grundrisse*, o trabalho é imediatamente trabalho abstrato. A sua compreensão e recepção na teoria se realizam, unicamente, nesse nível abstrato. O trabalho se torna abstrato ao se tornar perceptível somente no âmbito das relações *sociais* de produção. O trabalho, portanto, passa a definir-se a partir das relações de troca e da estrutura capitalista de produção. Não se acha em Marx conceito algum de trabalho que não seja o de trabalho assalariado, trabalho socialmente necessário para a reprodução do capital. Não encontramos, portanto, nenhum conceito de trabalho que merecesse ser restaurado, liberado, sublimado; mas, sim, unicamente, um conceito e uma realidade do trabalho que devem ser suprimidos.

3) Como ressaltou corretamente Cristina Pennavaja (ao apresentar a obra já citada de Vygodsky), dado o nível antagonista que a análise alcança, "a teoria do valor não pode constituir em nenhum caso uma teoria fechada, nem fundar uma teoria da reprodução e da circulação em condições de equilíbrio". Nos *Grundrisse, o marxismo é uma teoria antieconômica.* A crítica não pode em nenhum caso ser reconduzida à economia política, ao contrário, a ciência é ela própria um movimento antagonista. Toda a economia denominada socialista é colocada na berlinda por essa apreensão da lei do valor. O marxismo não tem nada em comum com a economia socialista – seja ela utopicamente considerada, seja em sua versão realizada.

4) O dinamismo aberto do "sistema" marxiano se orienta para a identificação da relação entre crise e emergência da subjetividade revolucionária. Essa relação é tão absolutamente fundamental que o marxismo bem poderia denominar-se *ciência da crise e da subversão.* Toda tentativa de considerar a crise como uma doença a ser aliviada e curada não significaria somente uma traição do movimento revolucionário como, também, um mero jogo de palavras que nada tem que ver com as categorias marxianas. Toda tentativa de reduzir a subjetividade à exploração elide a própria definição da subjetividade que, em Marx, se apresenta como subversão e transição. Os *Grundrisse* são, nesse quadro, talvez o texto marxiano mais importante – se bem que não o único – ao redor do problema da *transição.* Chega a ser divertido observar que nem sequer um único, entre os milhares de discursos que versam sobre a transição, leve isso em conta.

5) A definição marxiana do *comunismo* encontra nos *Grundrisse* – além dos fortíssimos limites que a caracterizam – um caráter de enorme radicalidade. Particularmente, a articulação entre comunismo e composição de classe é fundamental. Disso deriva uma concepção de poder radicalmente diversa em relação

às concepções tradicionais de poder da ciência política, inclusive daquelas de caráter marxista. A articulação entre composição de classe e poder – assim como entre composição de classe e transição – se dá sobre a materialidade dos comportamentos, das necessidades, da estrutura, da autovalorização. O tema do poder no marxismo deve ser criticado e, em consequência, refundado, a partir do aprofundamento dessas articulações. Este problema não pode mais ser subestimado na atualidade.

6) O último problema específico se refere à dinâmica dos conceitos que, nos *Grundrisse*, definem a classe operária. Começamos já a ver alguns dos efeitos negativos decorrentes da não redação do livro sobre o trabalho assalariado (o livro especial sobre o salário), e da redução de alguns de seus importantes elementos à forma objetiva de exposição encontrada no Livro I do *Capital*. Esta crítica, apesar disso, não resolve por si própria o problema de um modo positivo. Faz-se necessário, em consequência, seguir o fio condutor que aproxima conceitualmente, apoiando-se em vários fragmentos, a definição crítica do salário à definição revolucionária do comunismo e da subjetividade comunista. Isto significa, pelo menos, conceber o plano geral do livro sobre o salário originalmente planejado por Marx, elaborando as suas articulações necessárias.

Eis aqui, pois, alguns dos problemas fundamentais que – além do problema da leitura e da definição dos dois grandes momentos de análise dos *Grundrisse* (o mais-valor e a realização) – devem ser levados em conta neste âmbito de análise.

A excepcional importância dos *Grundrisse* para a definição do pensamento marxiano está associada também ao *método*. Com a *Einleitung* ("introdução") de 1857 e a sua aplicação criativa ao projeto dos *Grundrisse*, Marx fez uma síntese das pulsões metodológicas que o agitaram ao longo de sua obra. Voltaremos bastante à *Einleitung*, pois ainda não é o momento de analisá-la em profundidade. Basta por enquanto dizer que o caderno M elabora, de maneira explícita, os métodos da *abstração determinada* e da *tendência*, a metodologia do materialismo histórico. A pesquisa dos *Grundrisse* é uma primeira aplicação dessa metodologia, associando o método materialista a uma refinada prática dialética. A síntese de ambas as pulsões permanece aberta em todos os sentidos. Por um lado, a razão dialética intervém sobre a relação entre determinação e tendência, subjetivando a abstração, a mediação lógico-heurística, e impondo-lhe uma qualidade e uma dinâmica históricas; por outro lado, o método materialista, precisamente na medida em que está completamente subjetivado, completamente aberto ao futuro e criativo, impede com a mesma força que seja encerrado em alguma totalidade dialética, em alguma unidade lógica fechada. A determinação é sempre base de todo significado, de toda tensão, de todas tendências. O método sopra, além disso, um vento forte que arranca todo bloqueio da pesquisa e determina, seguidamente, plataformas de pesquisa cada vez mais avançadas. Nesse sentido, podemos novamente afirmar que os *Grundrisse* constituem uma obra fundamentalmente aberta. Essa caracterização também se confirma – ainda que seja de uma forma hipotética, à espera de demonstração mais ampla – do ponto de vista do método. E podemos realçar de novo o fato que Marx se acha numa fase muito feliz: um momento a meia distância, que não é eclético nem pautado pela mediação, um momento que não reduz a riqueza das pulsões a um ponto médio anódino, de achatamento das categorias ou de desaceleração da imaginação. Essas considerações gerais, ainda que importantes, não chegam, entretanto, a ser suficientemente concretas. Elas começam a indicar como surge o que eu gosto de chamar de "*universo plural*" do método de Marx, mas ainda não o exemplificam, não o mostram em funcionamento na cozinha marxiana. Como se sabe, no *Posfácio* à segunda edição do livro

I do *Capital*, Marx faz a distinção entre *Forschung* e *Darstellung*, ou seja, distingue o momento da pesquisa (*Forschung*) e o momento da exposição científica (*Darstellung*): "sem dúvida, deve-se distinguir o modo de exposição segundo sua forma, do método de pesquisa[39]. A pesquisa tem de se apropriar da matéria em seus detalhes, analisar suas diferentes formas de desenvolvimento e rastrear o seu nexo interno. Somente depois de consumado tal trabalho é que se pode expor adequadamente o movimento real." (O Capital vol. I, p. 90). Nos *Grundrisse*, o processo lógico se desdobra entre a *Forschung* e a *Darstellung* por meio de todas as suas articulações. Porém, levando em conta as indicações proporcionadas anteriormente, se percebe de modo imediato que a relação não é linear e menos ainda unilateral. A dialética entre pesquisa e exposição se acha, ao contrário, em aberto por todos os flancos: toda conclusão expositiva da pesquisa abre campos ulteriores para ainda mais pesquisa e exposição. E isto certamente não de um ponto de vista que poderíamos denominar "horizontal" de esgotamento sucessivo do campo de pesquisa; mas, sim, sobretudo, do ponto de vista histórico e da tendência, em que a identificação de cada novo sujeito mostra imediatamente um novo antagonismo e, por meio dele, desencadeia um processo de emergência determinada de novos sujeitos. A *Darstellung* é testemunha, assim, de uma *Neue Darstellung* ("nova exposição") que a persegue dialeticamente: se trata de um *processo constituinte* da complexidade do movimento real, em permanente renovação científica. Nenhuma continuidade linear, portanto, mas pluralidade de pontos de vista, incessantemente impelidos pelas determinações do antagonismo determinado e por saltos

[39] N. do T.: Traduziu-se em geral *Forschung* por "pesquisa", em vez de "investigação", como na tradução do livro I do *Capital* da editora Boitempo. Em *Marx oltre Marx*, Negri traduz *Forschung* por "ricerca", mesmo radical da palavra inglesa "research".

da exposição que seguem o ritmo da pesquisa, levando a novas exposições. Nesse sentido, os *Grundrisse* constituem, do ponto de vista do método (de um método que, segundo um ponto de vista materialista, reconhece a determinação histórica e concreta como fundamental: e que, dialeticamente, contempla sempre a dinâmica e a tendência de toda determinação, no processo constituinte, de resolução e de reproposição do antagonismo que lhe é próprio) – um "universo plural". Cada resultado da pesquisa, por meio da exposição, busca identificar o conteúdo do antagonismo e então contemplá-lo, tendencialmente, no dinamismo que lhe caracteriza. Quando tal dinamismo se desenvolve, assistimos a uma verdadeira explosão conceitual. Teremos a possibilidade de efetuar um discurso menos formal e apresentar alguns exemplos – tal como a respeito do deslocamento em frente de todos os termos do debate no interior da constituição de uma *neue Dartellung*, já que o modo de exposição anterior deverá ser avaliado em função dos resultados da pesquisa e, assim, se materializar segundo uma *nova* exposição. Por enquanto, nesta apresentação das hipóteses, me basta aludir à potência do método dos *Grundrisse*, à capacidade de aferrar um conceito para fazê-lo expandir e deslocar novamente a análise sobre a indeterminação do campo que paulatinamente se constitui, e então redefini-lo e determiná-lo. E assim sucessivamente.

O método dos *Grundrisse*, o método de Marx não é, portanto, "esse fetiche metodológico que frequentemente nos é apresentado polêmica ou didaticamente!". Nele, pode se encontrar uma paixão pela totalidade, mas somente na forma da multiplicidade de sequências, descontinuidades e saltos, jamais num sentido monolítico. Encontra-se nesse método, sobretudo, uma dinâmica que traz a pluralidade e a diversidade da subjetividade, logo, uma abertura poliédrica para as emergências. Às vezes, na polêmica com o objetivismo cego de certa tradição marxista, alguns atribuíram essa mobilidade metodológica ao discurso político do marxismo, de maneira a libertá-lo do dito "realismo" das garras de um materialismo atrofiado até tornar-se um determinismo. Não é esse, no entanto, o modo de resolver esse grave problema. Para isso, deveríamos, ao contrário, identificar a mobilidade do conteúdo estudado por Marx, a riqueza de qualidades subjetivas que expressa e que, amiúde, predomina. O método marxiano é constituinte da realidade da ciência, na medida em que é um instrumento adequado para rastrear a multiplicidade e o dinamismo multidirecional da realidade. O método marxiano é constituinte na medida em que a luta de classes é constituinte de antagonismos explosivos. Por conseguinte, produz-se um salto qualitativo na exposição que não corresponde, simplesmente, ao fato óbvio da síntese de determinações que nela se opera. O salto corresponde, ao contrário, ao fato de desencadear, com essa síntese determinada, um novo plano de difusão do antagonismo, um novo terreno de constituição do antagonismo e uma nova possibilidade/potencialidade de explosão. Quando estudarmos a passagem da teoria do mais-valor à teoria da realização, não nos limitaremos decerto a aplicar a primeira teoria na segunda. O problema será observar como o processo de constituição geral da dominação capitalista reproduz a dinâmica do mais-valor numa escala *social*: em formas novas, tanto do ponto de vista do capital, como do ponto de vista da classe. Quando estudarmos a constituição do mercado mundial e a mudança dos mercados nacionais em função dele, também aí nos veremos obrigados a *deslocar* a análise (nas duas formas, da pesquisa/*Forschung* e da exposição/*Darstellung*), para novos planos gerais e dentro deles. *Abstração determinada, método da tendência, nova exposição/Neue Darstellung e deslocamento do campo de pesquisa*: esse dinamismo metodológico constitui um "universo plural" onde se mover envolve riscos; compreender, asperezas; e vencer, entusiasmos.

Um último elemento para a nossa hipótese inicial sobre o método dos *Grundrisse*. Refiro-me à crise da lei do valor, quer dizer, ao ápice da pesquisa marxiana. Até agora, supomos que nos achamos imersos numa fase de crise do funcionamento material da lei do valor. O nosso método marxista, materialista e dialético deverá se adaptar de acordo com as mudanças produzidas. Nada é mais essencial do que tal questão, colocada nesses termos. E não basta manter em aberto o problema, também será necessário aventurar-se nele oferecendo uma resposta.

Um breve parêntese para recuperar fôlego. Na atualidade, a discussão sobre a metodologia das ciências humanas se move com grande frequência sobre o terreno do pluralismo das instâncias de autovalorização social, do dinamismo e da recomposição. Habitualmente, essa sensibilidade metodológica é contraposta à metodologia marxiana. Porque basta apenas falar em *multiplicidade* de instâncias de recomposição, *transversalidade* do método da recomposição, para logo se acrescentar, a título de veredito: assim já se está além Marx. Tudo bem, mas, além de qual Marx? O Marx ensinado nas escolas do Partido? Ou um Marx renovado, diferentemente, pelo projeto prático-teórico da luta operária e proletária? Ao reler os *Grundrisse*, se tem uma única grande sensação: que aqui nos achamos verdadeiramente "além Marx", mas também além de todas as possíveis metodologias do pluralismo e da transversalidade. O campo de pesquisa se acha constituído por uma contínua tensão entre pluralidade das instâncias reais e dualidade explosiva do antagonismo. O elemento que confere unidade ao quadro sistemático (ou antissistemático) é o antagonismo, entendido não enquanto base de constituição da totalidade; mas, sim, como ponto de partida para uma disseminação, cada vez mais fremente e plural, do próprio antagonismo. No método, a luta de classes é mais antagonista e destrutiva quanto mais puder conjugar-se com a liberdade dos sujeitos. *Marx Além de Marx*?

Os *Grundrisse* além do *Capital*? Quiçá. O certo é que a teoria do mais-valor, dado o seu caráter central, elimina qualquer pretensão científica de centralização e dominação, concebida a partir do interior da teoria do valor. Pois a teoria do mais-valor multiplica o antagonismo no terreno da microfísica do poder. Pois a teoria da composição de classe recoloca o problema do poder segundo uma perspectiva de recomposição que não é a da unidade, mas da multiplicidade, das necessidades, da liberdade. *Marx Além de Marx*: também esta constitui uma hipótese importante, convincente e urgente.

Os intérpretes mais autorizados dos *Grundrisse* experimentaram a sedução exercida pela obra sem ser capazes de mover-se livremente nela. Em consequência, com algumas exceções, não se conseguiu ler o texto pelo que ele realmente é, conduzindo a operações ortopédicas e reducionistas a seu respeito. Os próprios títulos dos trabalhos monográficos são, nesse sentido, sintomáticos, vejamos: *A história de uma grande descoberta* ou mais explicitamente, *Antes de "O Capital" emergir*, ou *Sobre a história de "O Capital" de Marx*. Fala-se dos *Grundrisse*, às vezes, francamente bem, mas mesmo quanto isso acontece, eles não passariam de etapa para alguma outra coisa. O que se descreve efetivamente nos *Grundrisse* não é levado ao centro da análise. Nesse sentido, é aplicada uma metodologia historiográfica não marxiana, simplesmente resignada ante a gênese contínua do desenvolvimento das ideias – e que não atenta, pelo menos não o suficiente, aos saltos, aos recortes, às descontinuidades, à pluralidade de horizontes, às urgências da prática.

Quando, em vez disso, se leva em conta essa materialidade, aí acaba acontecendo um rapto classificatório e sistemático. Sim, dizem, os *Grundrisse* são efetivamente uma obra original, mas o são apenas na medida em que as afirmações de Marx contidas em sua *Correspondência* sejam tomadas ao pé da letra. Os *Grundrisse* teriam sido escritos no delírio de uma inspiração fortíssima, no desespero de uma solidão extrema, de um momentâneo fracasso prático, foram escritos sob a febre da madrugada. Isto de um ponto de vista formal (e, por favor, não olhemos aos detalhes: os cálculos matemáticos estão todos errados, o dialetismo esquemático confunde os conceitos e prolifera definições para a mesma coisa...). De um ponto de vista substancial, ademais, os *Grundrisse* apareceriam antes do recorte metodológico rigorosamente materialista que caracterizaria a "teoria" marxiana. Destarte, eles constituiriam a última das obras do jovem Marx. As suas conexões conceituais e o ritmo de análise seriam, em consequência, aleatórias e impressionistas. Se, no âmbito da teoria do mais-valor, esse procedimento pode, no entanto, resistir à prova; a teoria da realização com as suas explosões subjetivistas e catastróficas não resiste, substituindo a análise das conexões materiais por influências quase metafísicas e, invariavelmente, organicistas (como em *Die Formen*) ou humanistas (como no "Fragmento sobre as máquinas"). O texto, consequentemente, se acharia, assim, caracterizado por um esforço formidável de inovação, mas meramente a título de retomar, repetir e exaltar os termos meramente propedêuticos presentes no humanismo juvenil de Marx. Os *Grundrisse* constituiriam assim um caderno de apontamentos embriagados de idealismo e ética individualista. A abordagem para a definição de comunismo contida no "Fragmento" não passaria de uma síntese do idealismo cientificista, típico do século XVIII e seu ânimo libertário-individualista. Devo dizer que respeito críticas como as que acabei de resumir e, com frequência, não sei bem como respondê-las. Sinto vontade de demonstrar, com atenção teutônica, como, por meio da mera leitura do texto, essas críticas não se sustentam. Mas por que fazê-lo? Como explicar que não é possível imputar a algum delírio de Marx *o delírio da própria matéria* em que se agita e no interior do que Marx golpeia com os seus instrumentos críticos? Como explicar que, na emergência dessa matéria, em suas determinações extremas, se radica a excepcionalidade dos *Grundrisse*, a exaltação da ciência marxiana da intensificação da contradição até o ponto de um irredutível antagonismo material? "Nosso objetivo é, na verdade, desenvolvê-las completamente [as contradições contidas no capital]" (p. 280). Nessa ciência que vai da contradição ao antagonismo, não há lugar para humanismo, ainda que se pudesse verificar, de fato, o delírio da matéria.

Voltemos, então, às interpretações mais recentes, àquelas que, a meu ver, se acham mais caracterizadas por uma forte tensão genética, por um interesse – talvez, agudo demais – pela linha contínua do desenvolvimento teórico de Marx. Nesse bloco de interpretações, destaca-se, sem dúvida, a de Vitaly Vygodsky, impecável ao ressaltar a importância da passagem marcada pelos *Grundrisse*, e relevante pela definição e reconstrução temáticas. A obra de Vygodsky pertence ao novo visual do *Diamat*[40]. Quando a luta de classes é mobilizada contra o funcionamento da lei do valor (funcionamento, doravante, puramente coercitivo e esvaziado da mais mínima "racionalidade econômica" que seja); logo, quando a revolta é mobilizada contra o processo de valorização – isso tensiona o marxismo soviético a adotar uma posição na defensiva. Nesse ânimo defensivo, surge a necessidade de modernização do velho *Diamat*. Que melhor operação, qual a mais funcional para isso, do que usar o dialetismo dos *Grundrisse* para atenuar o aparato rigoroso, mas rígido demais e inadequado, do sistema ideológico soviético? A importância da leitura de Vygodsky é indubitável: a sua função, a sua direção política, o fato de ter sido

---

[40] N. do T.: Dialética materialista marxista-leninista, linha teórica oficialista da União Soviética (1920-91).

concebida *ad usum Delphini*[41] igualmente são indubitáveis. Combinar os *Grundrisse* com a vulgata soviética do *Capital* significa permitir essa modernização do *Dialamt* que a luta de classe hoje na União Soviética[42] impõe – mas como operação do poder, para melhor desenvolver, dialeticamente, conflitualmente, o potencial de dominação da teoria de valor, da leitura economista e/ou estalinista do *Capital.* Desse ponto de vista, os *Grundrisse*, em sua originalidade, constituem um texto de apoio para a leitura do *Capital*, numa parte do mundo em que essa leitura tem uma função direta para a dominação. A interpretação de Vygodsky é, por conseguinte, maligna e astuta. O fato que, com frequência, seja correta, não elimina nenhuma de suas características negativas, do mesmo modo que o forte realismo científico dos escritores do século XVII ao redor da "razão de estado" não eliminava a ambiguidade deles. Por outro lado, se nos ativermos a uma avaliação substancial, em realidade, a interpretação de Vygodsky, quaisquer que sejam os seus méritos, não chega em nenhum caso ao limite da ruptura. Depois de realçar a importância dos *Grundrisse* e, por isso mesmo, a dimensão antagonista da dialética, como caracte-

[41] N. do E.: "para uso do Delfim", expressão latina surgida na França absolutista que, à sua época, dizia respeito à chancela necessária para as obras que o *Delfim* – isto é, o princípe herdeiro – deveria ler em sua formação, uma vez que se entendia que certas obras, mesmo que clássicas, deveriam ser censuradas por serem nocivas à educação do futuro Rei da França. Aparentemente, foi o Duque de Montausier (1610-1690), preceptor de Luís de França, um filho de Luís XIV que jamais chegou a reinar, a criar tal fórmula. A expressão chega aos dias atuais com sentido evidentemente pejorativo, o qual Negri emprega aqui para criticar a forma como pensamento e os textos de e sobre Marx eram tratados na então União Soviética, com censuras e prontos a servir à narrativa oficial do Partido: os cidadãos soviéticos, no fim das contas, eram Delfins que deveriam ser poupados da *vida como ela é.*

[42] N. do T.: O leitor se recorde que o seminário de Toni Negri foi ministrado em 1978, com transcrição publicada pela primeira vez pela editora Feltrinelli em 1979, durante a Guerra Fria (1945-91), quando o bloco soviético do socialismo real (Pacto de Varsóvia) ainda existia.

rização material e central da teoria do mais-valor; Vygodsky não faz esse discurso incidir à totalidade do horizonte de categorias marxianas. Ao contrário, como já destacou corretamente Pennavaja, Vygodsky chega a afirmar que a teoria marxiana é "uma teoria econômica fechada": fórmula em que não se sabe se o mais absurdo consiste em chamar o marxismo de "teoria econômica", ou em adjetivá-lo de "fechado". Teoria econômica fechada, logo, teoria do equilíbrio? sim, responderia Vygodsky, acrescentando: com uma pitada de conflito, e talvez também de liberdade.

Chegamos, enfim, a Roman Rosdolsky. Criticar o trabalho pioneiro desse autor não é somente difícil, como também injusto. Tanto mais injusto se considerarmos que, na combinação dos *Grundrisse* com *O Capital*, Rosdolsky sempre buscou um terreno intermediário. Ele nunca tentou a redução linear dos *Grundrisse* ao *Capital*, insistindo antes numa interpretação revolucionária, para ler *O Capital* de um modo frequentemente original e inovador. Para Rosdolsky, em consequência, os *Grundrisse* e *O Capital* se movem um dentro do outro, e formam juntos o sistema como um todo, atravessado por uma forte tensão antagonista, até o limite de intensidade, do "catastrofismo" marxiano (e/ou grossmanniano?). Os limites do discurso de Rosdolsky – independente de algumas confusões e erros (por exemplo, já lembramos a sua posição a respeito do "*livro sobre o salário*", mais adiante, indicaremos e discutiremos outras) – se acham, a meu ver, sobretudo, dentro do tecido ideológico da *esquerda comunista* que o cercava no período entre-guerras. De um lado, um objetivismo extremo; do outro, a necessidade de fundá-lo por meio da recuperação da ortodoxia marxista. Um elemento serve ao outro: se o objetivismo permitiu a existência de uma esquerda comunista em grande medida minoritária, a ortodoxia garantiu a sua legitimação. Grossmann[43] constitui, nesse

[43] N. do T.: Henryk Grossman (1881-1950), autor de *A lei da acumulação e o colapso do sistema capitalista* (1929).

ponto de vista, um dos exemplos mais claros da referida necessidade. Rosdolsky se move com grande destreza dentro desses limites objetivos, com uma capacidade de leitura amiúde extraordinária. Contudo, termina por se ver constrangido pelas condições vigentes à época. A sua leitura dos *Grundrisse* busca então conciliar a extraordinária inovação presente no texto – o que Rosdolsky alerta com frequência, com a ingenuidade do verdadeiro intelectual – e a continuação da ortodoxia. Isso não nos convence, no entanto. Chega a ser evidente o porquê de não nos convencer: do ponto de vista teórico, do texto, buscaremos desenvolver a análise com detalhes a seguir – deixando registrado que a leitura de Rosdolsky tampouco nos convence do ponto de vista político.

De fato, estamos numa fase de refundação do movimento revolucionário e de um modo não minoritário. A ortodoxia não nos interessa em absoluto. Ao contrário, se pudéssemos prescindir de Marx, ficaríamos felizes. Produziu-se um recorte, na verdade, nesse caso, o recorte já existia. A teoria do valor tem sido usada contra nós como uma estaca. A descoberta dos *Grundrisse* nos repõe Marx. Por sua força e não por nossa fidelidade a ele. Não temos mais o prazer nem o dever de falar aos ortodoxos; as nossas linguagens são distintas, o signo da contradição está dado. Os *Grundrisse* nos repõem Marx em ainda mais sentidos. Primeiro de tudo, o Marx teórico das grandes transformações do capital, ao redor da crise da lei do valor. Sobre esse assunto, a análise realizada por Sergio Bologna – ainda que de caráter parcial – quanto ao conteúdo histórico dos *Grundrisse* e, particularmente, da articulação entre polêmica monetária, análise da crise estadunidense e mundial[44] (tal e qual se desenvolve nos artigos de Marx publicados no *New York Daily Tribune*) e pesquisa teó-

[44] N. do T.: BOLOGNA, Sergio; *Moneta e crise;* Marx corrispondente della New York Daily Tribune In BOLOGNA; CARPIGNANO; NEGRI; *Crisi e organizzazione operaria.* Milano: Feltrinelli, 1974, p. 4 e ss.

rica é – como lembrou – muito importante. Ainda que a síntese desses momentos não possa ser realizada segundo a imagem literária da "revolução dobrada", como resposta teórica à "revolução desde cima" levada a cabo pelo poder capitalista. O Marx dos *Grundrisse* sabe perfeitamente que não existe alternativa teórica, que a alternativa ou é função do movimento de massas ou não é absolutamente, que não existe delegação possível da alternativa para a teoria. A síntese dos vários elementos da análise marxiana se assenta então na definição da crise como momento de refundação necessária do movimento revolucionário. Assenta-se sobre o prolongamento do tecido prático-político que a teoria precisa alcançar e reforçar. Invertendo e parafraseando Eric Hobsbawm, se deveria dizer que os *Grundrisse* são, para Marx, uma espécie de taquigrafia teórica coletiva: constituem uma insistência extrema da teoria para a prática, na prática. Com isso, conseguimos contemplar a síntese realizada pelos *Grundrisse* em seu sentido real. Os *Grundrisse* representam o cerne do desenvolvimento teórico de Marx, porque representam o momento em que o sistema em formação não se encerra, ao contrário, abre-se à totalidade da prática. O método dos *Grundrisse* é constituinte do antagonismo, o conjunto de suas categorias é constituinte de uma rede de conceitos que só é adequada quando usada para o aprofundamento e a disseminação do antagonismo de classe. O catastrofismo dos *Grundrisse* – sobre o que tanto já se escreveu – é na realidade a alusão a essa articulação político-prática, a esse momento em que a força da classe operária deve impor-se contra o sistema de valor.

Quando os *Grundrisse* desaguam no *Capital*, estamos diante de um processo feliz. Os conceitos do *Capital* são, neste caso, totalmente adequados a uma compreensão antagonista de seu desenvolvimento. Há muitos casos, entretanto, em que as categorias do *Capital* não funcionam nesse sentido. Portanto, seria possível pensar que algumas exacerbações do objetivismo se achem legitimadas pela leitura do *Capital*. Em consequência, se o desaguamento dos *Grundrisse* no *Capital* constitui um processo feliz, não se pode dizer o mesmo da afirmação inversa. Os *Grundrisse* representam o auge do pensamento revolucionário marxiano; ao redor deles se determina o recorte teórico-prático constituinte do comportamento revolucionário e fundante de sua diferença tanto em relação à ideologia, quanto ao objetivismo. Nos *Grundrisse*, a análise teórica se torna unha e carne com a prática revolucionária. Vale a pena prestar homenagem, neste momento, à leitura realizada por um jovem companheiro, Hans Jürgen Krahl, em face da profunda inteligência com que soube, em sua época, depreender do desenvolvimento das categorias dos *Grundrisse* o perfil de um processo constituinte na luta de classes. Uma coisa tem que ficar clara: nesse âmbito, não se está provocando uma polêmica abstrata contra *O Capital*. Cada um de nós se cultivou para a reflexão e a consciência teóricas nutrindo-se do ódio de classe que o *Capital* possui. Mas *O Capital* é, ao mesmo tempo, o texto que serviu para reduzir a crítica à teoria econômica, neutralizar a subjetividade na objetividade, e o proletariado subversivo, na reestruturação de sua repressão e dominação. É possível reconquistar terreno – não pela consciência diligente do intelectual – mas pela consciência revolucionária das massas. É possível chegar a um nível correto do *Capital* somente se ele for submetido à crítica dos *Grundrisse*, se for relido a partir da engrenagem de categorias nas quais os *Grundrisse* embutiram o mais irredutível antagonismo – confiado à capacidade constituinte do proletariado. Desse ponto de vista, os *Grundrisse* constituem a crítica da "revolução desde cima" capitalista. Constituem, em vez disso, a confiança na "revolução desde baixo". Constituem o mais alto potencial destrutivo de toda e qualquer autonomia teórica ou política que esteja desgarrada do *movimento real* – o que os *Grundrisse* contemplam, em seu aparato de categorias, como uma força constituinte.

Na lição 3, faremos uma releitura da *Einleitung* e proporemos, consequentemente, uma série de problemas metodológicos. Em todas as outras lições, vamos seguir a sequência discursiva dos *Grundrisse*. As lições 2, 4 e 5 seguirão o processo que leva da crítica do dinheiro à definição da teoria do valor, daí à formulação da teoria do mais-valor e desta, a seu passo, à definição de crise e da catástrofe, chegando à conclusão teórica do primeiro bloco de análise. Nas lições 6 e 7, veremos, por meio da análise da realização e da circulação, como se constitui o capital social, isto é, a força coletiva do capital e a sua forma antitética. Nesse ponto, pretende-se identificar o plano para um possível "livro sobre o salário", que Marx não chegou a escrever, embora o tivesse planejado. As lições 8 e 9 extraem as conclusões do segundo bloco de análise: a partir da subjetividade e da primeira definição do comunismo, até um primeiro deslocamento global da análise, relacionado à uma mudança – aliás, prevista por Marx – de uma série de condições constitutivas do antagonismo. Em suma, é o caso de reconstruir os termos marxianos da temática do comunismo, entre a catástrofe e a autovalorização proletária.

Que falta dizer nesta primeira lição, que apresente uma hipótese e sugira uma atitude interpretativa? Parece que eu falei demais. Agrada-me imaginar, ainda assim, qual teria sido a atitude de Lenin ou Mao, se tivessem os *Grundrisse* entre as mãos – tal como, a certa altura, tiveram a *Lógica* de Hegel. Tenho a convicção que teriam metabolizado dos *Grundrisse* nutrientes excepcionais para o terreno prático, com entusiasmo e felicidade. Como abelhas nas flores. É este "além Marx" que nos alegra.

LIÇÃO 2
O dinheiro e o valor

Por que começarmos com o capítulo sobre o dinheiro? Plano geral do capítulo. Dinheiro e valor: o dinheiro enquanto expressão imediata do valor. O dinheiro enquanto expressão imediata histórica da crise. A crítica da forma-dinheiro e a sua mistificação proudhoniana. Extrema radicalidade da abordagem marxiana. A tendência como início da pesquisa. Análise do texto: a) dinheiro e crise. O significado do "trabalho médio" e do "trabalho socialmente necessário". Crítica radical do proudhonismo. Depois, inversamente, dinheiro enquanto símbolo. b) Dinheiro e desigualdade: um excursus *político. c) Análise sistemática do dinheiro: dinheiro enquanto medida e equivalente geral (e a recusa do trabalho?); dinheiro enquanto meio de circulação; dinheiro enquanto dinheiro e enquanto capital. d) Dinheiro – valor – capital. Um projeto para o ulterior progresso da análise. Da crítica do dinheiro à crítica do poder: uma antecipação.*

Começamos a análise dos *Grundrisse* pelo caderno I e, em pequeníssima medida, o II ("O dinheiro"); em vez de começar pelo caderno M ("*Einleitung*"), que os precede cronológica e tematicamente, porque preferimos entrar de uma vez na matéria. Na lição 3, abordaremos o caderno M e a temática do método, com a vantagem de já tê-lo visto funcionar e poder confrontar a transformação que o método experimenta ao entrar em contato com os seus objetos de análise. Dessa maneira, a qualidade, a natureza de ser uma "transição" que caracteriza o caderno M, na definição marxiana do método durante o verão de 1857, no caderno M, vai ficar mais clara. Será possível, talvez, identificar a produtividade especial dessa abordagem.

Por ainda outra razão – a que já se fez referência e que agora me limito a recordar – vale a pena começar o estudo pelos cadernos sobre o dinheiro. De fato, na polêmica sobre o dinheiro, se tramam os fios que vão constituir o eixo dos *Grundrisse* e, em consequência, da crítica ao "verdadeiro socialismo" à espera da "crise iminente", assim como do extraordinário esforço de aprofundamento teórico. A partir desses cadernos, a pesquisa marxiana dá um salto qualitativo.

Os cadernos sobre o dinheiro começam com uma referência a "Alfred Darimon: da reforma dos bancos. 1. Paris 1856". Parece-se com um caderno habitual de apontamentos e reflexões críticas, dentre os tantos conhecidos de autoria de Marx. Mas, aqui, não é bem assim: a referência a Darimon sobre a insuficiência do texto – e implicitamente, referência ao conjunto da polêmica contra Proudhon (que é, como veremos, uma base importante) – aparece imediatamente como um pretexto. Vejamos:

A. (*Grundrisse*, p. 67-100). Marx começa com a análise e a crítica pontuais ao livro de Darimon; mas, rapidamente, o problema alcança um caráter geral, a teoria se desenvolve, e as referências sobre Darimon se tornam sarcásticas. Achamo-nos praticamente ante uma *primeira parte* do manuscrito, que poderíamos intitular "*Dinheiro e crise*". O ponto imediato do problema da crise se torna elemento fundamental para a interrogação e, ao mesmo tempo, a fenomenologia da crise se torna o motor da análise.

B. (*Grundrisse*, p. 100-120). Contesta-se novamente a análise de Darimon, bem como a polêmica sobre os "tíquetes-hora de trabalho" e a "utopia suja" do banco pensado por Saint Simon. Novamente, o problema alcança um caráter geral. Na *segunda parte* do manuscrito, o primeiro grande *excursus* ("O dinheiro enquanto relação social"), por um lado, repete as indicações da *Einleitung* ("introdução"); por outro, nos conduz ao coração da crítica marxiana e a um ponto de partida teórico em sentido próprio. Poderíamos intitular essa segunda parte: "*Dinheiro e desigualdade*".

C. (*Grundrisse*, p. 120-169). No entanto, é preciso introduzir um pequeno parêntese, de caráter pontual. (p. 109, 110) Tendo finalizado a crítica a Darimon, dá-se a passagem da polêmica à exposição que, entre os pontos A e B, produz o objeto a ser analisado por Marx, em toda a complexidade sistemática de suas qualidades. Essa *terceira parte* pode ser chamada de "análise sistemática do dinheiro" e se subdivide, por sua vez, em três capítulos esquemáticos:

C1. O dinheiro *enquanto medida* (*Grundrisse*, p. 120-140).

C2. O dinheiro *enquanto meio de circulação* (*Grundrisse*, p. 140-149).

C3. O dinheiro *enquanto dinheiro e enquanto capital* (*Grundrisse*, p. 149-161; p. 161-169)

D. Na *quarta parte*, o discurso volta à relação "*Valor-dinheiro*". Volta, portanto, ao nível geral da teoria já abordada no ponto B, acima. Essa caracterização é relevante para a parte dos *Grundrisse* entre as páginas 169-181, mas também para as imediatamente seguintes, consistindo na premissa do capítulo seguinte: "*III. O capítulo do capital*" (p. 183-200). Nesse quadro, é preciso levar em conta, ademais, o plano inicial do capítulo sobre o valor, como já lembrado na primeira lição.

Observemos, primeiramente, que o capítulo sobre o dinheiro está assinalado por Marx como II. Presumivelmente, poderia achar-se precedido por um capítulo I, sobre o valor. Na realidade, já na *Contribuição à crítica da economia política*[45], o primeiro capítulo sobre o valor se converte em capítulo sobre a mercadoria, antecipando,

[45] MARX, Karl. *Contribuição à crítica da economia política*. Tradução de Florestan Fernandes. São Paulo: Expressão popular, 2008.

assim, a organização definitiva que a matéria receberá no *Capital*. Nos *Grundrisse*, no entanto, não encontramos o capítulo sobre a mercadoria e devemos perguntar-nos se essa ausência produz ou não produz efeitos úteis, quanto ao procedimento marxiano.

Então, nos cadernos I e II, *o percurso teórico vai do dinheiro diretamente ao valor*. O valor se apresenta ao leitor na forma do dinheiro. O valor é, portanto, a mesma merda que o dinheiro. Não se produz aqui o θαυμάζειν[46] filosófico: o assombro, o estupor, a vontade de saber não nos conduz a sínteses cognitivas ideais, a hipóteses fantásticas; mas à imediatez prática da crítica, da denúncia, da recusa. Por outro lado, não nos encontramos *ante* o valor, nos encontramos *dentro* do valor: estamos dentro deste mundo feito de dinheiro. O dinheiro representa a forma das relações sociais – e as representa e sanciona ao organizá-las. Talvez, não seria ingenuidade demais esse movimento imediato da abordagem, não exatamente ao valor, mas *ao valor na forma do dinheiro* – como se o dinheiro contivesse todo o valor possível? Entretanto, o mundo é representado assim, como um mundo de mercadorias que o dinheiro representa *tout court*, determinando por meio de si a valorização das mercadorias. Darimon realiza uma abordagem exaustiva – imbecil, porém útil – para o "ingênuo" Marx. Por outro lado, o que poderia significar uma teoria do valor que não se achasse subordinada, imediata, íntima e necessariamente, à teoria do dinheiro, à forma com que a organização capitalista da relação social se apresenta, no cotidiano da troca social? É apresentada uma teoria do valor, mas poderia ela ser construída que não fosse com uma imediata redução à teoria do dinheiro, da organização capitalista da troca e, no interior da troca, teoria da exploração? Começo a considerar útil a "ingenuidade" da abordagem marxiana. Há tantíssimo ódio de classe nessa ordenação da matéria! O dinheiro tem a vantagem

[46] *Thaumázein*, experiência de assombro e maravilhamento (*Staunen*, em alemão).

de apresentar imediatamente a cara asquerosa da relação social do valor. O dinheiro apresenta o valor, de uma só vez, como troca social submetida ao poder de mando, organizada para a exploração. Desse jeito, não preciso mais afundar as mãos no hegelianismo para descobrir a dupla cara da mercadoria e do valor. O dinheiro tem uma só cara: a do patrão.

Essa é a abordagem típica dos *Grundrisse* e nós a encontraremos por toda parte. Ela destaca o *antagonismo prático primeiro, embutido em toda fundação de categorias*. A teoria do valor – enquanto teoria de síntese das categorias – é um legado dos economistas políticos clássicos e da mistificação burguesa. Poderíamos, portanto, descartar a teoria do valor sem problemas, a fim de nos situarmos no campo da revolução. Se, outrora, a teoria do valor era aplicável aos clássicos – como demonstra o início dos *Grundrisse* – nas condições atuais, é possível demonstrar que pode ser replicada contra todos os replicadores da teoria do valor, do *Diamat* a Piero Sraffa.

Torna-se vão, portanto, delongar-se buscando analogias com outras versões da teoria marxiana do dinheiro (seriam quatro, incluindo a publicada nos *Grundrisse*, segundo Rosdolsky, p. 95). Aqui, a pesquisa gira imediatamente ao redor da forma do valor e, por isso – pelo menos para os blocos que denominamos A, B, C e D – ela vai concentrar-se sobre o tema. O material que reunimos no ponto C talvez seja o único que possa ser confrontado com outras versões da teoria marxiana do dinheiro. Veremos, de qualquer forma, com quais extraordinárias cautelas e diferenças, que não podem – como ressalta Rosdolsky – ser reduzidas a meras variações literárias. Também devemos buscar, em consequência, as continuidades sutis – e aqui não meramente literais, mas substanciais. A diferença entre os *Grundrisse* e as obras posteriores de Marx está no fato que, nos *Grundrisse*, a lei do valor se apresenta não como uma mediação, mas *imediatamente* como lei da exploração. Não existe um caminho lógico que conduza da análise da mercadoria ao valor e, a seguir, do valor à análise do mais-valor. Nos *Grundrisse*, o termo médio não existe, não há mediações, esse termo não passa de uma ficção literária, de uma mistificação pura e simples, que não encerra sequer um fiapo de verdade. Situar o dinheiro na posição de representante da forma-valor significa reconhecer que o dinheiro constitui a forma exclusiva de funcionamento da lei do valor. Significa reconhecer que o dinheiro constitui o terreno imediato da crítica. Crítica imediata.

A excepcional importância do início dos *Grundrisse* sobre o dinheiro –como forma eminente de expressão da lei do valor – não se acha, apesar disso, ligada somente ao caráter de imediatez da crítica. É mais do que isso. Outro aspecto deve ser considerado também de maneira imediata: a *relação social do capital*. Nos *Grundrisse*, subjacente ao tratamento extremo conferido à relação do valor, a relação social do capital não é tratada do ponto de vista da síntese; mas, ao invés, do ponto de vista do antagonismo. O antagonismo pode existir unicamente se a relação social do capital não se encerrar na síntese. Se a relação do valor, portanto, vier diretamente referida ao dualismo/pluralismo imediato dos antagonismos sociais – se isto, portanto, não constituir um éter mediador – então, a análise deverá ser forçada a considerar os sujeitos atuantes nas diversas figuras deste drama. A relação do valor será sempre e somente uma ficção que se projeta para sobredeterminar os conteúdos concretos da luta de classes. Não se poderá falar de valor, se não se falar de exploração; sobretudo, se não se determinar a função da valorização enquanto sobredeterminação dos conteúdos concretos da luta de classes, enquanto poder de mando e dominação de uma classe sobre outra – determinando, consequentemente, a composição de uma e de outra.

É preciso levar em conta, finalmente, um terceiro elemento, para ressaltar a extraordinária importância da abertura dos *Grundrisse* sobre o dinheiro. O *dinheiro enquanto crise* da lei do valor (e a sua desmistificação preventiva) foi o primeiro elemento abordado. O *dinheiro enquanto sobredeterminação* e tensão do poder, de mãos dadas com a composição das duas classes em luta, foi o segundo elemento. O terceiro consiste agora na importância atribuída por Marx à análise do processo de socialização do capital. Seria impossível começar a análise com o dinheiro – enquanto forma eminente e exclusiva da mistificação do valor – caso não se assumisse o dinheiro também *enquanto pressuposto do processo de socialização do capital*.

Sobre esses temas, voltaremos mais demoradamente em momento posterior. Por enquanto, me parece oportuno responder à pergunta inicial. Se, nos *Grundrisse*, a ausência de capítulo sobre a mercadoria e a apresentação do discurso sobre o valor, imediatamente a partir do ponto de vista do dinheiro, produzem efeitos úteis. Parece-me, pois, que sim. Na forma do dinheiro, a lei do valor se apresenta *1)* em crise; *2)* de maneira antagonista e *3)* numa dimensão social. E isso já como pontos de partida. Partindo dessa hipótese, é preciso acrescentar que *O Capital* parece ser quase uma propedêutica aos *Grundrisse*. *O Capital* explica minuciosamente, mediante os conceitos que retomam a história do capital, a conclusão dela, o que os *Grundrisse* assumem como objeto da crítica.

Esse é o início teórico dos *Grundrisse*. Acrescente-se a isso, não sem menor importância, que o dinheiro – aqui, em sua presença histórica – se apresenta na análise como crise. A abordagem teórica implica a análise histórica, revelando abertamente o dinheiro como crise. Sergio Bologna (*Crisi e organizzazione operaria,* p. 2 e ss., p. 16 e ss.) trouxe uma série importante de elementos que demonstra justamente esse aspecto. Ao descrever – com base nos materiais usados por Marx em seu trabalho jornalístico – a crise que se desenrola entre 1857 e 1858, o caráter monetário é apresentado como o principal elemento da crise. Não à toa, em consequência, Darimon seja escolhido por Marx como o objeto inicial da polêmica. Por meio da obra de Darimon – assim como também sucede, e de modo realmente importante, por meio da *Gratuité du Crédit* de Proudhon (ibid., p. 46 e ss.) –, se pode criticar a mistificação da *transição histórica que o Estado burguês realiza na forma da extração do mais-valor*. Aqui, Marx se encontra ante "a primeira forma acabada de Estado moderno, ante o governo do capital social; se encontra ante a primeira forma acabada de um sistema monetário moderno, ante o governo centralizado da liquidez". Tudo isso se apresenta na forma da crise. O percurso de Marx vai da aderência à imagem monetária da crise (as crises sempre se apresentarão, doravante, na forma monetária) até a análise da crise nas relações sociais, isto é, da crise de circulação até a crise da relação entre trabalho necessário e mais-valor. Em enorme esforço de antecipação, a crise – à época que Marx escreve – é considerada como se representasse a tendência histórica do desenvolvimento capitalista. Na projeção histórica, a crise se converte em crise da lei do valor. Na projeção histórica de um modo de produção que adquire um caráter cada vez mais social, quando a moderna função de valor se converte em função de poder de mando, de dominação, de intervenção sobre os componentes sociais do trabalho necessário e da acumulação. O estado é aqui "síntese da sociedade civil" (p. 61), uma definição formulada na *Einleitung*, e que nos *Grundrisse* encontra seguidas confirmações (p. 171-172, 205) antes de ser amadurecida em definições mais completas, que vão considerar o estado como o representante direto do capital coletivo, ele próprio (para dizê-lo com as palavras de Engels) um "capitalista coletivo". A transição é real, marcada por uma crise que define a sua necessidade, ao mesmo tempo que indica as diretrizes de resolução. A crítica deve realizar-se, portanto, no resultado do desenvolvimento histórico do capital, segundo as suas transições. A crítica deve impor a consciência do movimento da tendência, isto é, o movimento do antagonismo. E tudo isso, tendo presente a forte síntese que o capital busca fazer – sob a forma de seu poder de mando, de sua socialização e institucionalização – solicita uma resposta conceitual adequada. A teoria não pode renunciar a sua aderência à história. O dinheiro, o salto para frente da forma monetária do valor representa, por isso, a imediatez histórica da crise, e também representa a tendência.

Os proudhonianos levaram em conta essa transição apenas para mistificá-la. De que forma respondem, em realidade, Darimon e Proudhon, à questão colocada pela crise? Respondem explicando que o dinheiro é um equivalente e – ao realçar essencialmente essa natureza de equivalente – deflagram uma polêmica voltada a revalorizar uma circulação pura, lassa, abundante. Marx observa, apesar disso, que se o dinheiro é um equivalente, se em ocasiões ele tem a natureza da equivalência, isso indica primariamente uma *equivalência da desigualdade social*. A crise não decorre, assim, das imperfeições da esfera da circulação de mercadorias, que operaria em regime de equivalência. De modo que a crise não pode ser corrigida simplesmente com uma reforma corretiva dessa esfera da circulação. A crise decorre, na verdade, da desigualdade intrínseca das relações de produção e, em vez de corrigida ou reformada, somente pode ser *suprimida*, no ato mesmo que se suprime a própria desigualdade.O dinheiro reveste um conteúdo que é, de modo eminente, desigualdade e exploração. *A relação de exploração é o verdadeiro conteúdo do equivalente monetário*. Não se poderia expor esse conteúdo de maneira melhor. E Marx o demonstra. A demonstração, ainda assim, não se detém neste ponto. Também é preciso destacar *a forma* com que o dinheiro reveste o conteúdo; pois ela é, em última instância, mais importante do que o próprio conteúdo. E isso acontece porque essa forma é a forma da contradição e do antagonismo, que a circulação monetária tende a terminar e resolver. O reformismo do “verdadeiro socialismo” – no próprio ato em que pretende controlar perfeitamente – além dos ritmos e limites da crise – os mecanismos da circulação e da equivalência, ele termina anulando aqueles reflexos que a forma assume a partir do antagonismo, isto é, o próprio conteúdo concreto que a forma recobre. O capital segue essa linha de desenvolvimento de um reformismo que lhe oferece refúgio, que lhe dá proteção, diante da crítica realizada pela polarização operária. O capital, assim, se reestrutura para atender a necessidade de empurrar para sempre mais longe o limite da contradição que a forma da circulação acumula sobre si, em razão do antagonismo embutido na relação fundamental de produção, na relação social do capital. Desmistificar o "verdadeiro socialismo", portanto, significa mostrar essa cumplicidade entre o reformismo e o interesse do capital no desenvolvimento. Significa, assim, insistir na centralidade da forma para o funcionamento da exploração. E levar o discurso até o ponto em que a revolução se apresente como libertação do conteúdo da exploração, na medida em que essa é *libertação da forma global da circulação do valor*, i.e., do valor *tout court*; onde o valor nada mais é do que fórmula de cálculo da exploração. Tudo isto ainda não é suficiente, apesar de tudo. Se forma e conteúdo do valor se acham, desse modo, ligados inextricavelmente à exploração, se toda reforma não passa de um aprofundamento do conteúdo da exploração, então o antagonismo é deslocado para o nível da totalidade e da radicalidade. Não há revolução sem a concomitante destruição da sociedade burguesa, do trabalho assalariado (enquanto produtor de valor), e do dinheiro (enquanto instrumento de circulação do valor e do poder de mando). Todo progresso da socialização da forma da circulação do valor constitui, por isso, um avanço progressivo do conteúdo da exploração. Constitui, por conseguinte, o progresso dessa articulação que deve ser destruída, assim como todas as formas ideológicas e institucionais que o representam e o dinamizam. E tanto mais continuam sendo-o se socialistas forem. O dinheiro, os exercícios reformistas sobre o dinheiro: eis aqui reunida toda a merda. Por outro lado, "a luta de classes como fechamento, nisso se resolve o movimento e a análise de toda a merda" (a Engels, 30 de abril de 1868, *Carteggio*, V, p. 186). As diversas partes dos cadernos sobre o dinheiro se relacionam e articulam ao redor dessa matriz profunda.

A análise, ainda assim, deve ser retomada de modo mais cuidadoso. São três pontos contidos na *polêmica com os proudhonianos*. Marx concentra a sua crítica teórica e política, por um lado, contra a mistificação "socialista" específica do momento, e assim intervém de modo destrutivo na polêmica sobre os bancos e o equivalente geral. Por outro lado, e em segundo lugar, Marx situa essa crítica no extremo de uma tendência que, em sua opinião, é fundamental e que, com o tempo, todos perceberam como fundamental: a tendência à reforma do Estado, entendido como representação global da sociedade burguesa, tendência à reestruturação do Estado em termos financeiros. Abre-se aqui, com a crise da década de 1850, esse período que conduz até a análise de Hilferding e Lenin, do Estado e do capital financeiro. Marx, realçando o dinheiro, também está partindo desse elemento tendencial. De novo, *o resultado constitui o pressuposto*. Em consequência, graças a esses dois movimentos polêmicos, se determina como terceiro elemento a imagem definitiva da teoria do valor nos escritos desse período sobre o dinheiro: o valor enquanto mediação social e equivalente da desigualdade, a teoria do valor enquanto parte da teoria do mais-valor, a teoria do mais-valor enquanto regra social da exploração. É, em definitivo, o nível em que se vai desenvolver a polêmica (o dinheiro, a síntese da sociedade civil na forma do Estado, o aprofundamento da forma social da exploração), o que impõe a qualificação da teoria do valor e a sua definição conjunta, em termos exclusivos de *mais-valor* e *socialização* da exploração. Em suma, os termos que encontramos nos *Grundrisse*. Poderia dizer-se, de modo paradoxal, que enquanto no *Capital* as categorias geralmente se moldam em função do capital privado e competitivo; nos *Grundrisse*, elas se moldam em função da tendência voltada ao *capital social*. Aqui, se assenta o significado de ter começado pelo dinheiro, na forma definida por meio da polêmica contra os proudhonianos.

Voltemos agora à leitura do texto dos cadernos I e II sobre o dinheiro. A primeira parte, que havíamos chamado "Dinheiro e crise", é toda ela uma atormentada navegação sobre a interseção entre esses dois termos: a crise mostra o que é o dinheiro. Para Darimon – se nos ativermos ao texto – a crise não é outra coisa que não uma sequência de erros estatísticos e de cálculo (*Grundrisse*, p. 60-90). Nesse momento, apesar disso, não nos devemos prender somente ao texto. Deve ser objeto de consideração também a finalidade política do discurso geral dos proudhonianos, a ser condenada de modo imediato.

Chegamos aqui à questão fundamental, que não se relaciona mais com o ponto de partida. A questão geral seria: as relações de produção existentes e suas correspondentes relações de distribuição podem ser revolucionadas pela mudança no instrumento de circulação – na organização da circulação? Pergunta-se ainda: uma tal transformação da circulação pode ser implementada sem tocar nas relações de produção existentes e nas relações sociais nelas baseadas? Se toda transformação da circulação desse tipo pressupusesse, ela própria, por sua vez, modificações nas outras condições de produção e revoluções sociais, neste caso, naturalmente, colapsaria a priori a doutrina que propõe seus truques de circulação para, de um lado, evitar o caráter violento das transformações e, de outro, fazer dessas próprias transformações não um pressuposto, mas, inversamente, um resultado progressivo da transformação de circulação. A falsidade desse pressuposto fundamental seria suficiente para demonstrar o equívoco similar sobre a conexão interna entre as relações de produção, distribuição e circulação. (p. 74).

Em suma, esses senhores desejam melhorar o capital, a circulação do dinheiro, "sem abolir a própria relação de produção expressa na categoria dinheiro" (p. 75). Trata-se, apesar disso, de "uma pretensão que se contradiz a si própria", pois não é possível, na realidade:

> mediante transformações formais de uma relação, passar por cima de suas determinações essenciais? As distintas formas de dinheiro podem corresponder melhor à produção social em diferentes etapas, uma elimina inconvenientes contra os quais a outra não está à altura; mas nenhuma delas, enquanto permanecerem formas do dinheiro e enquanto o dinheiro permanecer uma relação social essencial, pode abolir as contradições inerentes à relação do dinheiro, podendo tão somente representá-las em uma ou outra forma. Nenhuma forma do trabalho assalariado, embora uma possa superar os abusos da outra, pode superar os abusos do próprio trabalho assalariado (p. 75).

Certamente, com seu trabalho, os senhores proudhonianos brincam de mistificar as coisas. Mas como é possível quando a crise, de modo tão preponderante, proponha sem cessar os termos históricos do discurso? O dinheiro é uma categoria de mediação do antagonismo social, a sua definição estabelece a *possibilidade* da crise, a efetuação a demostra *em ação*.

Neste momento, no entanto, basta de polêmica. Se a interseção entre dinheiro e crise destrói a mistificação proudhoniana, ela também produz efeitos bem mais importantes. Mostra-nos, particularmente, o que é o valor. A sua definição deve ser reportada inteiramente à generalidade do dinheiro em meio à crise, que mostra a função tendencialmente exclusiva do dinheiro em revestir e representar as relações sociais antagonistas. A teoria do valor deve ser reformulada, consequentemente, a partir dos rastros do dinheiro e da tendência evidenciada pela crise. *As características do dinheiro devem ser assumidas nas do valor*. A teoria do valor, tal e qual existiu, constitui uma simples alusão ao dinheiro enquanto representante concreto da mediação social do antagonismo. O valor será definido pelo trabalho médio, pelo *trabalho socialmente necessário*, na medida em que o dinheiro é definido neste quadro teórico. "O determinante do valor não é o tempo de trabalho incorporado nos produtos, mas o tempo de trabalho necessário num determinado momento" (p. 85). No entanto, observe-se bem, a definição do trabalho necessário já é uma definição social. Em consequência, "O valor de mercado da mercadoria é sempre diferente desse seu valor médio, e se encontra sempre abaixo ou acima dele" (p. 87). "Como valores, todas as mercadorias são qualitativamente idênticas e apenas quantitativamente diferentes" (p. 91). Eis aqui destruída novamente a hipótese proudhoniana: o que os reformistas veem como solução do antagonismo constitui na verdade a sua premissa. O dinheiro, enquanto forma eminente do valor, constitui sobre essa mediação social o terreno em que – e contra o que – se desdobrará a teoria. É algo muito diferente da metafísica do valor! Marx deixa esta para aqueles que o precederam e, com frequência até demais, para aqueles que o seguem. O valor é dinheiro, é esta merda, para o que não existe outra alternativa senão a sua destruição. A supressão do dinheiro. Estudemo-lo, pois, para destruí-lo.

Agora, já percebemos a equação valor-dinheiro-crise, como oscilação contínua:

> O valor de mercado da mercadoria é sempre diferente desse seu valor médio, e se encontra sempre abaixo ou acima dele. O valor de mercado iguala-se ao valor real por suas incessantes oscilações, jamais por meio de uma equação com o valor real como terceiro termo, mas por sua contínua inequação consigo mesmo (não, como diria Hegel, por meio de identidade abstrata, mas pela constante negação da negação, i.e., de si mesmo como negação do valor real) (p. 87, 88).

Essa oscilação é ao mesmo tempo lei de movimento e possibilidade de crise. Essa oscilação constitui a forma da existência, a comutação contínua e a dualidade essencial do valor. Essa oscilação é a revelação da relação social que se desdobra realmente, o modo em que se consolida a trocabilidade como uma relação social exclusiva. Essa oscilação é, pois, agora e sempre, possibilidade de crise. Mas qual crise? A crise que constitui o *conceito* está referida à definição do *real* como antagonismo e crise.

> Quanto mais a produção se desenvolve de tal modo que cada produtor devém dependente do valor de troca de sua mercadoria, *i.e.*, quanto mais o produto efetivamente devém valor de troca e o valor de troca devém o objeto imediato da produção, tanto mais têm de se desenvolver as *relações monetárias* e as contradições que são imanentes à *relação monetária*, à relação do produto consigo mesmo como dinheiro. A necessidade da troca e a transformação do produto em puro valor de troca avançam na mesma medida da divisão do trabalho, *i.e.*, com o caráter social da produção. Porém, na mesma medida em que cresce este último, cresce o poder do *dinheiro*, *i.e.*, a relação de troca se fixa como um poder externo frente aos produtores e deles independente. O que aparecia originariamente como meio para o fomento da produção converte-se em uma relação estranha aos produtores. Na mesma proporção com que os produtores se tornam dependentes da troca, a troca parece tornar-se independente deles e parece crescer o abismo entre o produto como produto e o produto como valor de troca. O dinheiro não gera essas contradições e antíteses; ao contrário, o desenvolvimento dessas contradições e antíteses gera o poder aparentemente transcendental do dinheiro (p. 95).

Recapitulando. O valor, na figura do dinheiro, se apresenta como contradição, como "a possibilidade de que essas duas formas de existência separadas da mercadoria não sejam mutuamente convertíveis" (p. 96). Essa natureza antagonista – no processo de "equiparação devém dependente de condições externas e, portanto, contingente" (p. 97) – se revela tanto espacialmente (crises comerciais), como temporalmente (crises cíclicas). O *fundamento* disso, no entanto, se acha *na relação social* que funda a necessidade da forma da trocabilidade, do valor e do dinheiro. Aqui é onde a *possibilidade* de crise se transforma em *atualidade*:

> É absolutamente necessário que elementos separados à força, mas essencialmente ligados, se revelem por erupção violenta como *separação* de algo essencialmente conectado. A unidade se restaura *violentamente*. Tão logo a cisão hostil leva a erupções, os economistas salientam a *unidade essencial* e abstraem do estranhamento (p. 98).

O discurso sobre "*dinheiro e crise*" prepara, portanto, uma passagem à análise do real. Marx, por um lado, utiliza a teorização proudhoniana (lendo-a como mistificação de uma passagem definitiva, que se desenvolve paulatinamente na crise, da forma-valor à forma-dinheiro); por outro lado, critica asperamente essa teorização, mostrando-a como falsificação e tentativa de hipostasiar um antagonismo real. *A crítica, por conseguinte, deve tornar-se política*, deve atingir as condições sociais do antagonismo. E esse é, de fato, o caminho de Marx. O segundo bloco dos "cadernos sobre o dinheiro" emerge desse terreno. Enquanto o primeiro bloco, que examinamos até aqui, parece quase uma carreirinha para tomar impulso, para situar-se em meio à matéria que deve ser abordada pela crítica materialista.

Antes de adentrarmos nesse terreno, vale a pena nos determos por um instante num elemento, frequentemente implícito, às vezes explícito, presente nas páginas consideradas até aqui. Trata-se da atenção prestada ao *dinheiro enquanto símbolo*. Podemos afirmar que Marx, no próprio momento em que considera a possibilidade de crise – a necessidade do funcionamento do dinheiro (valor) de descolar-se do antagonismo que o constitui – considera também o efeito ambíguo deste descolamento. Ruptura, cisão = aprofundamento do contraste de classe subjacente à relação monetária. Os elementos do enfrentamento, quando não são mediados, emergem com toda a sua potência de oposição. Mais adiante, Marx, nos *Grundrisse*, insistirá com grande ênfase a respeito da composição da classe operária, nesse grau de cisão. Aqui Marx ressalta, ao contrário, a função política do dinheiro enquanto símbolo, enquanto função do poder de mando. *O dinheiro como "mero signo", como "símbolo social", como "ideia a priori", em suma, "o dinheiro como sujeito"* (p. 91, 94, 114), pode ser o resultado do momento da crise, pode ser uma de suas soluções. Consideremos atentamente este ponto: aqui, Marx nos explica que a sua dialética não é a dialética proudhoniana da lei do valor; mas, sim, a lógica do antagonismo, do risco, da abertura. *O símbolo pode converter-se em sujeito*, o valor pode converter-se em poder de mando, a sobredeterminação pode romper a dialética e reger com força e poder de mando. O fascismo, a barbárie e a regressão não são impossíveis. O símbolo pode ser mais forte do que a realidade, porque emerge da cisão consciente da realidade. Veremos a extraordinária importância dessa intuição marxiana (superficial demais, a propósito, a leitura de Rosdolsky, p. 132-134. Roldosky, ainda que insista justamente sobre a possibilidade de atingir a teoria do mais-valor a partir desse elemento intrínseco da teoria marxiana do dinheiro, subestima a possibilidade de uma *neue Darstellung*. Rosdolsky não intui que esse movimento lógico e teórico possa constituir também um movimento histórico e político).

"*Dinheiro e desigualdade*". De novo, um início pedante: crítica de Gray e do banco saintsimoniano. Marx está repetindo-se: condições gerais da produção, do dinheiro na troca, nas condições sociais de um e outro. "A troca mais relevante não é a troca das mercadorias, mas a troca do trabalho por mercadorias" (p. 104). Mas aqui, *zás!* – se produz o primeiro grande salto, *o primeiro dos excursus políticos dos Grundrisse.*

Comecemos pelo ponto mais simples: o dinheiro, a forma-valor constitui uma relação de desigualdade, genericamente representada na relação de propriedade, e substancialmente na relação de poder.

> A dependência recíproca e multilateral dos indivíduos mutuamente indiferentes forma sua conexão social. Essa conexão social é expressa no *valor de troca*, e somente nele a atividade própria ou o produto de cada indivíduo devêm uma atividade ou produto para si; o indivíduo tem de produzir um produto universal – o *valor de troca*, ou este último por si isolado, individualizado, *dinheiro*. De outro lado, o poder que cada indivíduo exerce sobre a atividade dos outros ou sobre as riquezas sociais existe nele como o proprietário de *valores de troca*, de *dinheiro*. Seu poder social, assim como seu nexo com a sociedade, [o indivíduo] traz consigo no bolso. (p. 105).

Então, quanto menor a força da troca, tanto maior a força da comunidade que liga os indíviduos entre si: essa é a forma da sociedade antiga.

> Independência pessoal fundada sobre uma dependência *coisal* é a segunda grande forma na qual se constitui pela primeira vez um sistema de metabolismo social universal, de relações universais, de necessidades múltiplas e de capacidades universais. A livre individualidade fundada sobre o desenvolvimento universal dos indivíduos e a subordinação de sua produtividade coletiva, social, como seu poder social, é o terceiro estágio (p. 106).

Isto aqui é filosofia da história? Precisamente, não. A história aqui descrita se transforma radicalmente, de modo imediato, numa relação ativa e construtiva e, ao mesmo tempo, numa dialética tão extrema que de jeito nenhum pode chegar à resolução. Por um lado, pois, "troca e divisão do trabalho se condicionam mutuamente" (p. 106). Já no seio do trabalho se instala, portanto, essa duplicidade da troca e do dinheiro que totalmente o absorve. Isto é, por conseguinte, "*relação coisificada* das pessoas entre si, como valor de troca coisificado" (p. 108). Mas, por outro lado, "Os indivíduos universalmente desenvolvidos, cujas relações sociais, como relações próprias e comunitárias, estão igualmente submetidas ao seu próprio controle comunitário, não são um produto da natureza, mas da história" (p. 110). Entenda-se bem: esse desenvolvimento é luta, ruptura, criação. Em nenhum caso, restauração de uma essência originária. Aqui o humanismo não participa em absoluto.

> É tão ridículo ter nostalgia daquela plenitude original: da mesma forma, é ridícula a crença de que é preciso permanecer naquele completo esvaziamento. O ponto de vista burguês jamais foi além da oposição a tal visão romântica e, por isso, como legítima antítese, a visão romântica o acompanhará até seu bem-aventurado fim (p. 110).

Certamente, a dialética desses dois momentos é necessária: "A prostituição generalizada aparece como uma fase necessária do caráter social dos talentos, das capacidades, das habilidades e das atividades pessoais" (p. 110); porém, muito mais necessária, é a destruição violenta – histórica e consciente – dessa prostituição.

A explosão teórica e política não se converte em conteúdo textual e será retomada somente mais adiante. Por enquanto, constitui uma antecipação que ainda espera o amadurecimento das sementes arremessadas, para apresentar-se como protagonista. Façamos, pois, as sementes crescerem, voltemos à análise do dinheiro.

"O dinheiro como medida e como equivalente geral". Conhecemos o problema e a sua solução. "O dinheiro é o meio coisal no qual os valores de troca, imersos, adquirem uma configuração correspondente à sua determinação universal" (p. 114). Segue a crítica a Adam Smith que pressupõe as duas determinações do trabalho justapostas: a de *produzir* e a de *produzir para o dinheiro*. Pois bem, produzir para o dinheiro é *concomitantemente* um momento de exploração e um momento de socialização. A socialização capitalista exalta a socialidade do dinheiro enquanto exploração; a socialização comunista destrói o dinheiro ao afirmar a imediata socialidade do trabalho. "No segundo caso, o *próprio pressuposto é mediado; i.e.*, está pressuposta uma produção coletiva, a coletividade como fundamento da produção. O trabalho do indivíduo singular está posto desde o início como trabalho social. (...). Seu produto não é *um valor de troca*" (p. 119). Marx segue nessa linha durante um bom tempo.

Então, vale a pena recordar, neste momento, alguns elementos do raciocínio até aqui. Parece-me fundamental, continuamente, a radical transformação marxiana da universalidade objetivada do dinheiro (o valor) em *universalidade produtiva do trabalho associado*. A inversão não implica *nenhuma homologia*. Essa possibilidade se acha excluída em face do caráter antagonista das categorias e metodologia marxianas. Tão fundamental quanto a representação do valor na figura do dinheiro, é a *recusa do valor*, a *radicalidade da inversão*. O comunismo não é a realização da trocabilidade do valor, nem a operatividade do dinheiro enquanto medida real. O comunismo é a negação de toda medida, é a afirmação da pluralidade mais exacerbada. Da criatividade.

Economia de tempo, bem como distribuição planificada do tempo de trabalho entre os diferentes ramos da produção, continua sendo também a primeira lei econômica sobre a base da produção coletiva. Permanece lei até mesmo em grau muito mais elevado. Todavia, isto é essencialmente distinto da mensuração dos valores de troca (trabalhos ou produtos do trabalho) pelo tempo do trabalho (p. 119, 120).

Economia do tempo e *livre atividade planificada*: tenhamos presentes esses elementos que aparecem como caracterização do comunismo. *Recusa do trabalho?* Provavelmente não será inteiramente inútil retomar (como faremos) essa problemática.

"Dinheiro como meio de circulação". Achamo-nos no meio do "lado magnífico" do dinheiro, desse aspecto e movimento que cria, ao mesmo tempo, socialização e crise. Um longo parêntese sobre os metais antecipa o novo descolamento teórico. Agora, "em primeiro lugar, é preciso fixar o *conceito geral de circulação*" (p. 134). Este constitui outro dos pontos centrais dos *Grundrisse*. De fato, sobre essa base, desenvolver-se-á o segundo grande filão da análise, levando aos problemas do capital social e do antagonismo na escala social. E aqui, como sempre sucede na densíssima estrutura dos *Grundrisse*, identificamos já algumas antecipações do rico desenvolvimento teórico. Vejamos as articulações uma a uma. Em primeiro lugar, o dinheiro se apresenta como universal em movimento, como perpetuum mobile, como "um ambiente de trocas, uma totalidade de trocas em contínuo fluxo e operando mais ou menos em toda a superfície da sociedade, um sistema de atos de troca" (p. 135). Em segundo lugar, ainda assim, o dinheiro que é motor da circulação – ator profundo da unidade do mercado – é também fixação da estranheza e *autonomização do equivalente geral*. "A condição da circulação de mercadorias é que elas sejam produzidas como *valores de troca*, não como *valores de uso imediato*, mas valores de uso mediados pelo valor de troca. A apropriação por meio da (e também mediada) pela alienação (*Entäusserung*) e venda (*Veräusserung*) é o pressuposto fundamental" (p. 143). O dinheiro é representado como "poder autonomizado sobre os indivíduos" (p. 144). Daqui derivam algumas *consequências* fundamentais: o antagonismo inerente a essa duplicação conceitual do dinheiro na circulação produz a circulação como um "falso" processo ad infinitum. Na realidade, o processo é contraditório de todos pontos de vista, os atos que se apresentam no próprio processo são "indiferentes" entre si, distantes no espaço e no tempo. A *possibilidade de crise*, já identificada na análise do equivalente geral enquanto tal, se apresenta novamente *no âmbito da circulação*.

> Na medida em que compra e venda, que são dois momentos essenciais da circulação, são mutuamente indiferentes, são separadas no espaço e no tempo, elas não precisam de maneira nenhuma coincidir. A sua indiferença pode prosseguir até a consolidação e a aparente autonomia de uma em relação à outra. Contudo, como ambas são momentos essenciais de um todo único, têm de chegar um momento em que a figura autônoma é violentamente rompida e a unidade interna é restabelecida exteriormente por uma violenta explosão. Desse modo, na determinação do dinheiro como mediador, no desdobramento da troca em dois atos, já se encontra o germe das crises, pelo menos sua possibilidade, possibilidade que não pode ser realizada exceto ali onde estão presentes as condições fundamentais da circulação, classicamente constituída, adequada a seu conceito (p. 145).

Mas isso não basta. Nos *Grundrisse*, cada vez que o discurso versa sobre o antagonismo na circulação, sobre as suas determinações espaciais ou temporais, imediatamente a análise é conduzida à *divisão do trabalho*, às condições sociais do antagonismo. Também neste caso se realiza a passagem à dimensão social. E também se realiza a passagem correspondente, em termos da inversão, que capta a riqueza do processo do capital na circulação para então negá-lo – não em função de um sucessivo desenvolvimento, mas do ponto de vista da destruição e da *apropriação comunista*. Essa série de passagens é fundamental, porque a sua sequência ilustra a possibilidade de crise inerente ao conceito de dinheiro, ao mesmo tempo que mostra a natureza da operação conceitual marxiana. Não se trata, na realidade, da possibilidade dialética da crise; mas, sim, da violência antagonista da inversão que confere sentido continuamente ao processo argumentativo. É evidente que o próprio uso das categorias é modificado ao longo do percurso. As categorias remetem repetidamente à subjetividade do antagonismo e somente podem ser lidas sob essa luz e funcionar desse modo.

Mas sigamos. Nesse ponto,

> O dinheiro aparece aqui, em primeiro lugar, como fim em si, fim para cuja mera realização servem o comércio e a troca de mercadorias. (...). Temos assim de examinar o dinheiro nessa sua terceira determinação, na qual contém em si as duas primeiras como determinações, por conseguinte, tanto a determinação de servir de medida, como a de ser meio de troca universal e, assim, a realização do preço das mercadorias (p. 149).

O plano dialético da exposição chega à conclusão. A síntese mostra "*o dinheiro enquanto dinheiro e capital*", como totalidade realizada do processo. Existe aqui uma espécie de demora no processo marxiano: a inversão antagonista não foi colocada, de fato, em primeiro plano. A análise quase se deslumbra longamente numa *fenomenologia da síntese monetária*. A análise quer mostrar, na realidade, toda a potência, toda a subjetividade do capital. É levada ao extremo a potência do dinheiro, enquanto representante da circulação, de sua totalidade e da dominação geral sobre a realização. A dominação do dinheiro tem a aparência e a indiferença da mobilidade, da fluidez. O dinheiro exerce a sua dominação na forma paradoxal da *evanescência*. Está em todas as partes e se dilui na persistência; mas, ao mesmo tempo, é reunido como signo da totalidade. A intermediação do dinheiro é tanto sutil quanto rígida. Mas é aqui que esse paradoxo se materializa. O poder evanescente do dinheiro adere às coisas e as transforma conforme a sua imagem e semelhança. Trata-se de um *poder demiúrgico* que, por meio do signo, modifica a realidade. É evidente que essa tautologia a respeito do dinheiro é, nesse Marx, *tautologia para o poder*. Um poder que se projeta por todas as partes. E, na realidade, o dinheiro é representado como *relação de produção*, "porque a própria relação de dinheiro é uma relação de produção quando a produção é considerada em sua totalidade" (p. 160); como instrumento de produção, "na medida em que a circulação não mais se manifesta em sua simplicidade primeira, como troca quantitativa, mas como processo de produção, como metabolismo real" (p. 162); como poder, em sua capacidade de "extensão e fragmentação no mundo das mercadorias" (p. 163), "o dinheiro, por isso, é o deus entre as mercadorias" (p. 165); o dinheiro "como o *indivíduo* da riqueza universal" (p. 165), que exerce "o poder universal sobre a sociedade, sobre o inteiro mundo dos prazeres, dos trabalhos etc." (p. 165); o dinheiro como – especificamente – *poder sobre o trabalho assalariado*, "intrínseco à determinação simples do próprio dinheiro que só pode existir como momento desenvolvido da produção onde exista o *trabalho assalariado*; que ali, igualmente, longe de dissolver a forma de sociedade, o dinheiro é muito mais uma condição de seu desenvolvimento e um motor do desenvolvimento de todas as forças produtivas, materiais e espirituais" (p. 167); "como *representante material da riqueza universal*, como o *valor de troca individualizado*, o dinheiro deve ser *imediatamente* objeto, fim e produto do trabalho universal, do trabalho de todos os singulares. O trabalho tem de produzir imediatamente o valor de troca, *i.e.*, dinheiro. Por essa razão, tem de ser *trabalho assalariado*" (p. 167); e enquanto *poder produtivo*, "o dinheiro como finalidade devém aqui meio da laboriosidade universal" (p. 167); e "é claro, portanto, que, sobre a base do trabalho assalariado, o dinheiro não tem efeito dissolvente, mas produtivo" (p. 168); e também enquanto *poder universal* "induzindo novas necessidades", "meio para ampliar a riqueza à universalidade", "para criar a verdadeira universalidade do valor de troca" (p. 168). E, por último, o dinheiro se apresenta como "imediatamente a *comunidade real*, uma vez que é a substância universal da existência para todos e o produto coletivo de todos" (p. 169).

Não à toa, o dinheiro represente a comunidade real do trabalho assalariado e do capital, no fragmento que acabamos de analisar. Enquanto, de fato, noutras passagens da análise do dinheiro, o processo dialético específico da figura do capital continha, ao lado dele, o processo de inversão; nos parágrafos dedicados ao *"dinheiro enquanto dinheiro"*, isso não acontece. Não pode acontecer porque, aqui, assistimos ao triunfo do dinheiro, de sua subjetividade, isto é, a extremação da relação por meio da identificação com um de seus polos. Nesse momento, a despeito disso, o quadro deve mudar drasticamente, deve transformar-se de modo radical. Todas as contradições que as categorias verificaram em seu processo de constituição e desenvolvimento se reúnem, agora, na operação de inversão. Provavelmente, deveríamos reutilizar os textos a que recorremos no ponto B, uma vez que, já naquelas páginas, a tensão voltada à inversão estava expressa. É melhor, no entanto, concentrar-se agora nos novos textos, que constituem o final do caderno I e o início do II. Existe nesses textos, com efeito, certo cansaço, mas a operação de inversão ganha um forte impulso e se torna radical.

Marx realça três temas: 1) *moeda e mercado mundial;* 2) *dinheiro e circulação produtiva;* 3) *formas políticas e institucionais da reprodução social.* São três temas estreitamente relacionados. Na realidade, nesses três âmbitos, a inversão pode se produzir com um grau de generalidade que decorre do desenvolvimento da pesquisa realizada até este momento. Dir-se-ia que, diversamente do que aconteceu no ponto B, aqui a atenção se volta à contradição extensiva – e não à intensiva.

O mercado mundial é o terreno específico sobre o que a crise determina "a indicação universal para além do pressuposto e o impulso para a adoção de uma nova configuração histórica" (p. 171). O mercado mundial multiplica as contradições do dinheiro na circulação, coloca todas elas em movimento. A relação alcança a sua máxima diferença e acumula sobre essa vasta área a totalidade das diferenças. O mercado mundial é a *tendência.* O dinheiro enquanto potência universal se move poderosamente nessa dimensão, dotando assim de significado o conjunto das contradições que o constituem. O salto qualitativo ao mercado mundial constitui a totalidade das contradições como antagonismo. Sobre esse ponto, voltaremos daqui a pouco – também para responder às críticas que imediatamente suscita a exposição marxiana da relação "mercado mundial-dinheiro-crise". Diz-se, na realidade, que a dimensão extensiva chega quase a renegar a dimensão intensiva, e que a *relação* entre acumulação das contradições e surgimento do antagonismo seria antes um *salto lógico* do que uma dedução. Em breve, nos demoraremos neste ponto. Passemos, agora, à segunda relação proposta: a relação existente entre dinheiro e circulação, e entre dinheiro e reprodução. Pois então, o dinheiro – enquanto potência reprodutiva – se reproduz, e também reproduz o mundo da produção como a sua condição. O dinheiro vive "como relação consigo próprio através do processo de circulação", e isso acontece porque:

> o processo de circulação deve manifestar-se como processo de produção dos valores de troca. Portanto, por um lado, é o retorno do valor de troca ao trabalho e, por outro, o retorno do dinheiro ao valor de troca; que, no entanto, está posto agora em uma determinação aprofundada. Na circulação, o preço *determinado* está pressuposto, e ela o põe como dinheiro apenas formalmente. A própria *determinabilidade* do valor de troca, ou a medida dos preços, deve agora ela mesma manifestar-se como ato da circulação. Posto desse modo, o valor de troca é o *capital*, e a circulação é simultaneamente posta como ato da produção (p. 178).

"A circulação como ato da produção". A inversão deve produzir-se, portanto, também na circulação, na circulação produtiva. Esta constitui a síntese do processo global do capital, nela, "o dinheiro, em sua determinação última, acabada, manifesta-se, pois, sob todos os aspectos, como uma contradição que se resolve a si mesma; que tende à sua própria resolução" (p. 176. 177). Também nesse caso, então, (e de maneira bem mais convincente do que no caso do mercado mundial), a tendência do dinheiro em constituir a síntese entre circulação e produção determina a *explosão do antagonismo*. Enfim, o terceiro ponto, objeto de consideração, é a relação entre dinheiro e formas institucionais. Aqui, igualmente, o dinheiro tem uma força expansiva extraordinária. À sua luz, "todas as antíteses imanentes da sociedade burguesa parecem apagadas nas relações monetárias concebidas de modo simples, e, sob esse aspecto, refugia-se sempre no dinheiro para fazer a apologia das relações econômicas existentes, pela democracia burguesa mais ainda do que pelos economistas burgueses" (p. 184). *A democracia dos modernos é a realização total do valor de troca*. Todas as formas institucionais da democracia são apenas representações do valor de troca. Também aqui, apesar disso, a contradição atravessa o acúmulo dos efeitos do valor de troca, do dinheiro, para mostrar as suas condições antagonistas: "não se vê que na determinação simples do valor de troca e do dinheiro já está contida de forma latente a oposição entre salário e capital" (p. 190). Em consequência, aos socialistas nos cabe:

> (...) responder-lhes: o valor de troca ou, mais precisamente, o sistema monetário é de fato o sistema da igualdade e liberdade, e as perturbações que enfrentam no desenvolvimento ulterior do sistema são perturbações a ele imanentes, justamente a efetivação da *liberdade* e *igualdade*, que se patenteiam como desigualdade e ausência de liberdade. É tão piedoso quanto tolo desejar que o valor de troca não se desenvolva em capital, ou que o trabalho produtor de valor de troca não se desenvolva em trabalho assalariado (p. 191).

Observou-se que a passagem do dinheiro ao mercado mundial e então à crise não teve a mesma intensidade e a mesma importância sinóptica do que outros pontos conclusivos do capítulo sobre o dinheiro tiveram. Mas, sem negar os limites da argumentação de Marx, é possível aqui acrescentar alguns apontamentos. O discurso sobre o "mercado mundial" aparece nos *Grundrisse*, como uma *indicação* de um trabalho por fazer-se. Assim, se depreende das alusões contidas no Caderno M (*Grundrisse*, p. 54-61) que, ainda mais vezes, aparecem nos cadernos centrais da obra. Em qualquer caso, a referência ao mercado mundial conclui o projeto de trabalho de Marx, um projeto de trabalho por meio de uma articulação de livros em que se pode contemplar a inteira operação da destruição teórica da sociedade capitalista. *Mercado mundial versus crise*. Se olharmos mais de perto, quando Marx projeta o livro sobre o mercado mundial e a crise, ele não o confunde com processos genéricos de internacionalização do capital. Marx distingue explicitamente o mercado mundial desses processos, entendendo-o antes como uma categoria específica. Veremos mais disso – na lição 3, sobre o método – no caso, uma característica do método de Marx aqui já aparece claramente: a acumulação de elementos concretos determina um novo nível para as categorias, e com isso a análise é ampliada, *deslocada* em frente. Bem, se poderia exigir que, nesse novo nível, a intensidade da análise do antagonismo correspondesse à extensão e profundidade deste. É um efeito ótico, decorrente da desproporção entre a indicação e o conteúdo da análise que, aqui e agora, nos deixam insatisfeitos, diante da proposta de Marx de analisar a articulação entre mercado mundial e crise. Mas apenas se, marxianamente, preenchermos essa forma com conteúdos teóricos que séculos de luta de classes no nível mundial acumularam; então, poderemos compreender bem como essa indicação pode ser tudo, menos desarmada. Ademais, a formação tendencial da categoria do mercado mundial está baseada no antagonismo do dinheiro – disso, já falamos.

Chegamos, pois, ao final da leitura do capítulo sobre o dinheiro. Parece-me que as questões que desenvolvemos inicialmente alcançaram o grau de uma primeira contribuição à discussão. Além disso, as perguntas ulteriores encontraram razões para que sejam desenvolvidas, pelo menos de modo aproximado. Em particular, estou em condições de reafirmar o juízo inicial, sobre o porquê de ter começado com a análise do capítulo sobre o dinheiro. Pois bem, quais são as vantagens teóricas que a entrada do dinheiro em cena implica? Posso responder a partir de várias perspectivas.

Primeiramente, a partir da perspectiva da simples leitura dos *Grundrisse*. Nesse sentido, me parece que *a articulação entre valor e dinheiro, imediatamente proposta, concretiza a temática do valor como nunca aconteceu em Marx*. A passagem da forma-dinheiro à forma-mercadoria, dos *Grundrisse* ao *Capital*, adiciona apenas abstração e confusão. Estabelecer o começo a partir do problema da mercadoria, como no *Capital*, significaria um método mais idealista, mais hegeliano, apesar de intenções e declarações em contrário. Em segundo lugar, a insistência da análise sobre o dinheiro não autonomiza ou separa a teoria do valor. Veremos, na lição 4, como não se pode falar em teoria do valor sem que ela participe da teoria do mais-valor. A redução do valor ao dinheiro – afastando, assim, a tentação de dotar a teoria do valor de autonomia – introduz corretamente, ao contrário, o curso de nossa pesquisa, e nos orienta na direção certa. O dinheiro é uma coisa concreta que contém todos os dinamismos e as contradições do valor, do ponto de vista formal e substancial, sem cair na abstração vazia do discurso sobre o valor.

Do ponto de vista formal, o dinheiro pode descrever – e aqui descreve com grande potência – o *dinamismo da tendência e do antagonismo*. Sobre o primeiro aspecto, da tendência, está totalmente certo o que Marx sublinha: "o próprio dinheiro é a comunidade, e não pode tolerar nenhuma outra superior a ele. Mas isso pressupõe o pleno desenvolvimento dos valores de troca e, por conseguinte, uma organização da sociedade correspondente a tal desenvolvimento" (p. 166). E lembremos de novo que, "sobre a base do trabalho assalariado, o dinheiro não tem efeito dissolvente, mas produtivo" (p. 168). Apesar disso, com ele o fundamento do antagonismo se liberta com toda a sua força. Dinheiro e divisão do trabalho, dinheiro e exploração, relação constante de *aprofundamento da cisão como consequência de sua expansão*. Tudo isso se apresenta nessa perspectiva que introduz e desenvolve a crítica, a partir da imediatez do dinheiro. Não há nada, do ponto de vista formal, que a teoria do valor nos possa dar que a teoria do dinheiro já não ofereça de modo muito mais potente e definido.

Igualmente, isso vale, se consideramos o problema do ponto de vista substancial. Aqui o dinheiro, em seus dinamismos específicos, nos mostra imediatamente *a lei do valor enquanto crise*. O dinheiro é a demonstração que o movimento do valor é pura precariedade. A sua solidez é apenas tendencial e tão somente consegue determinar-se segundo uma alternância contínua – entre o caráter social do ambiente do trabalho necessário e a sua sobredeterminação coercitiva, pelo poder de mando. É preciso insistir nesses argumentos ao redor do que a teoria do mais-valor pode e deve constituir-se. A teoria do mais-valor se constitui em lei da luta de classes somente na medida em que a lei do valor se converte num horizonte – e não numa categoria autossuficiente. O *dinheiro representa sem cerimônia a redução da lei do valor a horizonte*. Por meio da teoria do dinheiro, estamos em condições, por um lado, de eliminar o *caput mortuum* da teoria do valor: isto é, a relação entre *valores* e *preços*. Na verdade, o dinheiro é que constitui imediatamente essa relação – ao interpretar a oscilação entre o caráter social dos valores do trabalho e a sobredeterminação social (estatal) dos preços. O dinheiro representa essa oscilação enquanto tal, e ele não existe fora dessa oscilação, em qualquer outra realidade que seja. O dinheiro é uma oscilação constitutiva que mede e exprime o valor global produzido pelo trabalho social associado. Outrossim, continua sendo o dinheiro o que revela – ao apresentar-se enquanto dinheiro, enquanto "abstrata sensualidade" – a via que o poder de mando capitalista percorre sobre a sociedade, a fim de sobredeterminar continuamente a oscilação da exploração. O dinheiro nos permitirá compreender como o mais-valor se consolida em poder de mando social, ao mostrar o fato que a gestão da crise pelo poder de mando é a situação normal do capital. Concentrar a pesquisa sobre o dinheiro, portanto, permite a Marx *introduzir inovações radicais na teoria do valor dos clássicos*; e isso segundo uma dupla dimensão: seja ao reduzir a teoria do valor aos índices médios do trabalho social, seja ao definir a lei do valor por meio da oscilação, do conflito, da potência do antagonismo.

Então, agora se faz necessário determinar o antagonismo. Não é por acaso que a análise proceda da crítica do dinheiro (do valor) à do poder. O terreno até aqui foi preparado para a determinação da teoria do mais-valor como um elemento fundamental. Mas nós veremos como o mais-valor em si próprio ainda não se sustenta, se não for continuamente referido ao poder de mando, diante das oscilações, crises, antagonismos produzidos – ao mesmo tempo como riqueza – pelo trabalho social. O poder de mando busca incessantemente uma sobredeterminação política do processo. Portanto, a abertura dos *Grundrisse* com o dinheiro descortina e antecipa o tom geral para a jornada teórica que vai *da crítica do dinheiro à crítica do poder*.

LIÇÃO 3
O método da tendência antagonista

As hipóteses de leitura da Einleitung (no caderno M). O método materialista e o conceito de produção. O método e a dialética do conceito geral de produção. A síntese-cisão na produção e a forma específica da aglomeração metodológica de dialética e materialismo. Os três primeiros elementos do método da crítica da economia política: a) a abstração determinada; b) a tendência; c) o critério da prática. Uma pausa autocrítica no desdobramento da pesquisa metodológica e alguns problemas. Materiais complementares para um aprofundamento da teoria do método: 1) o "esboço sobre o valor"; 2) Bastiat e Carey. Apesar disso, impossível de descolar-se: o método entre "tendência" e "previsão". Um quarto elemento de síntese do método: d) deslocamento e constituição. Conclusões críticas e problemas em aberto.

Marx redigiu o caderno M entre 23 de agosto e meados de setembro de 1857. Publicado por Kautsky, como já se disse, foi republicado na edição moscovita dos *Grundrisse*, com vistas a corrigir, por razões filológicas, a péssima edição kautskiana. A meu ver, a publicação unificada da *Einleitung* ("introdução") e dos *Grundrisse* foi oportuna, não somente do ponto de vista filológico, como também do ponto de vista substancial. Ler a *Einleitung* e os *Grundrisse* juntos permite, na realidade, uma compreensão mais plena de um e do outro. A existência de uma continuidade entre ambas as obras se demonstra pela aparição recorrente nas duas do mesmo plano de trabalho, quaisquer que tenham sido as mudanças posteriores (veja-se, sobre isso, a lição 2). A seguir, devemos analisar por que a continuidade não se trata somente de uma contiguidade temporal; como ela também tem a ver, além disso, com a natureza da matéria tratada. Há quem negue a existência de uma continuidade substancial entre a *Einleitung* e os *Grundrisse*. Vygodsky, por exemplo, insistindo nos descobrimentos dialéticos dos *Grundrisse*, parece disposto a subestimar a importância metodológica da *Einleitung*. Para o autor, ela não representaria mais do que uma compilação dos estudos e teorias do materialismo histórico, realizados entre as décadas de 1840 e 1850. Em consequência, lhes faltaria o estofo de material dialético (que culmina na teoria do mais-valor), representativo da originalidade, do verdadeiro salto avante, presente nos demais cadernos. Embora as escolas francesas e italianas, há uma década, realcem contundentemente a metodologia da *Einleitung*; o problema das relações desta com os *Grundrisse* não tem sido, me parece, abordado de modo direto. Na realidade, dado o caráter "delirante" dos *Grundrisse*, se preferiu evitar o problema e referir a *Einleitung* diretamente ao *Capital*. Conclusão: a metodologia exposta por Marx em 1857 é tratada como a metodologia materialista do *Capital* e a *Einleitung* deveria, portanto, estar associada a ele. Ambos os pontos de vista –concordantes em substância, no que tange à redução da metodologia de 1857 a um horizonte materialista restritivo – me satisfazem muito pouco. Na realidade, como veremos, não cabe nenhuma dúvida de que o caderno M carece da tensão política e dialética que percorre os cadernos seguintes dos *Grundrisse*; por outro lado, é certo que naquele caderno introdutório se pode sentir os limites de um materialismo um pouco grosseiro. Quanto à tese de Vygodsky, creio pessoalmente que a *Einleitung* se situe realmente bem no meio do *salto teórico* que os *Grundrisse* constituem, de maneira que ambas as obras participem de um mesmo processo criativo e que se iluminem entre si. Já quanto à tese das escolas italianas e francesas, me parece, em consequência, que devam ser rechaçadas por completo, e que a relação colocada entre a *Einleitung* e *O Capital* é idêntica àquela que se estabelece entre os *Grundrisse* e *O Capital*. Proponho, por conseguinte, passar à leitura, em que pretendo demonstrar a minha hipótese, destacando – entre outras coisas – a utilidade de começá-la nesta lição 3, somente depois de termos nos situado em meio aos problemas, na lição 2. Continuarei apresentando nesta lição, portanto, um texto dentro de outro – o que também acontecerá à medida que avance a análise em geral.

"O objeto nesse caso é, primeiramente, a produção material" (*Grundrisse*, p. 39). *Mas qual é o conceito de produção?* Não poderia haver pergunta mais classicamente filosófica: durante séculos, esses senhores estiveram litigando por definições reais e nominais. Cada nome, apesar disso, tem uma realidade. O problema é a referência não se achar mistificada. Na busca por uma mediação entre nome e realidade, os mais recentes "filósofos", por exemplo, parecem ter se deixado capturar "pelas aparências exclusivamente estéticas das *Robinsonadas*[47], pequenas ou grandes". Na realidade, mistificavam a produção ao introduzir uma antecipação, ao "inventar" a produção enquanto função política da sociedade no processo em que se torna burguesa. Mas como vincular, em vez disso, o nome à realidade de maneira correta?

---

[47] N. do E.: referência a *Robinson Crusoé*, romance do inglês Daniel Dafoe de 1719, na qual o protagonista se vê perdido – e sozinho – em uma ilha deserta precisando se usar dos recursos que tem à mão para sobreviver; a *Robinsonada* se tornou um subgênero do romance de aventura na qual o protagonista, tal como Crusoé, se encontra isolado em situações limite, só pondendo contar consigo mesmo. Marx se utiliza do termo no sentido metafórico e pejorativo, tendo por finalidade denunciar certas reflexões sobre a economia política, a formação da sociedade e congêneres em seu tempo que se estruturam a partir da crença na autonomia do indivíduo – ou também na coletividade como a junção de indivíduos atomizados.

Pois evitar a mistificação não significa evitar um projeto político; significa unicamente ligar o projeto político à realidade. A realidade é política, mas não menos verdadeira pelo fato de ser política. A realidade deve, portanto, servir de alvo para a política: só existe uma política real e verdadeira. Os "filósofos" do século XVIII mistificaram a realidade ao encarpetar o individualismo no conceito de produção, ecoando o projeto político da sociedade burguesa – e isto é falso. Podemos começar a aproximar-nos do conceito de produção somente se deixarmos para trás o elemento geral, orgânico, que está em sua base, se deixarmos esse elemento mistificado no século XVIII. Mas uma vez tendo feito isso – uma vez realizado esse impulso geral, essa ligação coletiva que define o modo humano de produzir, ainda não se pôde concluir nada: realidade e nome continuam distantes entre si, e se corre o risco de fazer da produção somente um nome genérico. Certamente, "todas as épocas da produção têm certas características comuns, determinações comuns" (p. 41). Mas essa "caracterização de processos de produção históricos" não nos ajuda. Se "a *produção em geral* é uma abstração" (ibid.), de toda sorte, se trata de:

> (...) uma abstração razoável, na medida em que efetivamente destaca e fixa o elemento comum, poupando-nos assim da repetição. Entretanto, esse *Universal*, ou o comum isolado por comparação, é ele próprio algo multiplamente articulado, cindido em diferentes determinações. Algumas determinações pertencem a todas as épocas; outras são comuns apenas a algumas. [Certas] determinações serão comuns à época mais moderna e à mais antiga. Nenhuma produção seria concebível sem elas; todavia, se as línguas mais desenvolvidas têm leis e determinações em comum com as menos desenvolvidas, a diferença desse universal e comum é precisamente o que constitui seu desenvolvimento. As determinações que valem para a produção em geral têm de ser corretamente isoladas de maneira que, além da unidade – decorrente do fato de que o sujeito, a humanidade, e o objeto, a natureza, são os mesmos –, não seja esquecida a diferença

essencial. Em tal esquecimento repousa, por exemplo, toda a sabedoria dos economistas modernos que demonstram a eternidade e a harmonia das relações sociais existentes (p. 41).

Este parágrafo contém quase de tudo: a construção da abstração genérica conceitual, a sua determinação particular *com base na diferença*, a polêmica contra todas as concepções que buscam o conceito num genérico eterno – Marx fundamenta-se, em vez disso, no materialismo (contra os economistas, como antes, e contra os filósofos e sua lúcida ideologia).

Até aqui, no entanto, não detectamos grande originalidade quanto à definição do conceito. Qualquer autor materialista (também do século XVIII), ou simplesmente realista, teria podido escrever as mesmas coisas. É caso, pois, de avançar. *De modo dialético? Para que exista dialética, contudo, são necessários sujeitos.* Por conseguinte, é preciso explorar mais esse ponto:

> Se não há produção em geral, também não há igualmente produção universal. A produção é sempre um ramo *particular* da produção – por exemplo, agricultura, pecuária, manufatura etc. – ou uma *totalidade*. Mas a economia política não é tecnologia. Desenvolver em outro lugar (mais tarde) a relação das determinações universais da produção, em um estágio social dado, com as formas particulares de produção. Finalmente, a produção também não é somente produção particular. Ao contrário, é sempre um certo corpo social, um sujeito social em atividade em uma totalidade maior ou menor de ramos de produção (p. 41).

Aqui, emerge o conceito de *totalidade enquanto articulação das diferenças*. E aqui seria preciso abrir um parêntese (que podemos propor apenas de modo indicativo) sobre a *relação entre totalidade e subjetividade*. Autores em excesso encheram a boca para falar do conceito de totalidade, reduzindo-o a uma intensidade que emana de um centro idealista de determinação. Aqui, ao contrário, a totalidade é claramente uma estrutura subjetiva.

No horizonte metodológico marxiano, o conceito de totalidade nunca é intensivo. É extensivo, organizado, finalizado pela determinação da abstração. O horizonte metodológico marxiano não está nunca saturado pelo conceito de totalidade. Em vez disso, o horizonte marxiano se caracteriza pela *descontinuidade materialista dos processos reais*. Mas tampouco este avanço resolve grande coisa. Certamente, a subjetividade imprime um dinamismo extremamente importante à dialética da estrutura material, e amplia as dimensões dela. Para apresentar um exemplo, Marx retoma uma velha ideia sua, absolutamente correta: a imediata redução da propriedade e, em geral, das formas jurídicas de organização, a essa estrutura social. *Em suma, aqui o materialismo subordina a dialética a si próprio*, e a usa para caracterizar a totalidade subjetiva (capitalista) da estrutura. Mas isso ainda não é suficiente: a dialética é tão insuficiente quanto o simples materialismo para definir o método revolucionário. Materialismo e dialética nos ofereceram totalidade e diferença, bem como o sentido da articulação estrutural que subjetivamente as conecta. Ainda não basta. É preciso que essa estrutura, essa totalidade, sofra uma fratura de seu interior. É preciso que cheguemos ao ponto de captar não somente a subjetividade estrutural (capitalista), mas também as subjetividades que dialeticamente constituem a estrutura (as duas classes em luta). "Produção, distribuição, troca e consumo constituem assim um autêntico silogismo; a produção é a universalidade, a distribuição e a troca, a particularidade, e o consumo, a singularidade na qual o todo se unifica" (p. 44). Mas se esses elementos formam um silogismo, é preciso definir a concreção, a singularidade, a diferença entre os seus elementos. *A categoria da produção*, nos termos fundamentais que a distinguem, e na totalidade que a caracteriza – uma verdadeira articulação social da realidade – *pode constituir-se somente enquanto categoria da diferença*, enquanto totalidade dos sujeitos, das diferenças, dos antagonismos. Esse é o caminho que devemos percorrer. Pois somente aceitar a totalidade, sem insistir nos antagonismos que a compõem, levaria a que "os momentos não seriam concebidos em sua unidade. Como se a dissociação não fosse passada da realidade aos livros-texto, mas inversamente dos livros-texto à realidade, e como se aqui se tratasse de um nivelamento dialético de conceitos e não da concepção de relações reais! " (p. 45).

Até aqui, o raciocínio sobre a constituição da categoria de produção fixou as suas bases materialistas (contra a ideologia do século XVIII) e dialéticas (contra os economicistas) e sublinhou a subjetividade de seus momentos determinados (contra os reformistas e os juristas). A base é sólida, mas insuficiente. Vamos então aprofundar ainda mais as diferenças da produção, insistindo na relação entre produção e consumo, que é como dizer, na relação entre universalidade e individualidade. Essa relação é formalmente circular:

> Sem necessidade, nenhuma produção. Mas o consumo reproduz a necessidade. (...) objeto não é um objeto em geral, mas um objeto determinado que deve ser consumido de um modo determinado, por sua vez mediado pela própria produção. (...) A produção não apenas fornece à necessidade um material, mas também uma necessidade ao material. O próprio consumo, quando sai de sua rudeza e imediaticidade originais – e a permanência nessa fase seria ela própria o resultado de uma produção aprisionada na rudeza natural –, é mediado, enquanto impulso, pelo objeto. A necessidade que o consumo sente do objeto é criada pela própria percepção do objeto. (...) A produção, por conseguinte, produz não somente um objeto para o sujeito, mas também um sujeito para o objeto (p. 47).

A circularidade da relação, apesar disso, precisa ser rompida. "Com isso, nada mais simples para um hegeliano do que pôr a produção e o consumo como idênticos" (p. 48). Mas, como se sabe bem, Marx não é hegeliano. Ele deixa com gosto tal qualificação à floricultura socialista e aos economistas vulgares. Marx é marxiano, por conseguinte, materialista e dialético (e temos visto o quanto) e, sobretudo, Marx é revolucionário. *A relação deve conter a possibilidade de cisão* e não existe categoria que possa ser definida à parte da potencialidade de cisão.

> Na sociedade, no entanto, a relação do produtor com o produto, tão logo este esteja acabado, é uma relação exterior, e o retorno do objeto ao sujeito depende de suas relações com outros indivíduos (p. 49). Por essa razão, as relações e os modos de distribuição aparecem apenas como o reverso dos agentes de produção. Um indivíduo que participa da produção na forma de trabalho assalariado participa na forma do salário nos produtos, nos resultados da produção. A articulação da distribuição está totalmente determinada pela articulação da produção. A própria distribuição é um produto da produção, não só no que concerne ao seu objeto, já que somente os resultados da produção podem ser distribuídos, mas também no que concerne à forma, já que o modo determinado de participação na produção determina as formas particulares da distribuição, a forma de participação na distribuição. É absolutamente uma ilusão pôr a terra na produção, a renda da terra na distribuição etc. (p. 50).

Os "agentes da produção": aqui chegamos evidentemente ao cerne da análise. O conceito geral de produção rompe as dimensões de sua definição materialista e dialética, para exaltá-las na *subjetividade dos componentes e de sua relação antagonista*. A totalidade do conceito está saturada por essa relação antagonista:

> Mas antes de ser distribuição de produtos, a distribuição é: 1) distribuição dos instrumentos de produção e 2) distribuição dos membros da sociedade nos diferentes tipos de produção, o que constitui uma determinação ulterior da mesma relação (subsunção dos indivíduos em relações de produção determinadas). A distribuição dos produtos é manifestamente apenas resultado dessa distribuição que está incluída no próprio processo de produção e determina a articulação da produção (p. 51).

Se, posteriormente, considerarmos a outra relação presente no silogismo dos economistas, a relação existente entre produção e circulação, chegaremos a resultado idêntico ao obtido ao se analisar a relação entre produção e consumo. Também, nesse caso, a identidade é fraturada por meio da diferença, e a diferença é reconhecida como antagonismo. Em suma, "O resultado a que chegamos não é que produção, distribuição, troca e consumo são idênticos, mas que todos eles são membros de uma totalidade, diferenças dentro de uma unidade" (p. 53).

Diferença, diferenças, antagonismos. Não sabemos ler de outro modo esses textos marxianos. *A categoria da produção, como a do valor, em sua generalidade e abstração, vive a possibilidade constitutiva da cisão.* O procedimento dialético se une ao materialista não para proporcionar a determinação de uma chave totalitária que tudo soluciona; mas, sim para representar a totalidade estrutural enquanto potencialidade de cisão. A justaposição de dialética e materialismo se apresenta na *Einleitung*, desde o começo, na forma específica da cisão. Não se pode, ademais, subestimar a importância da categoria escolhida para exemplificar o método: a categoria da *produção*. Seria possível imaginar, não importando quais precauções metodológicas sejam adotadas, que Marx não esteja – a respeito da produção e da fábrica – tomando partido do lado dos operários? Poderia alguém não enxergar a produção como cisão e exploração e crise? A menos que quiséssemos acusá-lo de proudhonismo!

Aqui o discurso dá um salto para frente: "*o método da economia política*", quer dizer, o método da crítica da economia política. Marx fixa alguns critérios fundamentais nesse ponto. O primeiro princípio é a "*abstração determinada*". Consiste na afirmação metodológica de uma fundação de categorias baseada não numa recuperação ingênua do "real" e do" concreto"; mas, sim, no desdobramento de um "processo de síntese", relacionado aos dados da intuição e da representação. A metodologia ingênua partiria do concreto como se fosse um pressuposto. A metodologia marxiana assume *o concreto como resultado*. "O método cientificamente correto" assume "o concreto porque é a síntese de muitas determinações, porque é, consequentemente, unidade do múltiplo". Por essa via, em vez de volatilizar a representação concreta numa representação abstrata; se conseguem, ao invés disso, construir "determinações abstratas [que] levam à reprodução do concreto por meio do pensamento" (p. 54). Da abstração ao concreto, logo, à determinação. O processo do conhecimento rompe o espetáculo estéril de um comportamento científico fetichista em suas relações com o objeto: ele sabe, ao contrário, que a determinação é o produto de uma aproximação teórica utilizando as abstrações, as polaridades, as dimensões gerais, para essa finalidade. A verdade é um objetivo. Não há nenhum ceticismo epistemológico nessa abordagem: "O sujeito real, como antes, continua a existir em sua autonomia fora da cabeça; isso, claro, enquanto a cabeça se comportar apenas de forma especulativa, apenas teoricamente. Por isso, também no método teórico o sujeito, a sociedade, tem de estar continuamente presente como pressuposto da representação" (p. 55). Nenhum ceticismo epistemológico, ao contrário, dissolução de qualquer fetichismo do concreto. Aqui a justaposição teórica de materialismo e dialética se faz *operativa*: estão no interior dessa realidade cujas determinações são concretas e múltiplas. Busca-se aproximar delas mediante as abstrações. Há vontade e inteligência, quer dizer, prática humana e cotidiana, nesse primeiro princípio de método. Mas não basta: também se acha presente a *relação entre valor de uso do conhecimento abstrato* e a *necessidade de transformações do conhecimento*. Em suma, o método da abstração determinada e das abstrações determinantes me coloca no meio do problema, cartesianamente, e me indica "o caminho do pensamento abstrato, que se eleva do mais simples ao mais complexo". Entenda-se bem – e creio que o elemento não foi posto em relevo suficientemente na história da interpretação e da metodologia do marxismo – o processo da abstração determinada, da aproximação e conquista abstratas do concreto é um *processo coletivo*, de conhecimento coletivo. "Em todas as formas de sociedade, é uma determinada produção e suas correspondentes relações que estabelecem a posição e a influência das demais produções e suas respectivas relações. É uma iluminação universal em que todas as demais cores estão imersas e que as modifica em sua particularidade. É um éter particular que determina o peso específico de toda existência que nele se manifesta" (p. 59). O processo da abstração determinada está em sua totalidade sob iluminação coletiva, proletária – e é, portanto, um elemento de crítica e uma forma de luta.

A abstração determinada é um fato dinâmico. É, de fato, próprio de sua natureza epistemológica constituir uma relação entre o simples e o complexo, entre dado e construído, entre fundação e projeto. O segundo elemento constitutivo da metodologia marxiana interpreta essa relação: é o *método da "tendência"*. Marx avalia a categoria "valor de troca": é concreta, e como é!, em nossa sociedade. Mas analisemo-la bem:

> Portanto, essa categoria muito simples não aparece historicamente em sua intensidade senão nas condições mais desenvolvidas da sociedade. (...). Desse modo, muito embora possa ter existido historicamente antes da categoria mais concreta, a categoria mais simples, em seu pleno desenvolvimento intensivo e extensivo, pode pertencer precisamente a uma forma de sociedade combinada, enquanto a categoria mais concreta estava plenamente desenvolvida em uma forma de sociedade menos desenvolvida" (p. 56).

Que tudo isto quer dizer? Quer dizer que a relação entre o simples e o complexo é *uma relação* no pleno sentido da palavra, por conseguinte, um *dinamismo* animado pela subjetividade histórica, pela dinâmica coletiva que o marca. Quer dizer que existem graus diversos de abstração: por um lado, a abstração que busca a sua realidade no concreto (abstração determinada), por outro, *o concreto que busca na abstração a sua determinação* (produção da tendência). Trata-se de um vaivém histórico que determina a produção e a luta de classes: da "primeira" à "segunda natureza", da primeira verdade, imediata, concreta, à verdade da inversão e do projeto. "Portanto, as abstrações mais gerais surgem unicamente com o desenvolvimento concreto mais rico, ali onde um aspecto aparece como comum a muitos, comum a todos. Nesse caso, deixa de poder ser pensado exclusivamente em uma forma particular" (p. 57). Isto é *comunismo na metodologia*, e também o método teórico pode ser definido como comunista. Os *Grundrisse* nos mostraram a concretização desse enfoque metodológico na definição da revolução comunista. Quão abstrato resulta, por isso, pretender separar a *Einleitung* do desenvolvimento substancial da análise marxiana!

"Seria impraticável e falso, portanto, deixar as categorias econômicas sucederem-se umas às outras na sequência em que foram determinantes historicamente. A sua ordem é determinada, ao contrário, pela relação que têm entre si na moderna sociedade burguesa, e que é exatamente o inverso do que aparece como sua ordem natural ou da ordem que corresponde ao desenvolvimento histórico" (p. 60). E novamente: "A anatomia do ser humano é uma chave para a anatomia do macaco" (p. 58). É evidente, portanto, que no trabalho marxiano, do ponto de vista epistemológico, prevalece decisivamente o método da tendência sobre o método genético. Sobre esse fato, ainda assim, voltaremos. Importa sublinhar que, também nesse respeito, o método implica uma inserção no contexto real que não pode assumir apenas uma determinação individual. A metodologia marxiana é, também nesse sentido, um *risco coletivo*. A tendência não é tão somente um modo para construir passivamente categorias, a partir de uma soma de conquistas históricas; mas, sim, sobretudo, um modo para ler o presente ao lume do futuro, para lançar projetos, para iluminar o futuro. Para arriscar e para lutar, com uma ciência preparada para isso. E se, nalguma ocasião, suceder de sermos macacos, seremos macacos: é apenas para sermos mais ágeis.

O sentido formidável da relação entre abstração e determinação, entre abstração enquanto concretização, e abstração enquanto projeto, tem um momento de verificação científica. Trata-se do terceiro elemento da metodologia da *Einleitung*: o "verdadeiro na prática". Para chegar a definir o terceiro critério metodológico, Marx conjuga o método da abstração determinada e o da tendência a propósito de uma categoria: a de "trabalho", que está no centro de gravidade de sua pesquisa global. Pois bem, "O trabalho parece uma categoria muito simples (...). Contudo, concebido economicamente nessa simplicidade, o 'trabalho' é uma categoria tão moderna quanto as relações que geram essa simples abstração" (p. 56). Mas a análise das relações complexas que constituem a categoria do trabalho, essa unidade e articulação do múltiplo, é um elemento dinâmico, uma encruzilhada e uma *resultante de forças subjetivas*. O conceito de trabalho se move na realidade histórica da economia para formas cada vez mais elevadas em termos de abstração. As relações da produção capitalista determinam esse movimento. Dessa maneira, gradualmente – aqui está em ação o método da tendência – a categoria se amplia, o trabalho se torna "generalidade abstrata da atividade produtora de riqueza" e

> (...) essa abstração do trabalho em geral não é apenas o resultado mental de uma totalidade concreta de trabalhos. A indiferença em relação ao trabalho determinado corresponde a uma forma de sociedade em que os indivíduos passam com facilidade de um trabalho a outro, e em que o tipo determinado do trabalho é para eles contingente e, por conseguinte, indiferente. Nesse caso, o trabalho

> deveio, não somente enquanto categoria, mas na efetividade, meio para a criação da riqueza em geral e, como determinação, deixou de estar ligado aos indivíduos em uma particularidade. (...) a abstração da categoria 'trabalho', 'trabalho em geral', trabalho puro e simples, o ponto de partida da Economia moderna, devém verdadeira na prática (p. 57, 58).

"*Verdadeiro na prática" é, por conseguinte, esse momento do desenvolvimento das categorias em que a abstração consegue encontrar um ponto focal e alcançar a plenitude de seu desenvolvimento em relação à realidade histórica.* Sem essa articulação da abstração e da tendência, e sem desembocar no critério da verdade da prática, na história em carne e osso, seria impossível proceder cientificamente. "*Verdadeiro na prática" é uma ciência que se torna conceito de transformação, possibilidade e atualidade de uma força transformadora.* As categorias marxianas se formam, pois, nessa encruzilhada, o seu mecanismo de formação chega a termo somente quando a matéria é revolvida até o fundo pela ação combinada desses três critérios. "Esse exemplo do trabalho mostra com clareza como as próprias categorias mais abstratas, apesar de sua validade para todas as épocas – justamente por causa de sua abstração –, na determinabilidade dessa própria abstração, são igualmente produto de relações históricas e têm sua plena validade só para essas relações e no interior delas" (p. 58). A categoria se apresenta, nesse momento, como "produto e validade", portanto, como construção real e horizonte científico. Consideremos a exposição do conceito de "trabalho" como conceito da produção, como "tempo médio socialmente necessário". É absolutamente óbvio que essa definição do conceito é um produto histórico, mas é também horizonte de desenvolvimento, pedra angular de todo o progresso ulterior das categorias. Veremos como esse conceito de trabalho, uma vez que a exposição o tenha fixado definitivamente e o mecanismo da tendência mostrado as articulações dialéticas que determinam o seu movimento, e quando essa finalidade tenha se colocado como verdadeira na prática, no coração das lutas – bem, nesse momento, veremos como o conceito de trabalho está saturado de uma subjetividade fortíssima e como, ainda assim, avança e determina ainda novas sequências. Essa série de transições metodológicas não se refere, obviamente, tão somente à categoria de "trabalho" (se bem que a exemplificação a partir dela seja singularmente útil), mas a todas as categorias marxianas de análise. Não é por acaso, portanto, que nessas páginas apareça a *primeira subdivisão da matéria*, estreitamente ligada à esquematização do método:

> Evidentemente, é preciso fazer a subdivisão da seguinte maneira: 1) as determinações universais abstratas, que, por essa razão, correspondem mais ou menos a todas as formas de sociedade, mas no sentido explicado acima. 2) As categorias que constituem a articulação interna da sociedade burguesa e sobre as quais se baseiam as classes fundamentais. Capital, trabalho assalariado, propriedade fundiária. As suas relações recíprocas. Cidade e campo. As três grandes classes sociais. A troca entre elas. Circulação. Sistema de crédito (privado). 3) Síntese da sociedade burguesa na forma do Estado. Considerada em relação a si mesma. As classes "improdutivas". Impostos. Dívida pública. Crédito público. A população. As colônias. Emigração. 4) Relação internacional da produção. Divisão internacional do trabalho. Troca internacional. Exportação e importação. Curso do câmbio. 5) O mercado mundial e as crises (p. 61).

Não é difícil observar, por conseguinte, qual é a especificidade marxiana da articulação entre abordagem teórica e histórica. É um processo que vai do abstrato ao concreto e, *depois* – na ordem da ampliação histórica do horizonte da tendência – novamente, do abstrato ao concreto, para algo cada vez mais complexo. Tal caráter tem o "mercado mundial e a crise" como zênite de uma socialização extrema do antagonismo elementar que mobiliza todo o quadro. O *critério do "verdadeiro na prática"*, o *dinamismo* da relação prática, da subjetividade histórica desse movimento, é aqui o elemento *definitivo e discriminante*. O critério do "verdadeiro na prática" outorga à metodologia materialista e dialética um sentido subjetivo, aberto, constituinte – o que já tínhamos ressaltado ao redor do conceito da "diferença".

Se observarmos agora o conjunto da proposta metodológica desenvolvida até o momento da *Einleitung* ("introdução"), devemos colocar em relevo a enorme importância do que vimos até aqui. Para usar outros termos, a relação entre *Forschung* ("pesquisa"), *Darstellung* ("exposição") e *Neue Darstellung* ("nova exposição") se encontra perfeitamente delineada e é preciso reconhecer que "*die wirkliche Bewegung*" ("o movimento real") se tornou efetivamente o sujeito da ciência. Apesar disso, ainda falta algo! É bem verdade que o método materialista – que considera o objeto como externo à mente – pertence à ciência, é animado por uma perspectiva que a tendência desenha, e é subjetivado pelo critério do "verdadeiro na prática". Dito isto, sem embargo, também se deve reconhecer aqui a irredutibilidade do real em relação a uma recomposição idealista qualquer. O dinamismo do real, de suas leis e articulações está apenas assegurado pela "diferença", pela atitude fundamental do materialismo histórico – no quanto este último possa ser dinamizado e subjetivado. Inversamente, nos *Grundrisse*, o movimento está assegurado pelo antagonismo e pela relevância imediata que o antagonismo assume na construção de cada conceito. A diferença se torna antagonismo, o quadro metodológico se amplia sem hesitar e se fragmenta em muitas dimensões. Não chegaria, portanto, a *Einleitung* à plenitude metodológica dos *Grundrisse*? Provavelmente, não. No entanto, ela prepara as condições necessárias para que se materialize a transição à regra do antagonismo, enquanto regra fundamental de *todas* as categorias. A *Einleitung* e as obras que a acompanham aludem, outrossim, a essa passagem definitiva e, algumas vezes, falam dela abertamente. Precisamos ver, portanto, como se abre essa nova perspectiva. Observemos, ainda assim, ao concluir a *Einleitung*, que o próprio Marx parece antecipar essa dificuldade. O trecho final sobre a arte grega e a sociedade moderna (p. 62-64) é uma pausa composta por pouco mais que duas páginas, mas está relacionada com as páginas precedentes (p. 58-62), quando se definem os problemas clássicos do materialismo histórico e se ressaltam as dificuldades de sua solução em diversos níveis. Marx, portanto, com essa pausa, ao concluir a *Einleitung*, parece pressentir *o limite da proposta do materialismo histórico* e começar aqui a reflexão que, com os *Grundrisse*, o levará a desenvolver criativamente os pressupostos da *Einleitung* e, de um modo geral, a atingir o grau mais avançado do desenvolvimento metodológico.

No entanto, para que a metodologia de Marx alcance contornos conclusivos, devem ser amadurecidos certos elementos de conteúdo, bem como desenvolvidos alguns pressupostos. Pois bem, ao final do caderno VII (p. 756), tem início uma "*seção sobre o valor*" que (deixando de lado as polêmicas filológicas sobre o seu posicionamento sistemático na obra) parece particularmente importante em nosso ponto de vista. E nos parece oportuno levá-la em consideração, porque a temática do valor incide diretamente sobre esse entrelaçamento entre método e categorias fundamentais, e sobre a própria caracterização das categorias fundamentais, que é precisamente o nosso problema neste momento. Marx, ao abordar a categoria do "valor", coloca o método em funcionamento: ele realça a dialética da unidade e da diferença que define o valor. A diferença do valor se apresenta como valor de uso. Mas "o valor de uso entra na esfera da economia política tão logo é modificado pelas relações de produção modernas ou, por sua vez, intervém, modificando-as" (ibid.), quando, em consequência, ele é reduzido à unidade do processo. Particularmente interessante aqui, não é reafirmar esse funcionamento normal da lógica marxiana, mas observar a forma, a intensidade, a força da diferença considerada. Na realidade, é precisamente essa potencialidade que leva a diferença a tornar-se antagonismo. Marx destaca agora precisamente esse aspecto. "Na realidade, entretanto, o valor de uso da mercadoria é um pressuposto dado – a base material em que se apresenta uma relação econômica determinada" (ibid.) e conclui:

> Apesar de imediatamente unidos na mercadoria, valor de uso e valor de troca também se dissociam imediatamente. O valor de troca não só não aparece determinado pelo valor de uso, como, pelo contrário, a mercadoria só devém mercadoria, só se realiza como valor de troca, na medida em que o seu possuidor não se relaciona com ela como valor de uso. É unicamente por sua alienação [Entäußerung], sua troca por outras mercadorias, que ele se apropria de valores de uso. Apropriação pela alienação [Entäußerung] é a forma fundamental do sistema social da produção do qual o valor de troca aparece como a expressão mais simples, mais abstrata. O valor de uso da mercadoria é pressuposto, mas não para seu dono, e sim para a sociedade como um todo (p. 756).

Premissa objetiva-pressuposto alienado: com essa passagem, a diferença se torna antagonismo.

Este não é o lugar para avaliar o método da discussão sobre o valor de uso no pensamento de Marx (de toda sorte, será um tema a que voltaremos com mais vagar. Por enquanto, vejam-se a esse respeito as páginas equilibradas de Rosdolsky, p. 105-122 da *Gênese...*, assim como os trabalhos de Ágnes Heller e seus companheiros de Budapeste). Aqui falamos de metodologia e nos interessa determinar como, e com que mecanismo formal, a diferença se torna antagonismo. Bem, é a natureza da relação social, a sua dimensão capitalista, o que transforma a premissa objetiva num pressuposto alienado, isto é, o que a confere um caráter dinâmico. Por isso, o valor de uso se converte numa categoria de crítica da economia política somente como "pressuposto alienado" – quando, por conseguinte, a dialética de unidade e diferença, ao por-se em ação, retoma continuamente o movimento, as infinitas emergências do valor. O valor de uso se torna "verdadeiro na prática" quando reconquista a sua independência de pressuposto por meio da alienação e, também, das fases sempre variáveis – mas, não menos reais, da apropriação via alienação.

Assumamos aqui, igualmente, no âmbito desse raciocínio, o texto intitulado "Bastiat e Carey", que ocupa o início do caderno III (p. 27-36) e que foi escrito em julho de 1857 – antes, portanto, da *Einleitung*. É nessa constelação de interesses polêmicos que se constituem a *Einleitung* e os *Grundrisse*. Trata-se de uma resenha das *Harmonies Economiques* (Paris, 1851) de Bastiat. Uma resenha como são as de Marx, um pretexto, portanto, para aprofundar alguns temas, parte do que já tínhamos visto ser analisados nos cadernos sobre o dinheiro. Pois então, mediante um confronto agudo entre a situação da economia política burguesa na França (Bastiat) e nos Estados Unidos (Carey), Marx encontra aqui o modo de ilustrar o funcionamento de algumas leis da crítica, de que me interessam aqui sublinhar as características formais e metodológicas. A primeira lei que Marx busca identificar nessa resenha se refere à tendência de uma sociedade burguesa (como a estadunidense) que se desenvolveu de maneira autônoma, deixando de lado os limites do movimento do século precedente. Aqui, por conseguinte, "os antagonismos da própria sociedade burguesa aparecem unicamente como momentos evanescentes" (p. 28) e o Estado é imediatamente a síntese da sociedade civil. *O capital é imediatamente capital social.* Uma segunda lei que Marx crê poder identificar é a que define o paralelismo entre *centralização capitalista* e *centralização estatal.* O que significa que a socialização e a concentração capitalista determinam – tanto em sociedades abertas como na estadunidense quanto nas fechadas do continente europeu – a necessidade de expansão e de centralização progressiva do poder estatal. Esse processo é diretamente provocado pelos antagonismos da produção e da circulação que se desencadeiam com a concentração capitalista. Assim, pois, "consequentemente, o último refúgio das 'harmonias econômicas' é o Estado, que antes fora estigmatizado como o único perturbador dessas harmonias" (p. 28). **A terceira lei** descrita é a do aprofundamento, em todo caso necessária, *das contradições e dos antagonismos na escala do mercado mundial*, à medida que a figura do Estado (nacional) se torna centralização (mediata ou imediata) do capital. As relações gerais da sociedade burguesa "parecem-lhe desarmônicas ali onde se apresentam em sua forma mais desenvolvida – em sua forma de mercado mundial (...) essas desarmonias do mercado mundial são unicamente as expressões adequadas últimas das desarmonias que [são] fixadas nas categorias econômicas como relações fixas ou que têm uma existência local em menor escala" (p. 29).

Basta deter-se aqui para observar em que grau estão maduras as categorias do método marxiano, nesse felicíssimo momento de fundação sistemática. Maduras, sobretudo, no sentido de uma fundação dinâmica e antagonista, aqui onde *o antagonismo é o motor do desenvolvimento do sistema*, o fundamento de uma contínua reproposição do antagonismo, em cada passo avançando no projeto, na história do capital. Todo o objetivismo materialista se debilita com isso. A relação está aberta, na medida em que se encontra fundada pelo antagonismo. Poder-se-ia objetar, justamente, que, apesar de tudo, aqui a operatividade da contradição e o seu aprofundamento antagonista se manteriam no âmbito do capital, das categorias do capital e de seu desenvolvimento, e que, em consequência, o componente subjetivo do processo está subestimado. Ainda assim, ocorre que a resenha de Marx continua abordando a teoria do salário de Bastiat. Esta constitui um indício do que poderia vir a ser o planejado capítulo especial ou *livro sobre o salário*. Contra o idiotismo de Bastiat, Marx insiste a respeito do salário (trabalho assalariado, classe operária) como uma força imediatamente revolucionária, como motor de todo possível desenvolvimento. "Em todas essas transições históricas efetivas o trabalho assalariado aparece como dissolução, como destruição de relações em que o trabalho era fixado em todos os aspectos, em seu rendimento, seu conteúdo, sua localização, sua extensão etc. Portanto, como negação da fixidez do trabalho e de sua remuneração" (p. 34, 35). Por meio dessa imersão subjetiva (dissolução, destruição, mobilidade, independência), o sentido antagonista das categorias do capital é refundado, é exposto mais uma vez, é levado a esse grau de tensão que os *Grundrisse* tornarão definitivo na teoria do mais-valor. Não é que a sua formulação não tenha dado enormes passos até aqui, simplesmente é que se devem esperar até que todos os elementos identificados sejam agrupados de maneira sistemática.

A formação do método marxiano é um processo que não é linear, da *Einleitung* aos *Grundrisse*, e nem mesmo ao longo dos próprios *Grundrisse*. Se, de fato, voltarmos por um instante a certas passagens – já vistas na lição 2 – do capítulo sobre o dinheiro, se pode ver algum atraso e confusão no tocante ao método. Isso é especialmente claro nas passagens onde – veja-se, por exemplo, no capítulo sobre o dinheiro, os textos reunidos sob os pontos B e D – a força que tende a definir o antagonismo está em seu ponto extremo. O que, no fundo, está acontecendo nesses textos? O que está acontecendo é que o aprofundamento do antagonismo nas categorias torna visível uma ligação entre o desenvolvimento capitalista e a sua crise, uma ligação que serve de base para a passagem ao comunismo. Então, essa ligação que opera uma inversão ainda não ultrapassou o limiar crítico em que o processo se torna subjetivo. O *antagonismo*, dissemos, é muito forte: mas *nós ainda o vemos como resultado de uma mera previsão, em vez de o enxergarmos na figura do salto inovador,* como figura da liberdade revolucionária. No discurso sobre o comunismo, a *tendência se encontra achatada no nível da "previsão"*. Nós não deveríamos insistir nesse achatamento, signo de uma análise insuficientemente estendida – isso quando não desponta uma tentativa mecanicista no método, de vez em quando, nos *Grundrisse* – que reaparece onde menos se espera. Sobretudo, quando é o caso de definir o antagonismo último e derradeiro e prefigurar o comunismo. E ainda assim, não parece, neste caso também, que se possa ficar contente aqui. O tema da tendência pode suportar achatamentos mecânicos e "previsões" idealistas: nesses casos, o problema do comunismo corre o risco de tornar-se um discurso de fantasia. Mas, ao revés, é importante sublinhar que se pode deslocar o tema da tendência na direção do critério da "verdade na prática", na direção da verificação subjetiva. Se um jogo de palavras for permitido, se deverá dizer, portanto, que a tendência dos *Grundrisse* é exaltar a tendência como a verdade na prática, como imputação da subjetividade em vez de previsão. Novamente, é necessário acrescentar que *a teoria do mais-valor, ao ser elaborada, vai recuperar as maiores tensões do método de Marx*, e isso é necessário. O comunismo não pode ser a correção das desarmonias do capital.

Quaisquer que sejam os limites assinalados do desenvolvimento teórico, a *Einleitung* é, de qualquer maneira, um texto de método excepcional. Isso se evidencia, depois, com o *quarto critério metodológico* que – na sequência dos critérios da abstração determinada, da tendência e da prática – é explicitado para preparar e organizar a transição de método ao nível adequado, i.e., à teoria do mais-valor (da exploração). Chamemos esse quarto elemento de critério de "*deslocamento" da pesquisa* e do quadro teórico – ou de "*deslocamento do sujeito*", ou então de *"constituição" (da estrutura)*. O processo que gera esse critério aparece nas encruzilhadas dos três critérios já elaborados na *Einleitung*, além dos elementos que começamos a ver na passagem sobre o valor e no texto sobre Bastiat e Carey. No primeiro caso, é um aprofundamento intensivo da "diferença", no primeiro caso, até dotá-la de independência; no segundo, uma insistência dinâmica no uso da alternância, no uso metodológico do antagonismo. É, de fato, certo que esse movimento das categorias, à primeira vista, pareça produzir somente "previsões", ou seja, apenas tensões mecânicas de análise. A meu ver, ainda assim, todas as condições para uma superação real desses limites já estão dadas. Na lição sobre o mais-valor, poderemos seguir essas linhas de enriquecimento do quadro metodológico e, juntos, verificarmos seus formidáveis efeitos. Aqui, será útil de toda maneira verificar os pressupostos e estudar como podem ser propostos formalmente. Pois bem, se a natureza sistemática dos princípios metodológicos da *Einleitung* é evidente, também é óbvio o seu dinamismo. Abstração determinada, tendência e critério do "verdadeiro na prática" são princípios que produzem categorias em movimento, princípios de aproximação não somente da anatomia, como também da fisiologia da realidade; não somente da estrutura, como também de sua transformação revolucionária. *Mas a realidade não é linear*, a dialética não é totalitária, o procedimento científico não é intuitivo; ao contrário, a realidade se move continuamente açambarcando em seu movimento o antagonismo das forças que exercem, junto do conhecimento, o poder. Eis aqui o ponto: *os critérios estudados até o momento devem ser recompostos segundo um princípio ulterior que capte conjuntamente as grandes alternativas do curso histórico*, as mutações qualitativas, os saltos e as viradas do real, bem como a *participação dos sujeitos* – enquanto causa e produto – do desenvolvimento. O horizonte histórico se move: a categoria definida pela abstração determinada se modifica, a tendência se realiza ou se desloca; submetida de toda maneira a uma forte variação. Os sujeitos que se movem neste horizonte – qualificando-o em termos práticos – se encontram eles próprios implicados, felizmente ou não, no processo. Esse horizonte é sempre pluralista, variável, movente: o conhecimento dele tem a vivacidade e a paixão da luta. *O quarto critério da metodologia marxiana se forma como síntese dessa operatividade da intervenção metodológica*: o que considera como premissa positiva, primeiramente, o deslocamento do quadro teórico, como consequência do desenvolvimento das lutas e da reestruturação dos parâmetros do conflito; e como meio negativo, a mudança dos termos dinâmicos do processo, o deslocamento da subjetividade dos polos subjetivos em seu interior, no novo quadro teórico que se estabeleceu; e como síntese assume a constituição de uma nova estrutura, logo, de uma nova forma de antagonismo, de uma nova situação em que é preciso submeter de novo ao critério da prática e da transformação. *O princípio da constituição é, portanto, o que forma o horizonte ao mesmo tempo central e extremo do método marxiano*. Se observarmos o desdobramento do princípio e identificarmos o seu movimento em todas as direções, segundo todos os parâmetros implicados, se assinalarmos todos os níveis que devem ser objeto de consideração, de maneira simétrica ou não; daí então, de toda maneira, em todos os casos, o signo da mudança no sentido progressivo, do quadro, bem, nós observamos aí o desenvolvimento e a afirmação do princípio da constituição. É um novo mundo que se constituiu, é uma nova realidade do conhecimento que se oferece – *pela transformação*. A derivação do princípio constituinte das demais regras do método marxiano é absolutamente clara, mas também é clara a novidade que introduz este princípio, porque, a partir dele, a tendência não pode ser reduzida à previsão, nem a abstração à hipóstase da objetividade das categorias, nem o critério da prática ao fetichismo realista da continuidade histórica. O princípio constituinte introduz na metodologia o sentido do salto qualitativo, uma concepção da história determinada pelas relações de força, por conseguinte, nunca uma concepção cética, senão dinâmica e criativa. Cada nova estrutura constituída é um novo antagonismo constituído. As formas se sucedem no desenvolvimento e podem ser consideradas à luz do princípio de constituição. *O princípio de constituição introduz a crise no coração da análise marxista, de sua metodologia, do mesmo modo que o princípio do mais-valor introduz a subjetividade do antagonismo no coração da teoria*. Não é por acaso, então, que esse princípio surja a cavalo da *Einleitung* e dos *Grundrisse*: se prepara no primeiro caso e se desenvolve no segundo, porque, como vimos, o caminho de Marx nesse período está totalmente dirigido à fundação de uma teoria da crise enquanto teoria do capital, e de uma teoria do mais-valor enquanto teoria da revolução. O princípio da constituição se converte desse modo no critério essencial para a análise da *transformação*, da transição: a consciência do salto prático no íntimo da continuação da teoria. Eis, portanto, o horizonte da teoria marxiana: *Marx Além de Marx*? Valeria a pena perguntar de novo, rindo de toda ortodoxia que queira apresentar-se como ciência marxiana.

A polêmica de longa data sobre a metodologia marxiana e as relações entre Hegel e Marx nunca me pareceram muito interessantes. Apenas tendo o cuidado de ler efetivamente Marx e Hegel, se pode concluir que Marx não é hegeliano. Que as obras de Marx estejam repletas de referências a Hegel é, por outro lado, um fato óbvio. Basta ler os *Grundrisse*. Se quisermos divertir-nos um pouco (e de maneira não absurdamente filológica, como fazem os editores dos *Grundrisse*; Enzo Grillo, justamente, polemiza se usando deste exemplo no seu prefácio), só nas primeiras páginas que vimos até aqui existem pelo menos três dezenas de referências diretas ou indiretas à obra de Hegel, e já está aí inteiramente presente a atitude psicologicamente ambígua de Marx que, se por um lado, pesca abundantemente na lagoa hegeliana; por outro, desculpa-se dessa sua pescaria. Poderíamos aqui considerar dois exemplos extremos:

> O valor de mercado iguala-se ao valor real por suas incessantes oscilações, jamais por meio de uma equação com o valor real como terceiro termo, mas por sua contínua inequação consigo mesmo (não, como diria Hegel, por meio de identidade abstrata, mas pela constante negação da negação, *i.e.*, de si mesmo como negação do valor real) (p. 87. 88).

Aqui (como sempre a respeito desse mesmo argumento noutras passagens dos *Grundrisse*), a referência a Hegel alcança uma importância substancial, haja vista que ajuda a pesquisa e permite a sua expansão. Mas sempre nessas páginas, as referências às obras de Hegel se encontram repetidas nas terminologias, na formação dos conceitos (à *Fenomenologia do Espírito*, ou à *Lógica*, ambas de Hegel). Em segundo lugar, temos outra afirmação:

> (Será necessário, mais tarde, antes de abandonar essa questão, corrigir o modo idealista da apresentação que produz a aparência de que se trata simplesmente das determinações conceituais e da dialética desses conceitos. Sobretudo, portanto, o clichê: o produto (ou atividade) devém mercadoria; a mercadoria, valor de troca; o valor de troca, dinheiro) (p. 100).

Corrigir o modo idealista da exposição: o que não pressupõe, de nenhum modo, condescendência diante das formas profundas do hegelianismo! E então? A polêmica Marx-Hegel constitui simplesmente um pretexto. Basta ter começado a por as mãos nesse Marx para compreender imediatamente como ele representa a *inversão de um e do outro*. Porque Marx é revolucionário, materialista e - outra vez! - revolucionário, político, prático, na metodologia assim como na substância de seu trabalho. O que dissemos não nega, certamente, a existência de limites atuais na metodologia marxiana discutida na *Einleitung* – como se provássemos nós próprios igualmente as insinuações da ortodoxia, que enxerga a falta de limites no marxismo somente quando são negadas as influências hegelianas. Não é assim. Os limites da metodologia da

Einleitung não têm nada a ver com o hegelianismo. São limites que surgem de dentro da passagem para a teoria da exploração e da subjetivação decidida do antagonismo, que Marx está realizando. Noutros pontos, são limites muito relativos: talvez inerentes ao próprio estatuto da abordagem metodológica, a sua parcialidade constitutiva e a sua formalidade, antes do que limitações de potencialidade e criatividade dessa metodologia. De toda maneira, se percorre um novo caminho. E nós nos dispomos a segui-lo.

LIÇÃO 4
O mais-valor e a exploração

Trabalhemos sobre o mais-valor: plano de leitura dos cadernos II e III. A) do dinheiro ao mais-valor: a abordagem política. A tendência como terreno de análise e os projetos do Capital. Parêntese sobre uma possível contradição: o conceito de trabalho produtivo. B) a abordagem lógica: D-M-D', o desenvolvimento do capital a partir do dinheiro. C) a definição materialista da autonomização de capital e trabalho. O trabalho como fonte do valor: subjetividade e abstração. O capítulo possível sobre o salário: valor de uso, trabalho necessário e "operário coletivo". O caráter antagonista da apropriação capitalista. D) a teoria do mais-valor como teoria da exploração. Quantificação do mais-valor: capital constante e capital variável. O "capitalista coletivo" e a valorização. E) Definição dos conceitos e articulação da teoria do mais-valor: trabalho excedente e mais-valor, mais-valor absoluto e mais-valor relativo. F) Novos problemas. Mais-valor e lucro: para a análise da crise. Preliminares sobre marxismo e socialismo.

Nos cadernos II e III (consideramos aqui, sobretudo, as p. 183-297 dos *Grundrisse*), se desenvolve a *teoria do mais-valor*. Devemos, por isso, retomar o discurso onde o tínhamos deixado no fim da lição 2. Nela, o dinheiro se apresentou como substância comum de trabalho assalariado e capital. Vimos como a dominação geral do dinheiro é exercida na esfera da circulação. Na circulação, o dinheiro aparece, por um lado, como totalidade da dominação, como poder *sobre* e *na* produção; por outro lado, como universalidade e indiferença, como valor em sentido próprio (valor de troca por antonomásia). Entre os dois aspectos do valor-dinheiro, se desdobra uma dialética que relaciona as diferenças qualitativas do processo à identidade quantitativa. O dinheiro é a substância comum de trabalho assalariado e capital, porque prolonga o seu poder sobre a relação do capital, impondo-lhe as regras de seu próprio funcionamento. Aqui, ainda assim, é preciso avançar. Os editores dos *Grundrisse* intitularam "III. O capital", mas Marx, diferentemente, escolhera como título: "O dinheiro como capital". Na realidade, tratava-se para Marx de avançar, mas ainda não por saltos. A mudança do título, observa Rosdolsky (*Gênese...*, p. 522, nota 1), corre o risco de induzir à confusão, porque realça a diferença das categorias (dinheiro e capital) e, portanto, o aspecto estático do problema; em vez de destacar o seu elemento dinâmico (isto é, o dinheiro enquanto capital), tal e qual desejava Marx. O dinheiro exprime, de fato, a mobilidade do capital, a liberdade de seu poder de mando, e alude realmente (seja enquanto substância, seja enquanto representação) à totalidade do processo de metamorfose do capital. Deve-se falar, por conseguinte, de um avanço, para a teoria do mais-valor, sem fetichizar as categorias. Tanto mais na medida em que a centralidade da função do dinheiro é fundamental para se avançar. A *primeira* parte de minha leitura se dedicará a ressaltar esse ponto. Nela, procurarei mostrar como a centralidade do dinheiro destaca as características "práticas", logo, políticas, da abordagem teórica. Posteriormente, dividirei a minha exposição noutras cinco partes. Na *segunda*, analiso como se realiza a passagem da abordagem política à inequivocamente teórica. Na *terceira*, tentarei identificar o conceito de "operário coletivo". Na *quarta*, o conceito de "capitalista coletivo". Apenas na *quinta* parte, a partir da consistência dessas definições, a teoria do mais-valor como teoria da exploração logrará articular-se de modo completo, definida como núcleo da temática marxiana, agora e sempre. *Concluirei* a análise identificando, por um lado, uma série de problemas teóricos que seguem abertos (da teoria do mais-valor à teoria do lucro e da crise); por outro lado, uma série de problemas políticos que devemos reconsiderar à luz dessa abordagem (os problemas do socialismo e do comunismo). Falta só mais um elemento a acrescentar: no curso desta fase da pesquisa, assistiremos ao desenvolvimento completo e extensivo dos elementos da metodologia marxiana definidos até aqui. O mecanismo da "*neue Darstellung*" ("nova exposição") se abre produtivamente. Deveremos, por conseguinte, ressaltar a materialização produtiva do método.

A introdução que Marx antepõe à análise do "dinheiro como capital" (*Grundrisse*, p. 183-193) – sobre o que já nos detivemos anteriormente – não pode ser considerada simplesmente como faz, por exemplo, Rosdolsky, como uma extensão das páginas precedentes sobre a "lei de apropriação na economia mercantil simples" (*Gênese*..., p. 157-163). Do ponto de vista temático se trata, na realidade, do recomeço do tratamento sistemático do "dinheiro enquanto dinheiro" (veja-se a lição 2). De fato, se assiste aqui a um balizamento do terreno de análise, em que se concentra a atenção teórica. Quais são seus temas? *O dinheiro enquanto matéria geral* e a ideologia que vela a sua realidade. Ou seja, o dinheiro como antítese que é dirigida e controlada, o dinheiro, pois, como realidade política e como poder de mando sobre a exploração. *O terreno de análise é, por conseguinte, político.* A teoria do mais-valor poderá constituir-se somente a partir do fato que a exploração organiza a sociedade política, e constitui a sua base. Ao abordar o tema do dinheiro enquanto capital e ao desenvolver, a seguir, a análise do processo de produção, Marx assume *o poder de mando como matéria do dinheiro.* Este é o modo de exposição que ataca (e reverte) nosso modo de ver o desenvolvimento do pensamento de Marx – política e poder de mando estão situados, segundo nossa tradição, ao fim da análise do processo de produção ou, de acordo com a forma mais recente de ver isso, a política é considerada alheia ao interesse do Marx "economista". Não, é justo o contrário! Aqui, assumir o poder de mando na intensidade de seu funcionamento político geral é, ao contrário, primário. Por que surpreender-se com isso? Tudo o que até aqui vimos, a propósito das motivações e dos estímulos que os *Grundrisse* provocam e de sua abordagem metodológica, nos conduz a situar o elemento político no centro da pesquisa. E não somente isto: pouco a pouco, a definição do problema se concentra cada vez mais sobre a especificidade do político. Demonstra tal fato não tanto a polêmica brincalhona contra "os socialistas", quanto a análise da crise da reestruturação financeira em curso, ou seja, a articulação "exploração-Estado-mercado mundial" a que a análise aponta sem cessar. A linha vai, em consequência, *da* exploração em geral, do poder de mando *ao* mais-valor: é a lógica de classe que define esse *modo de exposição*. Assistimos, nas páginas sobre o dinheiro e utilizando inteiramente os seus resultados, ao deslocamento lógico e tendencial da pesquisa que, desse modo, passa a enfrentar a temática do mais-valor, a crítica da produção sobre o terreno simplificado da relação entre as duas classes, mediada pela tendência "poder de mando-Estado-mercado mundial". Se, como muitas vezes ainda veremos, o "mercado mundial" se apresenta como a realização da hegemonia burguesa, é a partir dela que a análise das relações de classe (objetivo perseguido pela teoria do valor) deve tornar-se marcada e caracterizada, a partir da fecundidade política desse dado. *Assim, portanto, do dinheiro ao mais-valor: um percurso político para construir o armamento de classe.*

O pensamento que descobre o dinheiro como momento fundamental – considerado no núcleo da análise da exploração

– pode ser retomado de diversos modos no bojo da luta operária. Aqui, em Marx, como já se disse, o dinheiro é abordado na forma da hegemonia burguesa: horizonte financeiro do poder de mando, na acepção que o marxismo do final do século XIX, entre Hilferding e Lenin, tornará famosa. Mas essa posição do dinheiro no centro do projeto de dominação da classe capitalista é encontrada sempre que o capital se vê constrangido a *reestruturar o seu controle sobre a crise, sobre a insurgência do valor de uso operário.* A perpétua tensão do dinheiro no poder de mando é o paralelo exato da insurreição operária no nível do mercado mundial, e constitui assim uma tentativa de reestruturação da forma da dominação. Porque o dinheiro não é apenas uma das formas nas que se metamorfoseia o capital, mas é também do desenvolvimento desse poder de mando, a forma eminente em que a continuidade do valor exprime seu império e, com ele, a continuidade do poder de mando. A abordagem de Marx à teoria do mais-valor não poderia ser mais pertinente e apropriada: por meio da forma geral da dominação até sua especificidade produtiva, onde a forma geral, social, global da dominação é o que define o lugar do antagonismo. É evidente que, se esta teoria, generalíssima, é o caminho de ida, identicamente geral e profundo será o caminho de volta: *do antagonismo revelado pelo mais-valor à destruição do horizonte do poder de mando, da mediação, da política.*

Poucas páginas a seguir (*Grundrisse*, p. 204, 205), na parte sobre o mais-valor, Marx volta a propor um plano de trabalho para a análise do capital – um plano novo após aquele proposto na *Einleitung* (p. 61) e nas observações realizadas no capítulo sobre o dinheiro (p. 171-173). Ei-lo:

> I. 1) Conceito universal do capital. 2) Particularidade do capital: capital circulante, capital fixo. (Capital como meio de subsistência, matéria-prima, instrumento de trabalho). 3) O capital como dinheiro. II. 1) *Quantidade do capital. Acumulação.* 2) *O capital*

> *medido em si mesmo. Lucro. Juro. Valor do capital, i.e.*, o capital em contraste consigo como juro e lucro. 3) *A circulação dos capitais.* a) Troca do capital por capital. Troca de capital por renda. Capital e *preços*. b) *Concorrência dos capitais*. g) *Concentração dos capitais.* III. O capital como crédito. IV. O capital como capital por ações. V. *O capital como mercado monetário*. VI. O capital como fonte da riqueza. O capitalista. Depois do capital, teria de ser tratada a propriedade fundiária. Depois desta, o trabalho assalariado. Todos os três pressupostos, *o movimento dos preços*, como circulação agora determinada em sua totalidade interna. De outro lado, as três classes, como presume a produção em suas três formas básicas e pressupostos da circulação. Em seguida, o *Estado*. (Estado e sociedade burguesa – O imposto, ou a existência das classes improdutivas – A dívida pública – A população – O Estado em suas relações exteriores: colônias. Comércio exterior. Taxa de câmbio. Dinheiro como moeda internacional. Finalmente, o mercado mundial. Propagação da sociedade burguesa sobre o Estado. As crises. Dissolução do modo de produção e da forma de sociedade fundados sobre o valor de troca. O pôr real do trabalho individual como trabalho social e vice-versa) (p. 204, 205).

Por que este plano de trabalho é importante? Porque, outra vez, como na *Einleitung*, é retomada a tendência que vai da produção ao estado e deste ao mercado mundial, como pressuposto da análise, e não somente – ou preferencialmente (neste caso, diferentemente do que na *Einleitung*) – em termos formais, como também substanciais (como já na p. 219: "O *mercado* que, no princípio, aparece na Economia como determinação abstrata, assume configurações totais"). *O novo projeto nos coloca, assim, no centro do terreno da análise* em que se funda a teoria do mais-valor. Esse terreno que, por meio do dinheiro, definimos como *terreno do poder de mando*. O Estado constitui o primeiro nível de síntese para as contradições da produção. O mercado mundial é a segunda síntese das contradições, e também é o terreno da crise e da dissolução. Toda a análise deve ter presente essa tendência, de modo a *deslocar-se continuamente segundo o ritmo da tendência*. As três classes como "premissas da produção e forma da circulação" estão localizadas dentro do mecanismo do desenvolvimento como elementos que são por si próprios transitórios, se é verdade que o antagonismo fundamental vai apresentar-se no nível do mercado mundial em sua forma pura (antagonismo entre as duas classes) e social (socialização e difusão do antagonismo da produção à circulação). Entretanto, aqui cabe maior precisão: o "movimento dos preços" é concebido a partir do valor produzido globalmente pela sociedade, isto é, da massa de mais-valor e o que ela contém de poder de mando. É o dinheiro de novo, em articulações que devem tornar o antagonismo mais e mais preciso – o antagonismo que nos interessa definir neste nível de desenvolvimento da tendência. Não pode existir teoria do mais-valor que não galgue o nível de generalidade que têm a teoria do dinheiro e a teoria do poder de mando. Não pode existir definição do antagonismo senão nesse grau de radicalidade. A sucessão de projetos no início e ao longo do trabalho tranquiliza Marx não somente quanto à coerência da análise em cada passagem particular, como também quanto à sua coerência inicial e final, onde o *resultado deve servir também como pressuposto*. O resultado (a crise e a dissolução no nível do mercado mundial) deve servir também como pressuposto (antagonismo e luta no nível das relações de produção). O dinheiro constitui a trama que rejunta, sobretudo, esse arco de poder de mando do capital; enquanto a teoria do mais-valor é o fio vermelho que deve refazer a mesma operação, só que do ponto de vista operário, do ponto de vista da destituição do capital, da inversão.

"[O] único *valor de uso* que pode constituir uma antítese ao capital é o *trabalho, mais precisamente, trabalho criador de valor, i.e., trabalho produtivo*" (p. 212). Segue um punhado de páginas sobre o conceito de trabalho produtivo, contendo a primeira formulação de uma série de observações teóricas e polêmicas – o que voltaremos a encontrar nas *Teorias sobre o mais-valor* e no *Capital*. Por que colocamos antes essa página, para somente então proceder à sua discussão? Quando a nossa análise se demora na tentativa de esclarecer qual é a dimensão, o terreno, o horizonte sobre o que desenvolver-se a teoria do mais-valor? Porque *a abordagem marxiana sobre o trabalho produtivo parece contraditória* com o nosso planejamento e a sua orientação. Determina-se, por conseguinte, uma contradição que é melhor discutirmos de uma vez. Pois bem, Marx sustenta aqui (e, mormente, de modo mais claro, na p. 238, nota 28) que produtivo é apenas o trabalho que produz mais-valor. "*Trabalho produtivo* é simplesmente o trabalho que produz capital" (p. 238), "trabalhador produtivo é aquele que diretamente aumenta o capital". Em consequência, é totalmente estúpido considerar trabalho produtivo toda troca que se refira à circulação simples ou ao consumo.

> *A. Smith* estava *fundamentalmente* certo com seu trabalho *produtivo* e *improdutivo*, certo do ponto de vista da economia burguesa. O que os outros economistas alegam contra isso ou é um monte de tolices (por ex., Storch e Senior, ainda mais piolhento etc.), a saber, que toda ação tem algum efeito, por conseguinte, confusão de produto em seus sentidos natural e econômico; nesse sentido, um patife é também um trabalhador produtivo, uma vez que ele produz indiretamente livros sobre direito criminal; (esse raciocínio é ao menos tão correto quanto o de chamar um juiz de trabalhador produtivo porque protege *contra* o roubo). Ou então, os economistas modernos se converteram em tais sicofantas do burguês que pretendem convencê-lo de que é um trabalho produtivo quando alguém lhe cata piolhos na cabeça ou lhe esfrega o cacete, porque o último movimento talvez deixe sua cabeça dura – estúpida – mais disposta para o trabalho no escritório no dia seguinte (p. 212, 213).

Ainda que a sacrossanta insistência de Marx sobre o trabalho produtivo como trabalho imediatamente ligado ao capital tenha uma *função política direta*, dificilmente negável (é talvez a mais operaísta das tomadas de posição de Marx), também tem *efeitos ambíguos*. Na realidade, graças a ela, a concepção do mais-valor parece encaixotar-se inteiramente no nível da produção, e toda a teoria reduzir-se à atomização do valor, da relação do valor – ante o que, desde o fim do século XIX, os críticos de Marx e de seu pensamento lhe têm tentado desferir a polêmica científica, num esforço de destruição política. Já realçamos que a função do valor somente pode materializar-se com o grau de generalidade propiciado pelo dinheiro. E o dinheiro, por sua vez, apenas o pode no desenvolvimento da tendência marxiana (tendência, aliás, amplamente realizada na atualidade). Então, nos resta concluir desse modo: a definição do trabalho produtivo que começamos a encontrar nas páginas dos *Grundrisse* – e que encontraremos noutras obras de Marx – é, em sua literalidade, uma *definição extremamente redutora*. No momento em que está nos afetando, na forma literal que a definição assume, nós a recusamos, porque se acha viciada de um matiz objetivista e atomizado-fetichista da teoria do valor; o que exatamente se gostaria de atribuir a Marx para fazer dele um velho materialista do século XVIII. O único mérito da definição marxiana de trabalho produtivo, em sua formulação literal, consiste em realçar a oposição operária enquanto oposição política, a irredutibilidade política da força operária e da revolução proletária.

De acordo, mas agora retomemos a nossa análise a partir daí, para comprovar se é possível, no quadro geral da nossa exposição, identificar alguns termos que nos permitam avançar, e desenvolver também a *definição de trabalho produtivo ao* nível simultâneo de abstração e antagonismo, *que nos parecem essenciais para a construção da teoria do mais-valor*. Devo dizer, de imediato, que nos parece impossível libertar Marx, neste caso, do peso de uma condição histórica que o leva a restringir de maneira tão miserável o conceito de trabalho produtivo. Na realidade, sempre considerando essas páginas e tendo presente o mesmo fragmento com que abrimos o parêntese, o trabalho produtivo se apresenta também de outro modo: como "valor de uso" operário, como trabalho de uma parte da troca que "constitui uma antítese ao capital" (p. 212). "O trabalho só é produtivo na medida em que produz o seu contrário" (p. 238). Mas este é um modo como qualquer outro de dizer o conceito de mais-valor! Assim, portanto, além da preeminência de certas formas literais em relação a outras, a definição de mais-valor deve remeter e fundamentar-se nessa substância do raciocínio e da teoria. A definição deve ser reconstruída a partir do nível da abstração do trabalho: "na verdade, esse trabalhador 'produtivo' está tão interessado na merda que tem de fazer quanto o próprio capitalista que o emprega e que não dá a mínima para a porcaria" (p. 213). E assim é, no nível da tendência do desenvolvimento do capital sobre a produção, sobre a circulação produtiva ou, pelo menos, sobre a socialização capitalista, no nível da sociedade capitalista e de sua constituição. Assim considerado, como elemento constitutivo da teoria do mais-valor e de sua dinâmica, o conceito de trabalho produtivo deixa de ser uma restrição do campo de análise e de sua qualidade geral, como havíamos vislumbrado até este momento.

Chegou o momento, portanto, de penetrar no núcleo do discurso marxiano: "Seção primeira. Processo de produção de capital", onde se dá a conformação do capital a partir do dinheiro. "O *dinheiro como capital* é uma determinação do dinheiro que vai além de sua determinação simples como dinheiro" (p. 193). Mas na circulação simples, a determinação do dinheiro não pode ser superada jamais: "é igualmente claro que o movimento simples dos valores de troca, tal como existe na circulação pura, jamais pode realizar capital".

> A repetição do processo a partir de ambos os pontos, dinheiro e mercadoria, não está posta nas condições do próprio intercâmbio.

> O ato só pode ser repetido até ter sido consumado, *i.e.*, até que o montante do valor de troca esteja trocado. Não pode reacender por si mesmo. É por isso que a *circulação não traz consigo mesma o princípio da autorrenovação. Os seus próprios momentos lhe são* pressupostos, não são postos por ela mesma. As mercadorias têm de ser lançadas continuamente na circulação desde o exterior, como combustível no fogo. Do contrário, a circulação se extingue na indiferença (p. 196).

"É por isso que seu ser imediato é pura aparência. *A circulação é o fenômeno de um processo transcorrendo por trás dela*". O processo que se desdobra detrás da circulação é a produção.

> O que lhe é pressuposto são mercadorias (seja na forma particular, seja na forma universal de dinheiro), que são a efetivação de um certo tempo de trabalho e, enquanto tais, são valores; logo, seu pressuposto é tanto a produção de mercadorias pelo trabalho quanto sua produção como valores de troca. Esse é o seu ponto de partida, e por seu próprio movimento ela retorna à produção criadora de valores de troca como seu resultado. Portanto, chegamos novamente ao ponto de partida, na *produção* que põe, cria valores de troca, mas dessa vez de modo tal que *a produção pressupõe a circulação como momento desenvolvido* e aparece como processo contínuo que põe a circulação e dela retorna continuamente a si mesmo para pô-la novamente (p. 197).

Da troca de equivalentes, através do processo de trabalho, ao processo de valorização: isto quer dizer, portanto, desenvolvimento do capital a partir do trabalho, isto quer dizer D-M-D'[48]. Apesar disso, não sabemos ainda em que consiste a valorização. Vemo-la na esfera da circulação emergindo em termos quantitativos, mas o dinheiro por si só não a explica. Certamente, o dinheiro se converteu no agente de um processo multiplicador, cujo fundamento não se acha em si próprio, mas isto tampouco explica grande coisa. Na realidade, não podemos assumir genericamente

[48] N. do T.: Ciclo de realização do valor: dinheiro (D) – mercadoria (M) – mais dinheiro (D').

o trabalho como fundamento dessa multiplicação: "Para desenvolver o conceito de capital, é necessário partir não do trabalho, mas do valor e, de fato, do valor de troca já desenvolvido no movimento da circulação. É tão impossível passar diretamente do trabalho ao capital quanto passar diretamente das diversas raças humanas ao banqueiro, ou da natureza à máquina a vapor" (p. 200). Em suma, a abordagem lógica nos indica a necessidade de um passo ulterior na definição do conceito.

Podemos, devemos considerar o capital como trabalho objetivado. No entanto, isto também nos permite compreender a valorização? *Pode a teoria do valor identificar o mecanismo da valorização? Não. Em hipótese alguma.* Quando se procede sobre esse terreno, "*O capital é concebido como coisa, não como relação.* (...) O capital não é uma relação simples, mas um *processo*, nos diferentes momentos do qual é sempre capital" (p. 199). Portanto, o capital não tem lógica linear, nem é simples extensão conceitual do pressuposto. Porém, em que consiste essa relação do capital se, tampouco, não é simplesmente a relação de circulação? Em que consiste essa relação que se multiplica não apenas quantitativamente, i.e., do ponto de vista do resultado; como também geneticamente, do ponto de vista da produção? Pois bem, a realidade do processo de valorização é ela própria um terreno indefinidamente caracterizado por atos de troca que constituem, de maneira produtiva, a circulação do valor. Nós podemos, quem sabe, retomar mais uma vez agora a questão do trabalho e começar a considerá-la como base do valor que a produção prepara para a circulação. Mas apenas sob *a condição de ter submetido o próprio trabalho às condições da troca.*

> Expresso de outra maneira: o valor de troca era originariamente, de acordo com seu conteúdo, *quantum* objetivado de trabalho ou de tempo de trabalho; enquanto tal, ele continuou em sua objetivação por meio da circulação até a sua existência como dinheiro, dinhei-

> ro tangível. Agora, ele próprio tem de pôr novamente o ponto de partida da circulação, o qual se situa fora dela, que lhe era pressuposto e para o qual ela própria aparecia como um movimento que se apodera do valor de troca a partir do exterior e o transforma no interior dela mesma, a saber, o trabalho; agora, contudo, não mais como simples equivalente ou simples objetivação do trabalho, mas como o valor de troca objetivado e autonomizado que só se entrega ao trabalho, só devém seu material, para renovar-se a si mesmo e para começar a circulação a partir de si mesmo. Com isso, também não se trata mais da simples equiparação, da preservação de sua identidade, como na circulação; mas de *multiplicação* de si mesmo. O valor de troca só se põe como valor de troca à medida que se valoriza, que, portanto, aumenta o seu valor. *Como capital, o dinheiro* (que, da circulação, regressa a si mesmo) *perdeu sua rigidez e, de coisa tangível, deveio um processo.* De outro lado, porém, o trabalho modificou sua relação com a sua objetividade: ele também retornou a si mesmo. O retorno, entretanto, é o retorno em que o trabalho objetivado no valor de troca põe o trabalho vivo como um meio de sua reprodução, enquanto originalmente o valor de troca aparecia apenas como um produto do trabalho (p. 204).

Por conseguinte, o trabalho pode tornar-se capital somente ao ser incorporado na forma da troca, na forma do dinheiro. Mas isto significa que a relação é de antagonismo, que *trabalho e capital estão presentes somente no momento da na troca* que constitui a sua síntese produtiva, *como entidades autônomas, independentes.* É esse antagonismo que destrói a aparência da circulação simples. É esse antagonismo que é a diferença específica da troca entre capital e trabalho. É então necessário aprofundar a natureza desse antagonismo, dado que apenas essa análise será capaz de levar à compreensão da especificidade que, com a teoria do valor, se apresenta no interior do capital, isto é, levar à definição da teoria do mais-valor.

Dessa maneira, portanto, o "primeiro pressuposto é que, de um lado, está o capital e, do outro, o trabalho, ambos como figuras autônomas; por conseguinte, ambos são também estranhos entre si. O trabalho que se confronta com o capital é trabalho *alheio* [*fremde*], e o capital que se confronta com o trabalho é capital *alheio* [*fremdes*]. Os extremos que se confrontam são *especificamente* diferentes" (p. 206). Em que consiste agora esse antagonismo? Consiste no fato que o capital deve reduzir a valor de troca o que para o operário é valor de uso. Porém:

> O valor de uso que o trabalhador tem para oferecer ao capitalista, portanto, que em geral ele tem para oferecer a outros, não está materializado em um produto, não existe de qualquer maneira fora dele, logo, não existe realmente, mas só potencialmente, como sua capacidade. Só devém efetividade quando é solicitado pelo capital, quando é posto em movimento, pois atividade sem objeto não é nada, ou é no máximo atividade intelectual, da qual não se trata aqui. Tão logo recebe o movimento do capital, esse valor de uso existe como a atividade determinada, produtiva do trabalhador; é sua própria vivacidade dirigida a um objetivo determinado e, por isso, manifesta em uma forma determinada. Na relação de capital e trabalho, o valor de troca e o valor de uso estão postos em uma relação recíproca; um lado (o capital) é primeiro posto diante do outro como *valor de troca*, e o outro (o trabalho) é posto diante do capital como valor de uso (p. 207, 208).

A oposição assume duas formas. Em primeiro lugar, *valor de troca contra valor de uso*, mas – dado que o único valor de uso operário é a capacidade de trabalho indiferenciada e abstrata – a oposição também é *trabalho objetivado contra trabalho subjetivo*. Veremos isso em breve. Apesar disso, para concluir este primeiro aprofundamento da oposição, realcemos de novo a *qualidade autônoma* dos fatores que se apresentam na síntese. A cisão do trabalho como capacidade, como valor de uso imediato é radical. A relação com o valor de troca e, por conseguinte, com o poder de mando, com a propriedade, com o capital, é imediatamente forçada. É preciso ressaltar bastante esse ponto, sobretudo, diante de uma interpretação corrente que considera loucura o resultado da civilização capitalista. Não, o resultado é loucura somente na medida em que a fundamentação da relação do capital também o seja: o encerramento forçado e inumano de elementos radicalmente distintos. O capital é incapaz de enxergar o valor de uso a não ser como "caos abstrato" que se lhe contrapõe, e a única forma em que logra incorporá-lo em si próprio é na forma da loucura – "a loucura, entretanto, como um momento da economia e determinante da vida prática dos povos" (p. 208).

A seguir, a análise da natureza do trabalho assalariado e de sua autonomia vai ser aprofundada. Desta vez, detenhamo-nos nas "malditas dificuldades" que alvoroçam os economistas quando tentam definir a autoconservação e a multiplicação do capital. Quando o problema é colocado em suas determinações substanciais – e não em termos meramente acidentais – *somente poderemos preencher o vazio do desenvolvimento do capital enquanto trabalho objetivado se recorrermos ao seu oposto.* Na realidade, somente a oposição é que pode determinar a conclusão da análise. E a oposição não pode consistir numa mercadoria particular, visto que, nesse caso, o problema não encontraria solução. Assim, "a substância comum a todas as mercadorias, *i.e.*, sua substância, dessa vez, não como seu substrato material, determinação física, portanto, mas sua substância em comum como *mercadorias* e, por isso, *valores de troca*, é a de que são *trabalho objetivado*" (p. 211) e, também, "única coisa distinta do *trabalho objetivado* é o *trabalho não objetivado*, mas ainda se objetivando, o *trabalho* como subjetividade" (p. 212).

É a primeira vez em que nos encontramos ante essa qualificação do trabalho. E ingressamos assim numa fase central da análise marxiana. Como primeiro momento, a cisão entre trabalho e capital; como segundo, *o trabalho como subjetividade*, como fonte, como potencial de toda a riqueza. Somente desenvolvendo essas articulações se pode elaborar a teoria do mais-valor. Essas articulações, por sinal, já participam da teoria do mais-valor. Leiamos neste momento uma página mais importante do que qualquer comentário possível:

> *A separação da propriedade do trabalho* aparece como lei necessária dessa troca entre capital e trabalho. O trabalho, posto como o não *capital* enquanto tal, é: 1) *trabalho não objetivado, concebido negativamente* (no entanto objetivo; o próprio não objetivo em forma objetiva). Enquanto tal, o trabalho é não matéria-prima, não instrumento de trabalho, não produto bruto: trabalho separado de todos os meios e objetos de trabalho, separado de toda sua objetividade. O trabalho vivo existindo como *abstração* desses momentos de sua real efetividade (igualmente não valor): esse completo desnudamento do trabalho, existência puramente subjetiva, desprovida de toda objetividade. O trabalho como a *pobreza absoluta*: a pobreza não como falta, mas como completa exclusão da riqueza objetiva. Ou ainda, como *o* não *valor* existente e, por conseguinte, valor de uso puramente objetivo, existindo sem mediação, tal objetividade só pode ser uma objetividade não separada da pessoa: apenas uma objetividade coincidente com sua imediata corporalidade. Como é puramente imediata, a objetividade é, de maneira igualmente imediata, não objetividade. Em outras palavras: não é uma objetividade situada fora da existência imediata do próprio indivíduo. 2) *Trabalho não objetivado*, não *valor*, concebido *positivamente*, ou negatividade referida a si mesma, ele é a existência não *objetivada*, logo, não objetiva, *i.e.*, a existência subjetiva do próprio trabalho. O trabalho não como objeto, mas como atividade; não como *valor* ele mesmo, mas como a *fonte viva* do valor. A riqueza universal, perante o capital, no qual ela existe de forma objetiva como realidade, como *possibilidade universal* do capital, possibilidade que se afirma enquanto tal na ação. Portanto, de nenhuma maneira se contradiz a proposição de que o trabalho é, por um lado, a *pobreza absoluta como objeto* e, por outro, a *possibilidade universal* da riqueza como sujeito e como atividade (p. 229, 230).

Mas não basta. Essa subjetividade do trabalho "é *trabalho por excelência*, trabalho abstrato: absolutamente indiferente diante de sua *determinabilidade* particular, mas suscetível de qualquer determinação" (p. 230) e, além disso, "*atividade puramente abstrata*, puramente mecânica, por conseguinte, indiferente à sua forma particular; atividade simplesmente *formal* ou, o que dá na mesma, simplesmente *física*, atividade pura e simples, indiferente à forma" (p. 231) O paradoxo se completa, e deixa mesmo de ser um paradoxo, para se tornar um desenvolvimento dialético com uma intensidade excepcional: *a oposição determina a subjetividade, e essa subjetividade do trabalho se qualifica enquanto abstração geral. A abstração, a coletividade abstrata do trabalho é a potência subjetiva.* Somente a potência subjetiva abstrata, o prolongado refinamento da força de trabalho global – que destrói toda parcialidade do próprio trabalho – pode permitir ao trabalho apresentar-se como potência geral, como oposição radical. Com essa transição, a cisão do trabalho e capital se torna uma qualificação do trabalho. Os dois sentidos de "abstrato", isto é, "geral" e "separado", se unificam e se consolidam na subjetividade criativa operária, na potência (por ela possuída) de toda riqueza possível. De outro lado, o valor de uso, enquanto primeira qualidade da oposição entre capital e trabalho, também é absorvido neste primeiro protótipo de definição. Algo muito distinto das definições humanistas e naturalistas do valor de uso! É preciso realmente ser muito ignorante ou proceder absolutamente com má fé, para reduzir o "valor de uso" (no sentido marxiano) a um resíduo ou apêndice do desenvolvimento capitalista! Aqui, o valor de uso não é nada mais do que a radical oposição operária, a potencialidade subjetiva e abstrata de toda riqueza, a fonte de toda possibilidade humana. Toda multiplicação da riqueza e da vida se agrega a esse tipo de valor: não existe outra fonte de riqueza e de poder. O capital suga essa força por meio do mais-valor.

Continuando com a análise da oposição, nos encontramos diante de uma qualificação ulterior do trabalho, enquanto cindido e antagonista. *O valor de uso é trabalho necessário* e vice-versa.

O que isto significa? Significa que, quando o valor de uso operário é transformado pelo capitalista em valor de troca, quando as duas entidades autônomas se enfrentam, é fixada uma relação que tem uma *medida específica*: a medida do trabalho socialmente necessário para a reprodução da força operária adquirida pelo capitalista, submetida à relação do capital em geral.

> Considerado em termos gerais, o valor de troca de sua mercadoria não pode ser determinado pela maneira como o comprador *usa* sua mercadoria, mas somente pela quantidade de trabalho objetivado que existe nela mesma; nesse caso, portanto, pelo *quantum* de trabalho que custa produzir o próprio trabalhador. Pois o valor de uso que oferece existe somente como aptidão, capacidade de sua constituição corpórea; não tem existência fora dela. O trabalho objetivado que é necessário tanto para conservar fisicamente a substância geral na qual sua capacidade de trabalho existe, o próprio trabalhador, portanto, quanto para modificar essa substância geral para o desenvolvimento da capacidade particular, é o trabalho objetivado nessa substância geral. Tal trabalho mede, em geral, a quantidade de valor, a soma de dinheiro que o trabalhador obtém na troca. O desenvolvimento ulterior, como o salário é medido, como todas as outras mercadorias, pelo tempo de trabalho que é necessário para produzir o trabalhador enquanto tal, não vem aqui ao caso (p. 221).

O fato que o valor de uso operário é reduzido pelo capital a essa delimitação da troca não muda em nada a sua qualidade nem sua relação: pois, o operário, na realidade, "não está vinculado a objetos particulares nem a uma maneira de satisfação particular. Ele não está excluído qualitativamente do círculo de seus prazeres, mas só quantitativamente. Isso o diferencia do escravo, do servo etc. (...). Mas o que é essencial é que a finalidade da troca, para ele, é a satisfação de suas necessidades. O objeto de sua troca é objeto imediato da necessidade, não o valor de troca enquanto tal" (p. 222). Valor de uso-trabalho necessário-necessidade imediata e satisfeita: a relação se amplia. Amplia-se tanto que poderia ser pensada neste momento segundo uma reproposição do antagonismo entre operário e capital, agora em termos maduros, como antagonismo entre classes. Marx se aproxima muito dessa reproposição do problema quando, nessas páginas, rechaça sarcasticamente as sugestões de abstinência, poupança e participação que a ideologia do capital prescreve aos operários individuais: mas não aos "trabalhadores *em geral*, logo, como *trabalhadores*[49] (o que o trabalhador singular faz ou pode fazer, à diferença de seu *genus*, só pode existir precisamente como *exceção*) " (p. 223). Achamo-nos, por conseguinte, *no centro da temática do salário relativo*, e ainda que Marx acrescente que essa temática "é para ser tratada na seção salário" (226) (e veremos todos os elementos que vão constituir esse capítulo "*do salário e da classe operária*"), já encontramos aqui alguns de seus elementos. Em primeiro lugar, o trabalho necessário, expresso na forma mistificada, monetária, do salário, é valor de uso imediato da classe dos operários. Pois bem, esse nível necessário do salário é continuamente modificado pelo capital. Porém, dentro dessa modificação existe uma relação dinâmica, uma tentativa operária de reafirmar a consistência e a necessidade da própria composição de classe, que é um constante paralelo para a força capitalista. Esta, por sua vez, tende à desvalorização do operário, de seu trabalho necessário. A reconstrução do equilíbrio entre capital e trabalho necessário (e salário) se estabelece *realmente* – e não ideologicamente. Se os sermões capitalistas dirigidos aos operários porque não poupam

---

[49] N. do T.: No original de 1979, esta mesma passagem, citando a tradução italiana por Enzo Grillo dos *Grundrisse*: "operai *in generale*, cioè in quanto *operaio colletivo (ciò che il singolo operaio fa o può fare a differenza del suo genus può essere appunto l'eccezione*... (p. 270 [196]) ". Ou seja, em vez de "trabalhadores", como na edição brasileira dos *Grundrisse*, consta "*operaio colettivo*", isto é "operário coletivo", que é um conceito para Negri em *Marx Além de Marx* (e noutras obras), em oposição correspondente ao "capitalista coletivo", isto é, uma das funções figuradas pelo Estado.

são ridículos, não é ridículo o fato que a oposição operária, a luta proletária tenta continuamente ampliar *a esfera do não-trabalho*, isto é, a esfera de suas necessidades, o valor do trabalho necessário: "a participação dos trabalhadores em prazeres mais elevados, inclusive espirituais; a agitação por seus próprios interesses, assinar jornais, assistir conferências, educar os filhos, desenvolver o gosto etc.; sua única participação na civilização que os distingue dos escravos só é economicamente possível pelo fato de que o trabalhador amplia o círculo de seus prazeres" (p. 225). O que é a mesma coisa: por meio da *ampliação ontológica de seu valor de uso*, via da intensificação e *do incremento do valor do trabalho necessário*. Tudo isso em termos coletivos, abstratos, gerais.

O *capítulo sobre o salário* deve abordar esses temas. Veremos, de novo, quais são e como abordá-los. Por enquanto, não nos resta senão lamentar novamente a ausência desse capítulo na obra marxiana (já que, como se ressaltou, não podem ser consideradas como tal as páginas do livro I do *Capital*, exceto no que se refere à temática da luta sobre a jornada de trabalho e aos efeitos de sua reestruturação). Não nos resta senão lamentá-lo porque é evidente que o *capítulo sobre o salário* se fundamentaria na teoria do mais-valor. Teria sido um capítulo sobre a classe operária, sobre os níveis de necessidade, de desfrute, de luta, de trabalho necessário. Em suma, o *capítulo sobre o salário* seria o *capítulo sobre o não-capital, portanto, sobre o não-trabalho*.

"[O] não capital efetivo é o *trabalho*" (p 213). Nos Grundrisse, a relação do capital é antagonista até o máximo grau de intensidade. A apropriação capitalista tem um caráter antagonista definitivo. Esse antagonismo tem a sua origem na relação de cisão que associa valor de uso e valor de troca – relação de cisão que aponta à libertação das duas tendências da unidade forçada em que estão presas: *de um lado, o valor de troca que se autonomiza no dinheiro e no capital; do outro, o valor de uso que se autonomiza na classe operária*. Deveremos enfrentar, imediatamente, o tema do mais-valor em sua especificidade, isto é, levar a cisão para dentro da análise da jornada laboral do operário coletivo. Retomemos, pois, alguns pontos particularmente importantes e vejamos algumas derivações particulares que, neste estágio da pesquisa, adquirem certo grau de conclusão.

Em primeiro lugar, deve-se chamar a atenção ao momento do antagonismo. Quando falamos de crise, veremos como, em última instância – e completando a análise na realização e na circulação – para Marx, *a causa fundamental da crise recai na relação entre trabalho necessário e mais-valor*, ou seja, na relação entre as partes constitutivas da jornada laboral e da relação de classe que a constitui. Aqui, os requisitos para a conclusão estão já delineados: os lemos na crítica marxiana da abstinência (p. 222-227). Além disso, Marx insiste diretamente sobre a "cisão cronológica" dos dois elementos que constituem a troca entre trabalho e capital. Para quem conhece a atenção que Marx confere às desarmonias do ciclo do capital, isso é enormemente interessante. Nesse sentido, é preciso argumentar a respeito de outra dedução, que se refere mais à teoria da crise, à teoria da catástrofe, marxianamente entendida como atualidade do comunismo. E nós deduzimos que, dado um tal grau de antagonismo fundamental, é necessário *romper com toda concepção que pretenda associar o desenvolvimento das forças produtivas* (ou melhor, da força produtiva do trabalho humano) *ao desenvolvimento do capital*. A potência capitalista para absorver as forças produtivas é puramente histórica – Marx diria "fortuita", quer dizer, sem força racional, é "irracional", onde o antagonismo que fundamenta a relação está predisposto à ruptura, à cisão, à explosão. Se, desde 1857, já correu tanta água por debaixo da ponte da história, e até agora o cadáver do capitalismo não passou por ela, seria idiota colocar-se sobre a ponte hoje com a pretensão de assistir-lhe passar. Certamente, a espera positivista e confiante do aprofundamento automático da relação entre forças produtivas e capital, na forma do socialismo, já se dissolveu nas águas tóxicas do rio industrial. Em Marx, no "*Marx Além de Marx*", tão franco na definição do antagonismo, nós lemos a queda dessa relação. O caráter antagonista da relação do capital não é somente destrutivo. Se aprofundarmos o sentido do discurso de Marx, chegaremos a colocar a tendência antagonista de classe como vencedora. Esse é o lado da classe operária, do trabalho como *não-capital*. Longe de nós, como se repetiu com frequência, qualquer concepção do desenvolvimento da classe operária que evoluiria em termos de "previsão". Não é isso o que buscamos, não é a continuidade; mas, sim, o salto que diferencia especificamente a classe operária enquanto tal, enquanto classe revolucionária. De toda forma, apesar disso, certa mediação no processo que opera por saltos deve ser frisada. A classe operária – como Marx nos indicou nas páginas que lemos – entendida como sólida subjetividade, como valor de uso coletivo do trabalho necessário, como uma essência histórica e social – a quem, por um lado, é devida "a sua reposição em virtude do desgaste, de maneira que ela possa conservar-se como classe" (p. 254) e, por outro lado, a classe operária é uma essência social caracterizada por um *status* particular. O seu valor de uso é criativo, representa a única e exclusiva fonte de riqueza. Achamo-nos, portanto, *no coração de uma primeira definição da dinâmica da classe operária*. Isto ao considerar que, por ser criadora de valor, a classe operária se empenha numa luta contínua cujo resultado constitui, de um lado, o desenvolvimento do capital, e de outro, *a intensificação da composição de classe*, i.e., uma ampliação de suas necessidades e seus prazeres, um incremento do valor de trabalho necessário para a sua reprodução. E considerando que o capital se acha obrigado a reprimir e desvalorizar essa força produtiva da classe operária, e delimitar a sua orientação à intensificação de sua própria composição, eis então aqui que a luta – a transformação do antagonismo fundamental em luta proletária desdobrada – constitui finalmente a chave para o progresso histórico. Levando em conta unicamente a definição preliminar do antagonismo, a teoria do mais-valor emerge como a lei do movimento mais importante do desenvolvimento capitalista: é tão somente o antagonismo quem determina o movimento. É "no processo dessa diferenciação e de sua superação que o próprio capital devém processo" (p. 232).

A lei do valor começa a configurar-se como lei do mais-valor por conta da máxima acentuação do antagonismo dos sujeitos. Mas a lei do mais-valor só se define, em termos próprios, no momento em que o processo de trabalho é subsumido pelo capital. *A teoria do mais-valor é, por essa razão, imediatamente, teoria da exploração.* Nenhuma das ilusões deixadas em aberto pela teoria do valor continua válida do ponto de vista da teoria do mais-valor. O poder criativo do trabalho, se for deixado livre, não serviria certamente para definir o capital. Somente a exploração, enquanto processo político de dominação e coerção, enquanto poder de mando generalizado na sociedade, determina *juntos o valor e o mais-valor*. O nível do antagonismo inicial é tão forte que somente a exploração, a coerção e a força podem resolvê-lo. "O trabalho não é somente o valor de uso que se defronta com o capital, mas é o valor de uso do próprio capital"(p. 231). Nesse momento, nasce a teoria do mais-valor. Torna-se também evidente que aqui se fala de trabalho de maneira idêntica como foi definido nas páginas anteriores em geral: como *trabalho social, abstrato, médio*. Quanto mais se intensificarem essas qualificações, tanto mais o trabalho será apto para produzir mais-valor. O discurso marxiano explora minuciosamente essa qualidade do mais-valor, no surgimento das características criativas do trabalho. Essa insistência é adequada para a força da argumentação política que rege o discurso. Na realidade, tudo isso está predisposto para que a definição quantitativa do mais-valor, para que a divisão da jornada de trabalho nas duas partes que a constituem (trabalho necessário e mais-valor), não seja representada como elemento de uma doutrina pura, senão como *armas da luta operária*.

Quando o mais-valor começa a ser produzido, isto significa que a existência operária se resolveu definitivamente no capital. O valor de uso se reduz aos limites do trabalho necessário para a conservação e reprodução da classe operária. Além disso, o valor de uso está completamente subsumido pelo capital e, por essa razão, produz o mais-valor. A capacidade do capital de subsumir o processo de produção é exclusiva, e o faz, também exclusivamente, em si próprio, no próprio capital. *Toda existência alternativa ao poder de mando do capital* é *destroçada no processo de produção*. Também vale o mesmo para as matérias primas e os instrumentos. "Tampouco é o capitalista quem consome, mas o trabalho. O processo de produção do capital não aparece, assim, como processo de produção do capital, mas como processo de produção por excelência, e, à *diferença do trabalho*, o capital aparece apenas na determinação material de *matéria-prima* e *instrumento de trabalho*" (p. 236). Instrumentos de trabalho e matérias primas existem, na realidade, somente enquanto trabalho objetivado, e a aparência geral do capital, enquanto capital constante, é simplesmente uma função de sua realidade global (*capital constante e capital variável*, ambos dominados na categoria do capital enquanto tal). Uma vez estabelecida a unidade de poder de mando, a sua unicidade (processo de produção em geral) e os conceitos de capital constante e capital variável, torna-se possível *quantificar* definitivamente *o mais-valor*.

> Como nasce, em consequência, o mais-valor no modo de produção? Marx criou já todos os pressupostos para a resolução desse problema, somente falta a divisão do capital em constante e variável. Utilizará esses termos tão somente posteriormente, mas de fato essa

diferença já foi estabelecida na análise das condições de existência do mais-valor. Ao confrontar o excesso de valor do produto que existe como resultado do consumo do trabalho vivo, com o valor da matéria prima, das matérias auxiliares e dos instrumentos de trabalho (capital constante!), Marx aborda, pois, o problema da relação existente entre o valor que o capital paga ao operário sob a forma do salário (capital variável!) e o valor que o trabalho vivo cria no processo de produção. Evidentemente, o mais-valor existe tão somente quando o primeiro é menor do que o segundo (*Introduzione...*, Vygodsky, p. 69; mas também se veja sobre isso *Gênese...*, Rodolsky, p. 185 e ss.).

Quantificar o mais-valor significa, então, considerar o processo de trabalho como produtor de um valor global, de onde uma parcela é utitilizada para reproduzir a classe operária, enquanto a outra compõe os elementos de reprodução do capital e seu crescimento. Nada sobra, nada pode escapar da unidade de comando organizativo do capital: tudo o que o trabalho, como valor de uso, como trabalho necessário, como fonte de valor produz, tudo é objetivado e comandado pelo capital. "Como componentes do capital, todavia, matéria-prima e instrumento de trabalho já são eles próprios trabalho objetivado, logo, *produto*" (p. 233). E o trabalho? Ele "não só é consumido, mas é ao mesmo tempo fixado, materializado, da forma de atividade na de objeto, de repouso; como mutação do objeto, o trabalho modifica a sua própria configuração e, de atividade, devém ser." (p. 233, 234). O capital faz todo esse "fermentar" e, dentro da fermentação, *todos os elementos do antagonismo inicial se transformam*. O valor de uso do trabalho se torna valor de uso do capital, o trabalho necessário é dominado pelo poder do capital na forma do salário. A quantificação do mais-valor é possível, portanto, apenas sob a condição da dominação, porque apenas o capital pode quantificá-lo, apropriando-se de todo o processo de produção. Se isso não tivesse ocorrido, não teria sido possível a quantificação. Mas o antagonismo não pode ser quantificado. Somente a exploração permite a quantificação, dota-a de sentido.

> Essa é a oportunidade para chamar a atenção para um momento que se manifesta aqui não somente do ponto de vista da observação, mas que é posto na própria relação econômica. No primeiro ato, na troca entre capital e trabalho, o trabalho enquanto tal, existente *para si*, apareceu necessariamente como *trabalhador*. O mesmo se dá aqui no segundo processo: o capital em geral é posto como valor existindo *para si*, valor *egotístico*, por assim dizer (o que, no dinheiro, era somente almejado). Mas o capital existente para si é o *capitalista*. Evidentemente, é dito por socialistas que precisamos do capital, mas não do capitalista. O capital aparece então como pura coisa, não como relação de produção, que, refletida em si mesma, é precisamente o capitalista. Eu posso naturalmente separar o capital desse capitalista singular e o capital pode passar a um outro capitalista. Mas perdendo o capital, ele perde a qualidade de capitalista. Por conseguinte, o capital é decerto separável de um capitalista singular, mas não *do* capitalista que, enquanto tal, se defronta com *o* trabalhador (p. 236).

Em suma, *a transição se verificou definitivamente.* O capital se converteu aqui na antítese do operário, em termos plenos e definitivos. Contra a liberdade de sua natureza, o trabalho "*só é produtivo* quando incorporado ao capital. (...) O trabalho, tal como existe *por si no trabalhador* em oposição ao capital, o trabalho, portanto, em sua *existência imediata*, separado do capital, *não é produtivo*" (p. 241), porque o capital se converteu, doravante, em força de "*transubstanciação*", de "*transposição*" de todo elemento vital no processo de valorização. "Por isso, deixar subsistir o trabalho assalariado e ao mesmo tempo abolir o capital é uma pretensão que contradiz e cancela a si mesma" (p. 242).

Mas não basta ater-se à unidade do processo de produção. A luta entre as classes não conhece síntese, conhece unicamente vitórias e derrotas. É uma história de protagonistas. Tudo isso vale, obviamente, para a história do capital, uma vez que o seu conceito se funda no antagonismo. Quando se supera o antagonismo, *o capital* não se apresenta simplesmente como processo unificado, mas sim *como sujeito*. "O valor aparece como sujeito" (p. 243). O capital já está autovalorizado; ele assume os custos sociais de sua conservação como elementos de subjetivação que lhe são devidos. O capital se coloca como força expansiva, produção e reprodução, e invariavelmente como poder de mando. *A valorização é um processo totalitário e contínuo*, que não conhece términos nem paradas. O trabalho se acha de tal modo subjugado dentro do processo de valorização que a sua autonomia parece reduzir-se a um limite mínimo, reduzida até a não-existência. Certamente, a teoria do mais-valor – na medida em que define os termos e o dinamismo do processo de valorização – define igualmente o espaço (que pode ser qualquer coisa menos relativo) do trabalho necessário, pelo menos, na forma mistificada do salário. Mas aqui a ênfase é feita *recair sobre a unidade do processo e a subjetivação do capital*. No processo de valorização, o capital conquista uma subjetividade totalitária do poder de mando.

Ainda assim, *o antagonismo inicial não pode ser negado*. O capital, após tentar por todos os meios possíveis, a representação geral da produção e da valorização, se vê obrigado a definir-se através da oposição. "A existência do capital perante o trabalho exige que o capital para si, o capitalista, possa existir e viver como não *trabalhador*" (p. 249). O antagonismo é então representado. E é representado em formas que o processo de valorização nos ensina a considerar como sendo cada vez mais gerais. O antagonismo volta para aplicar-se sobre a totalidade do terreno de valorização. *Operário e capitalista*, *operário coletivo e capitalista coletivo*. Estamos novamente na situação política de que surgem os *Grundrisse* e, agora, constatamos que se realizou um notável progresso. Porque essa situação política começa a ser articulada do ponto de vista científico do pensamento revolucionário.

Se observarmos o *método* predominante nessas páginas, teremos uma boa exemplificação do procedimento marxiano. Primeiramente, a abordagem materialista é respeitada o tempo todo. O antagonismo entre os elementos constitutivos do capital, bem como a diferença que constitui a relação, são o *fundamento* de toda a análise. Mas não somente o fundamento, como também os termos da *dinâmica* do processo. A diferença é o motor desse processo. Nesse momento, verificamos duas operações de *deslocamento* do sujeito e do quadro teórico. A primeira se produz no momento em que se realiza a síntese, e o processo de valorização se põe em movimento. Todos os termos que constituem a teoria do mais-valor aqui se separam do antagonismo que os constituía, e se incorporam na totalidade da valorização. Nessa operação, eles são transpostos, traduzidos, transubstanciados. O sujeito se torna objeto; a atividade, ser. Essa passagem se articula por meio de uma análise que transcorre da qualidade (criadora de valor) à medida (medida do mais-valor). Depois disso, atingido esse resultado, o quadro tende a deslocar-se mais uma vez, e o antagonismo a ressurgir. De toda sorte, o terreno da sociedade definido pela valorização se acha, agora e sempre, caracterizado pelo antagonismo. Num primeiro momento – quanto ao ritmo da travessia da qualidade à quantidade – valor de uso e valor de troca foram representados como produções capitalistas: trabalho necessário e mais-valor, dominados, regulados e mistificados nas formas de poder de mando do capital. Agora, segundo o ritmo da nova travessia da quantidade à qualidade, o terreno tende a reassumir a tonalidade do antagonismo. *As figuras se representam na forma da oposição e da subjetividade:* operário e capitalista, operário coletivo e capitalista coletivo. Quando o capital alcança a totalidade do processo de valorização e de reprodução, o seu processo é, em realidade, novamente, um processo de *reprodução dos antagonismos*. A reprodução não nega a diferença, não anula o antagonismo; mais do que isso, ela exacerba um e outro. O resultado do processo é a reprodução ampliada do antagonismo e a reemergência das máscaras subjetivas que as forças históricas assumem na luta. Nesse quadro metodológico, a teoria do mais-valor se mostra igualmente uma conquista fundamental.

Evidentemente, tudo isso tem *limites precisos*, à altura do estado atual da pesquisa. Não nos referimos simplesmente à determinação específica das passagens verificadas na articulação da teoria do mais-valor. Tudo isso abordaremos logo a seguir, depois de concluirmos os presentes apontamentos. Estou pensando, ao contrário, no discurso sobre o antagonismo na esfera da reprodução, em sua manifestação global. Pois bem, na lição sobre a crise (lição 5), vamos tratar desse aspecto. Não se pode pensar, apesar disso, que não possa ser resolvido em termos cientificamente exaustivos, de maneira crítica, nesse nível, isto é, no quadro da manifestação renovada do antagonismo. A passagem deve ser mais profunda e constitui precisamente o núcleo da segunda parte dos *Grundrisse*. Vamos analisá-la na segunda parte destes cadernos de estudo (lições 6, 7, 8 e 9), onde o objeto da pesquisa será precisamente o antagonismo na esfera da reprodução. Agora, todavia, nos parece termos alcançado a crista da cordilheira, a partir de onde escoa um novo fluxo de raciocínios para o outro lado. A teoria do mais-valor é a crista dos *Grundrisse*.

Neste momento, nos achamos, portanto, em condições de definir, com Marx, o *conceito de mais-valor* e começar a articular as suas sequências:

> *O mais-valor que o capital tem ao final do processo de produção* – um mais-valor que, como preço mais elevado do produto, só é realizado na circulação, como todos os preços nela realizados, que, sendo já idealmente *pressupostos* à circulação, são determinados antes de nela ingressarem –, tal mais-valor significa, expresso de acordo com o conceito geral do valor de troca, que o tempo de trabalho objetivado no produto – ou *quantum* de trabalho (expressa estaticamente, a magnitude do trabalho aparece como quantidade espacial, mas expressa em movimento,

só é mensurável pelo tempo) – é maior do que o tempo de trabalho presente nos componentes originais do capital. Agora, isso somente é possível se o trabalho objetivado no preço do trabalho é menor do que o tempo de trabalho vivo que é comprado com ele. O tempo de trabalho objetivado no capital aparece, como já vimos, como uma soma composta de três partes: a) o tempo de trabalho objetivado na matéria-prima; b) o tempo de trabalho objetivado no instrumento; c) o tempo de trabalho objetivado no preço do trabalho. Agora, as partes a) e b) permanecem inalteradas como componentes do capital; muito embora alterem sua figura no processo, seus modos de existência material, permanecem inalteradas como valores. É só c) que o capital troca por alguma coisa qualitativamente diferente: um *quantum* dado de trabalho objetivado por um *quantum* de trabalho vivo. Na medida em que o tempo de trabalho vivo só reproduzisse o tempo de trabalho objetivado no preço do trabalho, tal reprodução também seria puramente formal, assim como, no que diz respeito ao valor, teria ocorrido apenas uma troca por trabalho vivo, como outro modo de existência do mesmo valor, da mesma maneira que, no que diz respeito ao valor do material de trabalho e do instrumento, teve lugar somente uma alteração de seu modo de existência material. Caso o capitalista tivesse pago ao trabalhador um preço = um dia de trabalho, e o dia de trabalho do trabalhador só tivesse acrescentado um dia de trabalho à matéria-prima e ao instrumento, o capitalista teria simplesmente trocado o valor de troca em uma forma pelo valor de troca em uma outra. Não teria atuado como capital. Por outro lado, o trabalhador não teria permanecido no processo de troca simples; ele teria de fato recebido o produto de seu trabalho em pagamento, só que o capitalista lhe teria feito o obséquio de pagar-lhe antecipadamente o preço do produto antes de sua realização. O capitalista lhe teria dado crédito e, na verdade, grátis, *pour le roi de Prusse.*[50] *Voila tout.* A troca entre capital e trabalho, cujo resultado é o preço do trabalho, por mais que seja troca simples do ponto de vista do trabalhador, tem de ser não troca do ponto de vista do capitalista. O

[50] N. do E.: Na verdade, a expressão francesa que Marx faz referência é "travailler *pour le roi de Prusse*", isto é, "trabalhar para o Rei da Prússia", que significa trabalhar ou fazer algo a troco de nada ou por muito pouco. Significa que se os capitalistas pagassem um dia de trabalho para cada dia trabalhado aos seus trabalhadores, estariam fazendo tudo isso para nada.

> capitalista tem de obter mais valor do que deu. Considerada do ponto de vista do capital, a troca tem de ser somente uma troca *aparente*, *i.e.*, tem de fazer parte de uma determinação formal econômica distinta da correspondente à troca, caso contrário seriam impossíveis o capital como capital e o trabalho como trabalho em oposição ao capital. Eles se trocariam somente como valores de troca iguais que existem materialmente em modos de existência diferentes (p. 251-253).

O operário vende a sua capacidade de trabalho. A sua força criativa é subsumida pelo capital sob a aparência de uma relação de troca igualitária. No processo produtivo, o capital utiliza essa força criativa para si próprio e lhe paga um preço que independe do resultado da atividade laboral. Como máximo, mediante o preço concedido (o salário), o operário consegue regenerar o próprio valor de uso. Desse jeito, responde à necessidade de sua própria reprodução, mas também isto deve ser-lhe arrebatado. A totalidade do restante da atividade do operário se acha, agora, nas mãos do patrão.

> além do tempo de trabalho objetivado em sua vitalidade – *i.e.*, o tempo de trabalho que foi necessário para pagar os produtos indispensáveis à conservação de sua vida –, há também um outro trabalho objetivado em sua existência imediata, a saber, os valores que consumiu para produzir uma *capacidade de trabalho* determinada, uma *destreza* particular – e cujo valor se revela pelos custos de produção necessários para que uma similar destreza de trabalho determinada possa ser produzida –, ainda não nos interessa nesse ponto, em que se trata não de um trabalho qualificado *particular*, mas do trabalho por excelência, do trabalho simples (p. 254).

Trabalho simples, matéria prima da riqueza, trabalho objetivado pela necessidade subjetiva da reprodução da força de trabalho: estamos no coração, de novo, da concepção marxiana do valor de uso como matéria criativa. A articulação que esse poder criativo tem com a exploração, aqui, sugere, dentro da teoria do mais-valor, *a requalificação dessa matéria como sujeito revolucionário. De fato, detrás da aparência da troca, um roubo acontece.*

> O mais-valor é, no fundo, valor para além do equivalente. O equivalente, segundo sua determinação, é somente a identidade do valor consigo mesmo. O mais-valor, consequentemente, jamais pode brotar do equivalente; portanto, tampouco pode brotar originariamente da circulação; tem de brotar do próprio processo de produção do capital. A coisa também pode ser expressa da seguinte maneira: se o trabalhador precisa de somente meia jornada de trabalho para viver uma jornada inteira, então só precisa trabalhar meia jornada para perpetuar sua existência como trabalhador. A segunda metade da jornada de trabalho é trabalho forçado, trabalho excedente. O que aparece do ponto de vista do capital como mais-valor, aparece do ponto de vista do trabalhador exatamente como trabalho excedente acima de sua necessidade como trabalhador, acima, portanto, de sua necessidade imediata para a conservação de sua vitalidade (p. 255).

O mais-valor é apropriado do operário e transformado em mais-valor, em capital.

> O descobrimento do mais-valor constituiu o ponto de inflexão revolucionário mais enorme na história da economia política. Permitiu a Marx, pela primeira vez na história da economia política, descobrir e explicar cientificamente o marxismo da exploração capitalista. Para utilizar uma imagem de Vladimir Maiakovski, Marx 'aferrou as mãos dos ladrões de mais-valor e os supreendeu com a boca na butija' (*Introduzione*..., Vygosdky, p. 71).

Entretanto, também aqui encontramos uma *face positiva*, uma face revolucionária:

> O grande papel histórico do capital é o de *criar* esse *trabalho excedente*, trabalho supérfluo do ponto de vista do simples valor de uso, da mera subsistência, e seu destino histórico está consumado tão logo, por um lado, as necessidades são desenvolvidas a tal ponto que o próprio trabalho excedente acima do necessário é necessidade

> universal derivada das próprias necessidades individuais; por outro, a laboriosidade universal mediante a estrita disciplina do capital, pela qual passaram sucessivas gerações, é desenvolvida como propriedade universal da nova geração; tão logo, finalmente, o desenvolvimento das forças produtivas do trabalho, que o capital incita continuamente em sua ilimitada mania de enriquecimento e nas condições em que exclusivamente ele pode realizá-lo, avançou a tal ponto que a posse e a conservação da riqueza universal, por um lado, só requer um tempo de trabalho mínimo de toda a sociedade e, por outro lado, a sociedade que trabalha se comporta cientificamente com o processo de sua reprodução progressiva, com sua reprodução em uma abundância constantemente maior; que deixou de existir, por conseguinte, o trabalho no qual o ser humano faz o que pode deixar as coisas fazerem por ele. Consequentemente, capital e trabalho comportam-se aqui como dinheiro e mercadoria; o primeiro é a forma universal da riqueza, a segunda é só a substância que visa o consumo imediato. Todavia, como aspiração incansável pela forma universal da riqueza, o capital impele o trabalho para além dos limites de sua necessidade natural e cria assim os elementos materiais para o desenvolvimento da rica individualidade, que é tão universal em sua produção quanto em seu consumo, e cujo trabalho, em virtude disso, também não aparece mais como trabalho, mas como desenvolvimento pleno da própria atividade, na qual desapareceu a necessidade natural em sua forma imediata; porque uma necessidade historicamente produzida tomou o lugar da necessidade natural. Por isso o *capital* é *produtivo*; *i.e.*, uma *relação essencial para o desenvolvimento das forças produtivas sociais*. Só deixa de sê-lo quando o desenvolvimento dessas próprias forças produtivas encontra um limite no próprio capital (p. 255, 256).

Não nos pronunciaremos, por enquanto, sobre a questão do *limite* do desenvolvimento capitalista. Ressaltamos tanto a natureza antagonista de seu processo que o argumento não deveria, na verdade, causar-nos qualquer assombro. O que é mais interessante, a esse respeito, – e levando em conta o espírito do raciocínio marxiano – é ressaltar o fato que *esses limites não podem ser percebidos pelo capital enquanto limites insuperáveis.*

> Mas o capital, como representante da forma universal da riqueza – do dinheiro –, é o impulso ilimitado e desmedido de transpor seus próprios limites. Cada limite é e tem de ser obstáculo para ele. Caso contrário, deixaria de ser capital – o dinheiro que se produz a si mesmo. Tão logo deixasse de sentir um determinado limite como obstáculo, mas se sentisse à vontade nele como limite, o próprio capital teria degenerado de valor de troca a valor de uso, da forma universal da riqueza a uma existência substancial determinada dela. O capital enquanto tal cria um mais-valor determinado porque não pode pôr |de uma vez um mais-valor ilimitado; ele é o movimento contínuo de criar mais mais-valor. O limite quantitativo do mais-valor aparece para o capital somente como barreira natural, como necessidade que ele procura incessantemente dominar e transpor (p. 264).

Imbuído dessa urgência, o capital busca continuamente *o aumento da produtividade do trabalho.* Nesse sentido, a relação entre trabalho vivo e trabalho objetivado (no operário ou nos demais elementos da produção) é objeto de uma constante intensificação. Com a propagação da força produtiva do capital, nasce o conceito de *mais-valor relativo.* Ele surge onde o mais-valor não provém de um aumento do valor gerado pelo incremento do tempo de trabalho; mas, sim, da redução do tempo de trabalho necessário.

> o aumento da força produtiva do trabalho vivo aumenta o *valor* do capital (ou diminui o valor do trabalhador), não porque aumenta o *quantum* dos produtos ou valores de uso criados com o mesmo trabalho – a força produtiva do trabalho é sua força natural –, mas porque diminui o trabalho *necessário*, ou seja, porque, na mesma proporção em que ele diminui o trabalho necessário, cria *trabalho excedente* ou, o que é a mesma coisa, valor excedente; porque o mais-valor do capital, que este obtém mediante o processo de produção, consiste tão somente do saldo do trabalho excedente sobre o *trabalho necessário.* O aumento da força produtiva só pode aumentar o trabalho excedente – *i.e.*, o excedente do trabalho ob-

> jetivado no capital como produto sobre o trabalho objetivado no valor de troca da jornada de trabalho –, à medida que ele diminui a proporção do *trabalho necessário* em relação ao *trabalho excedente*, e somente na medida em que a diminui (p. 268).

Falta pouco a dizer. Vimos como se desenvolveu a teoria do mais-valor como teoria exclusiva, onicompreensiva e adequada do capital. É a operação da exploração que, por si só, explica a natureza e a dinâmica do capital. É somente o antagonismo que faz viver o capital e a regra coercitiva que ele interpreta. A teoria do valor – se quiser existir – pode fazê-lo tão somente enquanto teoria subordinada, parcial e abstrata da teoria do mais-valor. Quanto à última, devemos afirmar que o seu sentido é totalmente político: se move no plano da máxima generalidade, aquele da crítica do dinheiro, e contém uma extraordinária força antagonista. *Uma força antagonista que constitui o correlato material do antagonismo interpretado, real, do antagonismo do existente.* Tudo foi reduzido à relação existente entre trabalho necessário e trabalho excedente. Este antagonismo constitui, simultaneamente, a chave dinâmica do processo e o limite irresolúvel da produção capitalista – e da organização social que lhe corresponde. Aqui, a teoria do mais-valor pode e deve deslocar-se para outros problemas, que levam irremediavelmente ao aprofundamento do antagonismo. Particularmente, entra aqui em pauta a teoria do lucro. Diz Marx, "todas as proposições nessa abstração são corretas unicamente para a relação sob o ponto de vista considerado. Vão intervir outras relações que a modificarão consideravelmente. A totalidade, na medida em que de modo geral não se [apresenta] por inteiro, *pertence de fato à teoria do lucro*" (p. 270). Achamo-nos de novo, ao concluir a definição do mais-valor, na fronteira. Ao transpor a crista, poderemos descer do outro lado, à face da circulação. Podemos chegar, assim, ao segundo grande conglomerado de problemas dos *Grundrisse*, isto é, à teoria do lucro enquanto teoria da exploração na circulação, da exploração da sociedade. Se essa é a direção principal, o tecido fundamental de temas dos *Grundrisse*, não devemos esquecer, ainda assim, que este momento de passagem de um bloco a outro é pertinente, e acontece propondo uma interpretação revolucionária para o desenvolvimento do capital como um todo. De qualquer forma, mesmo se o esquecêssemos, Marx está sempre aí para no-lo lembrar. Não à toa, a parte dos *Grundrisse* dedicada à definição da teoria do mais-valor termina – além de fazê-lo com a retomada da pesquisa sobre a teoria do lucro (e é neste momento que Marx escreve a Engels: "de resto avanço a passos largos. Por exemplo, fiz explodir pelos ares toda a teoria do lucro tal como havia sido concebida até hoje em dia", conforme *Carteggio*, III, p. 154, 155) – então, termina com uma primeira definição, elementar, porém fundamental, com uma *alusão teórica à lei da queda tendencial da taxa de lucro*:

> (...) quanto maior o valor excedente do capital *antes do aumento da força produtiva*, quanto maior o *quantum* pressuposto do trabalho excedente ou do valor excedente do capital, ou quanto menor já for a fração da jornada de trabalho que constitui o equivalente do trabalhador, fração que expressa o trabalho necessário, tanto menor é o crescimento do valor excedente que o capital obtém do aumento da força produtiva. O seu valor excedente cresce, mas em proporção sempre menor que o desenvolvimento da força produtiva. Consequentemente, quanto mais desenvolvido o capital, quanto mais trabalho excedente criou, tanto mais extraordinariamente tem de desenvolver a força produtiva do trabalho para valorizarse em proporção ínfima, *i.e.*, para agregar mais-valor –porque o seu limite continua sendo a proporção entre a fração da jornada que expressa o *trabalho necessário* e a jornada de trabalho total. O capital pode se mover unicamente no interior dessas fronteiras. Quanto menor é a fração que corresponde ao trabalho *necessário*, quanto maior o *trabalho excedente*, tanto menos pode qualquer aumento da força produtiva reduzir sensivelmente o trabalho necessário, uma vez que o denominador cresceu enormemente. A

> autovalorização do capital devém mais difícil à proporção que ele já está valorizado (p. 269, 270).

Quanto mais se desenvolve o mais-valor, menos pode ser comprimido o trabalho necessário e menores serão a quantidade e a qualidade da atividade criativa que podem ser subsumidas pelo capital, mediante o processo de trabalho. Seria que a chave interpretativa da teoria do lucro somente pode ser localizada na configuração marxiana preliminar da lei da queda tendencial da taxa de lucro? Evidentemente, devemos retomar com calma tudo isso. Por ora, nos basta reconhecer a radicalidade do antagonismo que a teoria do mais-valor interpreta. Veremos logo a seguir (lição 5), o primeiro passo em frente, com a teoria do lucro que se constitui pela teoria da crise.

Estamos, portanto, chegando ao fim deste seminário. Gostaria neste momento, ao finalizar este primeiro bloco, e ante uma primeira conclusão do trabalho marxiano, ante uma primeira definição plena do mais-valor e do movimento de seu antagonismo – abordar alguns outros temas teóricos de grande importância. Quiçá, sem embargo, todos esses temas se reduzam a um único, fundamental, que pode ser enunciado do seguinte modo: a *subordinação da lei do valor à lei do mais-valor* constitui a explicitação do nó teórico indestrutível que está por trás da polêmica com os proudhonianos. Isto significa que a teoria do valor demonstra uma só coisa: que o socialismo é unicamente mistificação da concorrência e da hegemonia social do capital, que – fora da ideologia, na realidade – o *socialismo é tão impossível quanto o funcionamento da lei do valor*. O marxismo dos *Grundrisse* é, com efeito, o oposto do socialismo. Assim como o socialismo é um hino à equivalência e à justiça das relações sociais (construídas a partir da lei do valor), o marxismo expõe a lei do valor e o socialismo como mentiras. A única realidade que conhecemos é aquela dominada pelo roubo, pela alienação e pela objetivação capitalistas do trabalho vivo, de seu valor de uso, de sua criatividade. Fazer com que tudo isso funcione segundo a lei do valor – como se de algum modo fosse possível – nada mudaria. Porque não há valor sem exploração. O comunismo é, portanto, a destruição da lei do valor, do valor em suas versões capitalistas ou socialistas. O comunismo é a destruição da exploração e a libertação do trabalho vivo. *Do não-trabalho*. Isto e nada mais. Simplesmente.

LIÇÃO 5
O lucro, a crise, a catástrofe

A socialização do mais-valor, ou seja, na direção de uma teoria do lucro. Ambiguidade e/ou correção do projeto marxiano. 1. Novas condições (entre o caderno III-IV e o VII) para a definição da categoria de "lucro": circulação, taxa e massa de lucro. A lei da taxa de lucro e a sua dupla tensão. 2. O lucro como elemento subordinado da lei do mais-valor. O lucro como mais-valor objetivado e socializado. O lucro e a "classe dos capitalistas". Por uma teoria da subjetividade operária. 3. Transição à Segunda Seção: a circulação enquanto forma da crise. Fenomenologia e tipos de crises. A lei fundamental da crise: a crise como produto da luta de classes. 4. Da crise à catástrofe: o fio vermelho da urgência revolucionária na teoria. Contra o objetivismo e contra o reformismo. 5. Uma verificação a propósito da lei da queda tendencial da taxa de lucro. Diversas fórmulas da lei e interpretações de classe. Da teoria do lucro na crise à teoria do comunismo: conclusões provisórias e retomada da análise.

"Todas as proposições nessa abstração são corretas unicamente para a relação sob o ponto de vista considerado. Vão intervir outras relações que a modificarão consideravelmente. A totalidade, na medida em que de modo geral não se [apresenta] por inteiro, pertence de fato à teoria do lucro" (p. 270). Assim termina a análise da relação entre mais-valor e produtividade, com a exigência urgente de uma mudança do campo de pesquisa, de um deslocamento total dos planos de análise. *Do mais-valor ao lucro, quer dizer, do mais-valor generali-*

zado e socializado, convertido de categoria da produção *em categoria social*. Devemos dar, portanto, um salto para frente na análise: a produtividade do capital, o vigor da expansão do mais-valor a partir do lugar em que se forma, as condições gerais dessa formação. Entendendo-se que a socialização, o deslocamento dos termos do debate, deve reproduzir as regras gerais de nossa abordagem ao problema, os seus critérios de crítica da exploração. "O fato de que há contradições contidas no *capital*, nós somos os últimos a negar. Nosso objetivo é, na verdade, desenvolvê-las completamente. Ricardo, entretanto, *não as desenvolve*, mas se livra delas ao considerar o valor de troca como indiferente para a formação da riqueza. (...) ele considera o valor de troca como puramente *formal*" (p. 280). Não, a socialização do mais-valor no lucro não é formal. Em vez disso, é um processo que difunde socialmente a contradição implícita no mais-valor: uma contradição similar em natureza, mas mais ampla, mais profunda, mais antagonista. Não é estranho, portanto, que entre a primeira e a segunda seção do *livro sobre o capital* (dos *Grundrisse*), *a teoria do lucro* se forme paulatinamente *junto com a teoria da crise*.

Mas procedamos ordenadamente. O lucro aparece em Marx como mais-valor que, separando-se das condições da produção, parece ser capaz de autovalorização. Essa independência do capital quanto à relação que o constitui representa o primeiro paradoxo. Um forte paradoxo, uma vez que, de fato, o capital logra conservar o valor produzido no processo de trabalho e, a partir dessa conservação, apresentar-se como capital constante e poder de mando, como forma social, como forma das relações sociais. Ainda assim, no fundo, é um paradoxo.

> Estaticamente, esse valor de troca liberado, de que a sociedade se enriqueceu, só pode ser dinheiro; nesse caso, só aumentou a forma abstrata da riqueza; em movimento, só pode se realizar em *novo* trabalho vivo (seja porque é posto em movimento trabalho antes sem utilização, seja porque *novos trabalhadores* são criados (o cres-

> cimento da população é acelerado), seja porque é criado um novo círculo dos valores de troca ou ampliado o circuito de valores de troca que se encontram em circulação, o que pode acontecer, do lado da produção, se o valor de troca liberado abre um *novo ramo de produção*, portanto, um novo objeto da troca, o trabalho objetivado na forma de um novo valor de uso; ou o mesmo resultado pode ser atingido se o trabalho objetivado em um novo país é introduzido na esfera da circulação pela expansão do comércio). Esse trabalho novo, portanto, tem de ser criado (p. 277).

Não podemos, então, ficar prisioneiros desse paradoxo. Ao contrário, temos que reconhecer que, quanto mais se consolida a independência do mais-valor, quanto mais se desenvolve socialmente o seu impacto, mais a exploração é intensificada. O capital não é apenas exploração específica na produção, como *também conquista gratuitamente para si dimensões sociais que tão somente a força do trabalho vivo produz*. O trabalho vivo está subsumido e constitui a condição da perpetuação do valor social do capital. "Tal conservação se dá simplesmente pela adição de trabalho novo, que adiciona mais valor" (p. 284): "O trabalho é o fogo vivo, conformador; a transitoriedade das coisas, sua temporalidade, como sua conformação pelo tempo vivo" (p. 288). Mas "*Sobre a separação repousa a existência do capital e do trabalho assalariado A superação da separação que se dá efetivamente no processo de produção* – porque, caso contrário, não se poderia trabalhar de modo algum –, *o capital não paga*" (p. 290, 291).

A socialização do mais-valor constitui, por conseguinte, a sua difusão e o seu aprofundamento, ou seja, difusão e aprofundamento da exploração, salto para frente em sua definição quantitativa e qualitativa. *Mais-valor social*, mais-valor do capital social, potência capitalista sobre o trabalho social, presente e futuro.

> O *dinheiro*, na medida em que já existe agora *em si* como capital, é por essa razão simples *título sobre* trabalho *futuro* (novo). Objeti-

> vamente, ele existe somente como dinheiro. O valor excedente, o aumento do *trabalho objetivado*, tanto quanto ele existe para si, é *dinheiro*; mas o dinheiro agora já é *em si* capital; enquanto tal, *título sobre trabalho novo*. Aqui, o capital já não entra mais em relação só com o trabalho existente; mas com o trabalho futuro. Ele também não aparece mais dissolvido em seus elementos simples no processo de produção, mas aparece nele como dinheiro; contudo, não mais como dinheiro, que é simplesmente a forma abstrata da riqueza universal, mas como título sobre a possibilidade real da riqueza universal – a capacidade de trabalho e, de maneira mais precisa, *a capacidade de trabalho que vem-a-ser*. Como tal título, a sua existência material como dinheiro é indiferente e pode ser substituída por qualquer título. Assim como o credor do Estado, cada capitalista possui em seu valor recém-obtido um título sobre trabalho futuro, e pela apropriação do trabalho presente já se apropriou ao mesmo tempo do trabalho futuro. (Desenvolver posteriormente esse aspecto do capital. Fica evidente aqui a sua qualidade de existir como valor separado de sua substância. Com isso, a base do crédito já está posta.) Por essa razão, o seu acúmulo na forma de dinheiro não é de modo algum acúmulo material das condições materiais do trabalho. Ao contrário, é acúmulo de títulos de propriedade sobre trabalho. Pôr do trabalho futuro como *trabalho assalariado*, como valor de uso do capital. Não há nenhum *equivalente* para o valor novo criado; a sua possibilidade [existe] exclusivamente em trabalho novo (p. 293, 294).

Chegamos assim a um ponto fundamental na elaboração marxiana da teoria do lucro. A teoria se constitui, antes de qualquer outra coisa, pela identificação da *nova qualidade* de exploração, associada à expansão social do mais-valor. Essa nova qualidade não pode ser simplesmente definida ou relacionada aos valores produzidos no processo de trabalho. Constitui-se, também, *gratuitamente*, pela *totalidade do trabalho social* – ela conserva o valor do capital, se constitui ricamente nutrida pela cooperação de grandes massas, moldada pelo potencial científico global da sociedade, decorrente do aumento da população etc. "Isso, mesmo sem levar em conta que o aumento da população aumenta a força produtiva do trabalho, ao tornar possível maior divisão e maior combinação do trabalho etc. O aumento da população é uma *força natural* do trabalho que não é paga. Sob esse ponto de vista, chamamos de *força natural* a *força social*. Todas as *forças naturais do trabalho social* são produtos históricos" (p. 323). O lucro é, portanto, primeiramente, expressão social do mais-valor global que é integrado pela exploração das forças de produção.

Poderíamos perguntar-nos, neste momento, se a teoria do lucro não nasce nos *Grundrisse* demasiado calcada sobre a teoria do mais-valor? Rosdolsky observou: "Inicialmente, e ainda nos próprios *Grundrisse* (mais exatamente, na seção dedicada ao processo de produção), ainda não se distinguem nem se separam claramente as expressões 'taxa de lucro' e 'taxa de mais-valor'. Algumas vezes ambas aparecem como sendo a mesma coisa" (*Gênese...*, p. 310, nota 6). Isso é certo, mas não queremos culpar Marx excessivamente pelo fato. Na realidade, se é certo que o conceito de mais-valor, em sua origem, deve ser considerado distinto do conceito de lucro e sua potência social; não é menos certo que se trata de uma distinção realizada sobre um mesmo núcleo conceitual, sobre uma mesma substância real – a da exploração pelo capital *social*. Certamente, no ponto da análise em que nos encontramos, esse prolongamento – do mais-valor ao lucro – onde o lucro se explica como mais-valor *social*, representa uma exasperação da tendência. O lucro é subsumido no mais-valor antes que a análise do desenvolvimento da relação capitalista tenha mostrado as implicações da socialização do capital. Uma vez isto reconhecido, é preciso acrescentar de maneira imediata que (ainda que numa passagem dura e repentina) Marx mostra como, em todo caso, *a categoria do lucro não pode* ser resolvida na função *da mediação*. As consequências dessa abordagem são claras: o lucro é também mediação (mas nunca é somente mediação), até o ponto em que o capital tenha conseguido saturar a totalidade da sociedade com o seu modo de produzir. Quando o capital se torna historicamente *capital social*, o lucro já não pode mais ser mediação, ele passa a ser mediação resolvida, é mais-valor *social*, é a sigla capitalista para uma relação antagonista que investe realmente toda a sociedade.

O limite da primeira definição de lucro é superado ao longo dos meses de redação dos *Grundrisse*. Era preciso que concorressem outras condições teóricas, mais avançadas (e, em particular, a análise dos custos de produção, do giro do capital, em suma, que se chegasse à definição da composição orgânica do capital – conforme Rosdolsky, *Gênese...*, p. 333-343), para que a elaboração pudesse chegar a materializar-se. Permita-me antecipar um pouco pulando, aqui, até a seção *"O capital que gera frutos. Juro. Lucro. (Custos de produção etc.)* ", que está quase no final dos *Grundrisse* (p. 623 e ss.), incluída no caderno VII.

Essa seção representa o ápice da análise do processo de circulação (cadernos IV-VII) e a *síntese* dos seus resultados, da análise nos cadernos II-IV, na análise do processo de produção do capital. Ora, a análise realizada da transformação do mais-valor em lucro – integrada com as análises sobre a socialização – retoma, exatamente, os resultados do processo de produção. A dedução do lucro a partir do mais-valor não esmaga o conceito de um no outro, em vez disso, exalta-lhes as diferenças – mas, nesse meio tempo, mostra a radical continuidade entre eles. Sem mais ambiguidade.

Nesse ponto, por conseguinte, o capital

> (...) se relaciona consigo mesmo como ponente de valor novo, como criador de valor. Ele se relaciona ao mais-valor como fundamento, como algo fundado por ele. O seu movimento consiste em que, ao se produzir, comporta-se simultaneamente como fundamento de si mesmo como algo fundado, como valor pressuposto a si mesmo como mais-valor, ou ao mais-valor como algo posto por ele. Em um determinado período, que é estabelecido como unidade de medida de sua rotação por representar a medida natural de sua reprodução

> na agricultura, o capital produz um determinado mais-valor, determinado não só pelo mais-valor que ele põe em um único processo de produção, mas pelo número de repetições do processo de produção ou de suas reproduções em um determinado período. Por meio da assimilação da circulação em seu processo de reprodução, seu movimento fora do processo de produção imediato, o mais-valor não *aparece* mais posto por seu relacionamento simples, imediato, ao trabalho vivo; ao contrário, essa relação aparece apenas como um momento de seu movimento total. O capital, partindo de si mesmo como o sujeito ativo, o sujeito do processo – e na rotação o processo de produção imediato aparece de fato determinado por seu movimento como capital, independentemente de sua relação com o trabalho –, relaciona-se consigo como valor que aumenta a si mesmo, *i.e.*, ele se relaciona ao mais-valor como algo posto e fundado por ele; como fonte de produção, relaciona-se consigo como produto; como valor produtivo, relaciona-se consigo como valor produzido. Por essa razão, ele não mede mais o valor novo produzido por sua medida real, a relação entre trabalho excedente e trabalho necessário, mas por si mesmo como seu pressuposto. Um capital de determinado valor produz, em um determinado período, um determinado mais-valor. O mais-valor, medido assim pelo valor do capital pressuposto, o capital, posto assim como valor que se valoriza – é o *lucro*; considerado sob essa *specie* – não *aeterni*, mas *capitalista* –, o mais-valor é lucro; e o capital diferencia-se em si mesmo como capital, o valor que produz e reproduz de si mesmo, como lucro, o valor novo produzido. O produto do capital é o *lucro* (p. 623, 624).

Continuamos definindo conceitos. Na forma do lucro, o mais-valor deve ser medido a partir do valor total do capital introduzido no processo de produção.

> a *taxa de lucro* depende – pressuposto o mesmo mais-valor, *o mesmo trabalho excedente em relação ao trabalho necessário* – da relação entre a parte do capital que é trocada por trabalho vivo e a parte que existe na forma de matéria-prima e meios de produção. Por conseguinte, quanto menor se torna a porção trocada por trabalho vivo, tanto menor se torna a taxa de lucro. Portanto, na proporção mesma em

> que, no processo de produção, o capital enquanto capital ocupa um espaço proporcionalmente maior ao do trabalho imediato, ou seja, quanto mais cresce o valor excedente relativo – a força criadora de valor do capital –, tanto mais *cai a taxa de lucro* (p. 624, 625).

Em consequência, "A taxa de lucro pode cair, embora o mais-valor real suba. A taxa de lucro pode subir, embora o mais-valor real caia" (ibid.). Finalmente, "se a taxa de lucro é inversamente proporcional ao valor do capital, *a soma do lucro* será diretamente proporcional a ele" (ibid.).

Como se pode observar, a *distinção* entre o conceito de mais-valor e o conceito de lucro é uma distinção que se refere à *qualidade* da exploração. O mais-valor é exploração do trabalho vivo, aumento de sua produtividade, exasperação da intensidade do trabalho, absorção global e totalizante da energia do trabalho. Por sua vez, o lucro é a consolidação e a fixação do mais-valor, trabalho consolidado de forma estável, que não se multiplica, é roubo do trabalho e de sua produtividade, e indiferença em relação ao trabalho vivo. Entretanto, a distinção não se refere à natureza da exploração: mais-valor e lucro surgem da subordinação do trabalho vivo – tomado como tal na relação produtiva no caso do mais-valor, ou contraposto às condições da produção, à globalidade da acumulação, no caso do lucro. "O lucro nada mais é que outra forma do mais-valor, mais desenvolvida no sentido do capital" (p. 638, 639). A distinção se refere à natureza da exploração, como o demonstra o fato que a contradição reapareça nesse momento, contrapondo não somente os exploradores aos explorados, como também estendendo o antagonismo à relação entre trabalho vivo e trabalho morto em geral – e isso em termos sociais, globais. *Quanto mais o trabalho se capitaliza*, quanto mais se desenvolve o capital, quanto mais o trabalho e a produtividade passam a funcionar como capital – *tanto mais o trabalho vivo se opõe a esse desenvolvimento, na forma antagonista.* Quanto mais o capital é erigido como criador de lucro, como fonte de riqueza independente do trabalho (e isso supõe que cada uma de suas partes constitutivas seja uniformemente produtiva) – tanto mais o trabalho vivo é estranhado, de forma social e compacta, do desenvolvimento capitalista. Veremos como Marx previa, frente à equiparação e à formação real e histórica do conceito de capital social (a *Vergleichung* dos capitais), antecipadas por esse desenvolvimento, um desenvolvimento igual e no sentido contrário da classe operária – a *Vergleichung* ("comparação") da classe operária e a sua constituição real e histórica enquanto força revolucionária. Aqui, e prontamente retornaremos a isso, a denominada lei da queda tendencial da taxa de lucro (nessas páginas, Marx termina de elaborá-la junto com o coroamento da teoria do lucro) mostra essa extensão do antagonismo, do plano da relação que produz mais-valor até o da relação que produz lucro.

A lei da taxa de lucro é *dupla*: *de um lado*, mostra a tendência do capital em subsumir de modo cada vez mais difundido as condições determinadas (do processo de produção) e sociais (do processo de circulação), a apropriar-se delas de maneira cada vez mais definitiva, a tornar o mais-valor em elemento do lucro; *do outro lado*, mostra o novo antagonismo determinante desse desenvolvimento, que vai do mais-valor ao lucro e ao mais-valor social, que vai do capital ao capital social. *O caráter, a um só tempo progressivo e destrutivo, que a lei do lucro contém, se acha determinado pela relação com o trabalho vivo.* Por um lado, o lucro constitui a tendência à expansão mais feroz e produtiva, à utilização mais intensa do trabalho vivo, ao aumento de sua massa; por outro lado, o lucro se defronta, nesse nível, com as condições de sua própria produção, com a tendência feroz e extrema à subordinação, à expansão e ao aprofundamento da submissão do trabalho vivo. Essas duas tendências estão dominadas pelo trabalho vivo: a tendência à expansão do lucro tem a cara do trabalho vivo diretamente explorado, mas também criativo; a tendência à queda da taxa de lucro expõe a cara da *revolta do trabalho vivo*, no enfrentamento ao poder do lucro, de sua própria constituição separada, da apropriação e da consolidação da apropriação em força produtiva do patrão contra a força produtiva do operário, em poder do capital social contra a vitalidade do trabalho social. Nisso, *o trabalho vivo se mostra destrutivo.* Um número grande demais de "marxistas", e durante tempo demais, se esqueceu disso, abafando todas as insurgências proletárias que essa verdade verificava. Ainda assim, Marx acrescenta: "Para além de certo ponto, o desenvolvimento das forças produtivas devém um obstáculo para o capital" (p. 627) "Em todos os sentidos, essa é a lei mais importante da economia política moderna e a mais essencial para compreender as relações mais complicadas" (p. 628),

Devemos explicitar posteriormente algumas características da passagem do mais-valor ao lucro. Comprovamos como a categoria do lucro e a sua diferença específica não constitui um elemento de algum modo separável da categoria de mais-valor. O lucro constitui em realidade uma expansão do mais-valor, uma extensão do antagonismo da lei do mais-valor em escala social. Ainda assim, uma vez estabelecida essa identidade de natureza entre ambas as categorias – e uma vez estabelecido o caráter de subordinação lógica que a categoria de lucro tem em relação à categoria de mais-valor – há razões teóricas que impelem Marx a desenvolver a análise do problema no sentido da *transformação.* A primeira das razões é, para Marx, a necessidade de recomposição social – no lugar da mistificação da anarquia de mercado – das categorias de funcionamento e o próprio conceito do capital. Em segundo lugar, de maneira intimamente associada, Marx destaca a necessidade de levar as categorias do capital – logo, o antagonismo real (e, em consequência, as razões da oposição política) – para mais longe do que os caminhos transitórios e as crises secundárias (ligadas à anarquia do mercado) do processo histórico de produção capitalista. Desse ponto de vista, a categoria de lucro se constitui metodologicamente em termos históricos e dinâmicos, em termos de tendência. Nesse caso, como no *Capítulo VI inédito do livro I do Capital*[51], por "tendência" deve-se entender a transição necessária *da subsunção formal à real do trabalho pelo capital*. A tendência verificada como o lucro constitui primeiramente uma mediação, uma equiparação abstrata dos mais-valores constituídos na diversidade dos ramos de produção. A seguir, gradualmente, quanto mais o capital se dissemina pela totalidade da produção social e a satura, o lucro realiza a tendência, e se torna mais-valor *socialmente* constituído, exploração da sociedade pelo poder de mando do capital. "Dado o nível atual da relação", o movimento do lucro pressiona para que se produza a unificação da sociedade por meio do mais-valor. Depois, num nível mais elevado da relação, o movimento do lucro é determinado pela capacidade essencial de associar-se com a jornada de trabalho social. No capítulo sobre o lucro, a análise não deve tratar a jornada de trabalho em sua dimensão individual, mas sim enquanto *jornada de trabalho social*. Com isso, as categorias do mais-valor podem aplicar-se à crítica da teoria econômica da população como um todo:

> o novo capital excedente que é criado só pode ser valorizado enquanto tal pela troca com trabalho vivo. Daí a tendência do capital tanto a aumentar a *população trabalhadora* quanto a reduzir continuamente a parte *necessária* dela (a pôr continuamente uma parte como reserva). E o próprio aumento da população [é] o principal meio para a diminuição da parte necessária. No fundo, *isso é somente a aplicação da relação* [do trabalho necessário e excedente] *à jornada de trabalho singular*. Aqui já se encontram, portanto, todas as contradições que foram expressas como contradições, embora sem serem compreendidas, na moderna teoria da população. O capital, como pôr do trabalho excedente, é igualmente e no mesmo mo-

[51] MARX, Karl. *Capítulo VI inédito de* O Capital. São Paulo: Centauro, 2010.

> mento pôr e não pôr do trabalho necessário; o capital só é à medida que o trabalho é e ao mesmo tempo não é (p. 323).

Com o desenvolvimento do modo de produção capitalista, a categoria de lucro se derrama, por conseguinte, em sua atual configuração. Ou melhor, a categoria do lucro deve se reconduzida à de mais-valor nas condições da produção socializada. Aqui, no nível da socialização, as *forças produtivas* do trabalho se apresentam, devem apresentar-se como *"forças sociais"*: "existe em todas as etapas da produção certa comunidade do trabalho, um caráter *social* dele etc." (p. 322) Mais tarde se desenvolve a força produtiva social etc. (voltaremos a falar de tudo isso). Consequentemente, *a categoria do lucro nasce da mediação dos mais-valores individuais*, das unidades simples do mais-valor; porém, ela tende, *se desenvolve e se conclui na aproximação cada vez mais próxima ao mais-valor, ao mais-valor social.* As críticas à primeira definição marxiana do lucro (esta ainda se sobrepõe demais à definição do mais-valor) devem ser acolhidas, desde que não pretendam reivindicar uma diferença qualitativa entre mais-valor e lucro. *Essa relação, ao contrário, deve ser invertida*: o lucro é a categoria que tende ao mais-valor como relação *social*. Para além disso, o lucro não passa de mistificação e categoria do capitalista enquanto tal: "*um desenvolvimento ulterior da inversão entre sujeito e objeto que se verifica no processo de produção*". Marx insiste continuamente sobre essa abordagem da teoria do lucro. Por um lado, Marx sublinha criticamente o fato que, "na equiparação da taxa de lucro" – que é o mesmo que dizer: em sua formação por parte do capital – não se deve ver mais do que o que ele representa: apenas um fenômeno distributivo e não criativo (p. 559, 560). Noutra passagem, Marx ironiza: "É absolutamente necessário deixar isso claro porque a repartição do mais-valor entre os capitais, o *cálculo* do mais-valor total entre os capitais individuais – essa operação econômica *secundária* – aparece como fenômenos que, nas economias vulgares, são confundidos com os fenômenos primitivos" (p. 556). *Uma operação econômica secundária*, em consequência. E, por outro lado, não podemos contentar-nos, então, em seguir a ordem teórica e das categorias do discurso; trata-se, ao contrário, de começar *a definir a figura dinâmica, tendencial, ativa do lucro*, esse elemento de socialização da exploração em que se constitui e se desenvolve a sua essência. Pois então, o lucro é sempre "*lucro da classe capitalista*" (p. 643). Nessa *figura política do lucro*, se acha antecipada a tendência do desenvolvimento. O lucro começa a concretizar-se não somente como soma dos mais-valores e equiparação dos lucros individuais; como também enquanto força política, polo de antagonismo social – por enquanto político, mas, a seguir, pouco a pouco, cada vez mais carregado de realidade. Essa passagem é importantíssima, significa a demonstração definitiva de que a teoria do lucro está subordinada à teoria do mais-valor. O processo que conduz à figura política do capital na forma do lucro é, na realidade, o homólogo – contrário – daquele que conduziu à descoberta do trabalho vivo como "*classe dos proletários*", na teoria do mais-valor. Certamente, Marx elaborou uma teoria do lucro, quer dizer, uma teoria da subjetividade do capital; mas, em que pesem as suas intenções, não construiu uma teoria da subjetividade de classe operária, nem sequer na figura do salário. Apesar disso, esse *desequilíbrio* do desenvolvimento literal da obra de Marx não nos pode impedir de reconhecer *o equilíbrio estrutural*, nem de desenvolvermos nós próprios os pressupostos implicados e não-desenvolvidos; por exemplo, identificando na jornada de trabalho social, isto é, na divisão entre mais-valor social e trabalho social necessário, a base da luta mortal protagonizada pelas duas classes. Vendo assim, nesses dois espaços, a formação de *subjetividades opostas*: vontades e inteligências opostas, processos de valorização opostos; em suma, uma dinâmica antagonista de que, até agora, abordamos apenas as condições

– como nos é exigido, aliás, pelo próprio desenvolvimento dessas condições. Uma teoria da subjetividade operária e proletária se coloca, em consequência, como pressuposto e como *tarefa* a fazer, frente à teoria do lucro, da realidade de todo esse mais-valor extraído, objetivado, socializado, por meio do que o capital sedimentou a sua própria unidade enquanto classe e poder de mando sobre a exploração. Os *Grundrisse* demandam uma teoria da subjetividade operária desferida contra a subjetividade capitalista articulada pelo lucro.

Após o longo parêntese, voltemos à ordem expositiva dos *Grundrisse*, isto é, à "Segunda seção: O processo de circulação", do capítulo sobre o capital. A seção começa formalmente com um longo *excursus sobre a crise*. De novo a crise, a crise presente, a realidade crítica que motiva a totalidade dos *Grundrisse* e cuja apreciação constitui a sua gênese! Os *Grundrisse* começaram na comoção da crise, com o aprofundamento da teoria da moeda enquanto nível privilegiado de sua manifestação. Desdobraram-se, posteriormente, na teoria do mais-valor, até retornarem – mediante a primeira formulação da teoria do lucro e a primeira identificação das tensões implícitas na lei da queda tendencial da taxa de lucro – à crise, a sua explicação científica. Agora, segundo o plano preliminar, a análise do processo de *produção* do capital deveria ceder lugar à do processo de *circulação* – e nós deveríamos, em consequência, ocupar-nos da segunda vertente da temática dos *Grundrisse*. Ao contrário, no entanto, a atenção de Marx se detém ainda mais sobre a crise: *antes que a análise sobre a circulação se apresente em toda a sua amplitude, a circulação é contemplada única e exclusivamente como forma da crise*. Representaria essa análise nova, demorada e prolixa da crise, um atalho no desenvolvimento dos *Grundrisse*? Um excesso abusivo da subjetividade revolucionária na ordem do procedimento teórico? Em parte, sem dúvida, se trata disso. Mas é também algo mais, e mais diverso. Na realidade, na primeira parte dos *Grundrisse*, se deu um grande passo para frente, com a subjetivação do processo. Quero dizer que, com a teoria do mais-valor e seu desenvolvimento nos prolegômenos de uma teoria do lucro, agora temos diante de nós uma rede conceitual que nos permite mergulhar de cabeça na *análise da crise e de sua relação com o desenvolvimento da luta de classes*. Diferentemente do capital, que "de forma alguma tem consciência sobre a natureza do seu processo de valorização e só tem interesse em ter tal consciência nas *crises*" (p. 297) O ponto de vista da classe operária é agora capaz de tratar o desenvolvimento na forma da crise e a crise como terreno privilegiado da luta de classes. O pensamento da crise, essa "fixação" marxiana, irrompe aqui, quando o processo de valorização se estende sobre a circulação. Mas, assim como o processo de valorização se acha dominado pela regra antagonista do mais-valor, o processo de circulação deve ser referido de volta à crise e, em consequência, elucidado, antes de qualquer coisa, na própria crise. Nela, se evidencia a continuidade e a irrupção subjetiva do antagonismo. A "Segunda seção do capítulo sobre o capital", aquela dedicada, verdadeira e propriamente, ao "processo de circulação" não começa, por conseguinte, aí onde está colocado o título correspondente; mas, sim, somente depois do *excursus* sobre a crise, uma centena de páginas mais tarde, ou melhor, como veremos na lição 6, depois do *excursus* das "*Formen*" ("formações que precedem a forma capitalista"), que preenche outra centena de páginas (e que, talvez, represente uma expansão adicional do interesse marxiano pela definição da crise). A análise da *crise enquanto forma da circulação* pertence, portanto, a esse tecido de análise fundamental traçado pela teoria do mais-valor. Trata-se de uma pesquisa sobre o funcionamento do antagonismo próprio do processo produtivo na crise da circulação. Portanto, a teoria do mais-valor continua – e se torna específica – na teoria da crise. Tão somente após esse *excursus*, poderemos afirmar que se concluiu a primeira parte dos *Grundrisse*.

> (...)considerado de maneira precisa, o *processo* de valorização do capital – e o dinheiro só devém capital pelo processo de valorização – aparece ao mesmo tempo como seu *processo de desvalorização*, sua desmonetização (p. 327). A desvalorização constitui um momento do processo de valorização; o que já [está] simplesmente implícito no fato de que o produto do processo, em sua forma imediata, não é *valor*, mas primeiro tem de entrar outra vez na circulação para ser realizado enquanto tal (p. 328). No interior do processo de produção, a valorização se apresentava totalmente idêntica à produção de trabalho excedente (a objetivação de tempo excedente) e, por isso, sem outros *limites* além daqueles que, dentro deste próprio processo, em parte são pressupostos, em parte, postos; limites que, no entanto, nele sempre são postos como *obstáculos* a serem superados. Agora, aparecem obstáculos ao processo que estão situados *fora* dele (p. 329),

Ei-nos aqui, destarte, imediatamente no meio do problema. Na esfera da circulação, se exacerbam as contradições da produção. Nela, as contradições se reproduzem continuamente, se revivem numa nova forma e também se superam, embora "só são superadas de forma violenta" (p. 330); "O que importa aqui – onde é considerado o conceito geral do capital – é que ele não é *essa unidade de produção e valorização* de maneira *imediata*, mas só como um *processo* ligado a condições que, como vimos, são condições *externas*" (p. 331); certamente, "cada limite aparece como barreira a ser superada" (p. 332). O fato que a crise seja imanente ao conceito do capital representa não somente uma determinação negativa, como também positiva: a compressão na direção do mais-valor relativo, à tendência ao mercado mundial, à "produção de *novas necessidades* e descoberta e criação de novos valores de uso" (p. 332); tudo isso representa a *tensão positiva*, colocada em movimento pelos limites do conceito, a que o capital sabe e deve recorrer. Toda fase de crise é seguida, assim, de uma gigantesca fase de *reestruturação*.

> O valor da antiga indústria é conservado [pelo fato de] que é criado um fundo para uma nova indústria, onde a relação entre capital e trabalho se põe em uma forma *nova*. Daí a exploração de toda a natureza para descobrir novas propriedades úteis das coisas; troca universal dos produtos de todos os climas e países estrangeiros; novas preparações (artificiais) dos objetos naturais, com o que lhes são conferidos novos valores de uso. [aludir mais tarde ao papel que o *luxo* desempenha entre os antigos, à diferença dos modernos]. A exploração completa da Terra, para descobrir tanto novos objetos úteis quanto novas propriedades utilizáveis dos antigos; bem como suas novas propriedades como matérias-primas etc.; daí o máximo desenvolvimento das ciências naturais; similarmente, a descoberta, criação e satisfação de novas necessidades surgidas da própria sociedade; o cultivo de todas as qualidades do ser humano social e sua produção como um ser, o mais rico possível em necessidades, porque rico em qualidades e relações – a sua produção como um produto social universal o mais total possível (porque, para um desfrute diversificado, tem de ser capaz do desfrute e, portanto, deve possuir um elevado grau de cultura) – tudo isso é igualmente uma condição da produção baseada no capital" (p. 333). "Porém, do fato de que o capital põe todo limite desse gênero como barreira e, em consequência, a supere *idealmente*, não se segue de maneira nenhuma que a superou *realmente*, e como toda barreira desse tipo contradiz sua determinação, sua produção se move em contradições que constantemente têm de ser superadas, mas que são também constantemente postas. Mais ainda. A universalidade para a qual o capital tende irresistivelmente encontra barreiras em sua própria natureza, barreiras que, em um determinado nível de seu desenvolvimento, permitirão reconhecer o próprio capital como a maior barreira a essa tendência e, por isso, tenderão à sua superação por ele mesmo" (p. 334).

Superar realmente, evitar, portanto, a crise: isto é o que o capital *não consegue fazer*. São duas, de fato, as modalidades fenomênicas em que se apresenta a crise. Por um lado, *crises de desproporção* (crise, por conseguinte, da circulação verdadeira e própria, de desequilíbrio dos diversos elementos que constituem a circulação do capital); e, por outro lado, *crise de realização* (crise, portanto, relativa à capacidade de consumo, quando sobreprodução e consumo inadequado e/ou subconsumo se verificam concomitantemente). Mas – para além dessas formas fenomênicas – a lei fundamental da crise consiste na necessidade da contínua reprodução da própria crise. A crise está na contradição entre produção e valorização, mas não como é registrada "nos momentos particulares do processo ou, na realidade, na totalidade de processos reciprocamente opostos". Existe um limite que não conseguiremos achar na circulação ou na produção em geral; devemos sondá-lo, em vez disso, numa profundidade muito maior. Devemos chegar à lei da produção baseada no capital. Pois bem, desse ponto de vista imanente, a crise deriva:

> 1) do trabalho necessário como limite do valor de troca da capacidade de trabalho viva; 2) do valor excedente como limite do trabalho excedente e do desenvolvimento das forças produtivas; 3) do dinheiro como limite da produção; 4) da limitação da produção de valores de uso pelo valor de troca. *Hinc*[52] a superprodução, *i.e.*, a súbita *recordação* de todos esses momentos necessários da produção fundada no capital; em consequência, desvalorização geral devido ao esquecimento de tais momentos. Com isso, ao mesmo tempo impõe-se ao capital a tarefa de recomeçar sua tentativa a partir de um grau mais elevado de desenvolvimento das forças produtivas etc., com colapso cada vez maior *como capital* (p. 340).

A lei fundamental da crise está, em consequência, na relação contraditória entre trabalho necessário e mais-valor, e está radicada no funcionamento da lei do mais-valor.

[52] N. do. E.: "Daí".

É impressionante seguir a violência com que, nas páginas imediatamente seguintes, Marx evidencia os efeitos da lei fundamental na determinação da crise. Se o capital é "*a contradição viva*" e dinâmica, o operário é a rigidez, a força contraposta, *o limite*. A relação se subjetiva pouco a pouco. O desenvolvimento tem sempre a forma da crise porque, assim como a crise, ele se fundamenta, em última instância, no fato que "a sua *valorização* aparece dependente inteira e exclusivamente de sua relação como trabalho objetivado com o trabalho vivo; *i.e.*, da relação do capital com o trabalho assalariado" (p. 328, 329). "A proporção original" – isto é, como dividir essas quantidades – constitui o problema que domina tanto o desenvolvimento quanto as crises do capital. "*Manter a proporção adequada entre consumo e valorização*; em *excesso para a valorização*" (p. 364) é o objetivo permanente do capital. A destruição do capital, a desvalorização do trabalho vivo, a reconstrução de termos "mais justos" (para o capital) da exploração: é isto, para o capital, a crise, este é o preço que ele está sempre disposto a pagar para renovar a sua dominação, a sua potência subjetiva.

Se analisarmos mais profundamente, todavia, os mecanismos da crise, se lermos a lei fundamental nos termos em que a teoria do lucro nos ensinou a lê-la, então chegaremos à *relação política* que vertebra todo o procedimento analítico. A objetividade das leis mostra novamente a subjetividade de seu desenvolvimento. Porque *a relação entre mais-valor e trabalho necessário* é, como várias vezes vimos, *a relação entre as duas classes*. Por um lado, a coisa é simples e cristalina:

> (...) o capital aparece como produto do trabalho, o produto do trabalho aparece igualmente como capital – não mais como simples produto nem como mercadoria permutável, mas como *capital*; trabalho objetivado como domínio, comando sobre trabalho vivo. Também aparece como produto do trabalho o fato de que seu produto aparece como *propriedade alheia*, como modo de existência

> autônomo contraposto ao trabalho vivo, que aparece igualmente como *valor* existente por si mesmo; o fato de que o produto do trabalho, o trabalho objetivado, é dotado de alma própria pelo próprio trabalho vivo e se fixa diante dele como *poder estranho*. (...) Esse processo de realização é igualmente o processo de desrealização do trabalho (p. 373).

O problema está, portanto, do lado do capital, e é totalmente político. A dominação prolonga a exploração, da produção à reprodução das relações da própria dominação: "o que aparece como resultado do processo de produção e de valorização é, sobretudo, a reprodução e nova produção da *própria relação entre capital e trabalho*, entre *capitalista* e *trabalhador*" (p. 377). Mas, por outro lado, a coisa também é simples e cristalina: "O que é reproduzido e produzido de novo não é somente a *existência* dessas condições objetivas do trabalho vivo, mas *sua existência como valores autônomos, i.e., pertencentes a um sujeito estranho, ante essa capacidade de trabalho viva*" (p. 379). A subjetividade do trabalho vivo se opõe, de maneira antagonista, à consolidação do trabalho morto enquanto poder de mando sobre a exploração, e se lhe opõe de modo tão negativo que chega a negar-se a si própria enquanto valor, essência explorada. É negação do valor e da exploração: "o próprio trabalho vivo aparece como *estranho* perante a capacidade de trabalho, da qual ele é trabalho, da qual ele é a manifestação vital peculiar, porque o trabalho vivo é cedido ao capital em troca de trabalho objetivado, em troca do produto do próprio trabalho. A capacidade de trabalho comporta-se, em relação ao trabalho vivo, como algo estranho, e se o capital quisesse pagar a ela *sem* a fazer trabalhar, aceitaria o negócio com prazer" (p. 380). Mas isto ainda não é suficiente. A negação se faz *insurgência revolucionária*, consciência de inversão.

> Reconhecer os produtos como seus próprios produtos e julgar a separação das condições de sua efetivação como algo impróprio e

> imposto à força – isto é uma consciência formidável, produto ela própria do modo de produção fundado no capital, e o dobre de finados desse modo de produção, da mesma maneira que, com a consciência do escravo de que ele *não pode ser a propriedade de um terceiro*, com a sua consciência como pessoa, a escravidão só pode continuar vegetando em uma existência artificial e deixou de poder continuar como base da produção (p. 380).

Nesse momento, a lei fundamental da crise se desenvolveu inteiramente em lei da luta de classes. O argumento somente poderá ser retomado "mais adiante, ao tratar do trabalho assalariado". A interiorização da crise do desenvolvimento é tamanha, que a crise e o desenvolvimento são vistos como produto da luta de classes.

Não se pode negar que essas páginas se encontram atravessadas por uma extraordinária tensão subjetiva e revolucionária. Como consequência, talvez, o atalho entre teoria do mais-valor e teoria da crise se encontre enfrentado e atravessado por um genuíno ímpeto. Vimos que Marx obtém certos resultados importantes que – desse modo – afirmam a matriz subjetiva e fortemente subversiva da teoria, particularmente no tocante à interpretação da crise. Ainda assim, é preciso sublinhar, imediatamente, o fato que esse atalho não tem (naturalmente) a mesma clareza do que o caminho completo. Podemos compreender as urgências subjetivas de Marx, podemos avaliar positivamente os seus efeitos, mas também devemos reconhecer que, aqui, abundam *paradoxos* e *ambiguidades*. Entre os paradoxos, há um que surpreende em particular: se trata daquele que afirma que o auge da subjetividade revolucionária se faz acompanhar pelo auge da contradição no desenvolvimento do capital, isto é, a revolução está de mãos dadas com a *catástrofe*. A crise é potencialmente capaz de fazer com que ambas as tendências, revolução e catástrofe, sejam homólogas e contemporâneas. Do ponto de vista prático, esse paradoxo é perfeitamente explicável: se trata de uma operação que tende a fazer que convirjam, que se agreguem no mesmo foco todos os elementos da teoria e da subjetividade, numa ação definitiva de persuasão. Marx e o marxismo revolucionário estão plenos, *et pour cause*, dessas exclamações políticas intencionais. Trata-se de uma verificação global, que desloca todos os elementos da crítica e os faz convergir sobre momentos de verdade prática, como exigido pelo método subversivo da classe revolucionária operária. Dito isto, resta o fato que esse fogo de barragem, tanto mais útil quanto mais complexo, deve ser um resultado antes do que uma premissa. Parece que à revolução desde cima promovida pelo capital, em seu movimento arrojado, desde o meio das crises até a representação social do próprio poder, deva corresponder também um tipo de revolução desde cima, da parte operária – cuja catástrofe confere motivações racionais. E ainda a brevidade do atalho e as suas implicações estão carregadas de outros significados que devemos explicitar. Para nós, é fácil realçar a crítica, mas deve ser importante que consigamos transformar o sentido – tanto mais porque nos encontramos ante uma fase, ante uma vertente, e *somente uma,* da abordagem marxiana. Os limites do desenvolvimento teórico são sentidos pelo próprio Marx. Mas, por que não tentamos compreender também o valor e a determinação positiva desses limites? Mover-se nesse terreno de compreensão significa retomar *o núcleo da metodologia revolucionária da ciência marxiana.*

E então? Estamos diante de um objetivismo exasperado de Marx? Diante de uma concepção da subjetividade puramente residual, em relação à determinação dos elementos críticos do desenvolvimento capitalista – de maneira que aquela surgiria deste, como Minerva nasceu pronta e armada da cabeça de Zeus? Ou pior: estaríamos ante uma concepção orgânica do desenvolvimento capitalista que acopla, ao determinismo da crise, uma subsequente gênese parasitária do projeto revolucionário? Do ponto de vista da metodologia, já consideramos essas possíveis objeções. Nenhuma delas nos pareceu temível. Porque a tendência pode certamente esconder a violência de origem, mas não a cancelar. Porque a falta de forças históricas adequadas ao projeto pode, desde o início, achatá-lo sobre o horizonte da necessidade histórica, mas não pode impedir que aflore a violência multilateral ao longo de seu desenvolvimento. A imanência do antagonismo – perscrutada no infinitesimal do conceito – pode muito bem parecer apenas um ponto: as trajetórias, as linhas antagonistas de seu desenvolvimento não se cancelam por isso. Por outro lado, se soubermos ler essas páginas, bem como a preocupação que nelas se constata, a gênese do antagonismo será tão aguda e contundente, que somente com uma fleuma glacial poderíamos depreender conclusões negativas. Em suma, aqui a urgência, o fio vermelho da urgência revolucionária na teoria fez precipitar a análise, precipitá-la segundo uma acepção química, como sedimentação ao redor de alguns reagentes demasiado puros. Mas essa precipitação se desenvolve, precisamente, contra toda forma de objetivismo e de reformismo. Poder-se-ão denunciar os paradoxos, aporias e as ambiguidades condensados nessas páginas, mas se quisermos resolvê-los do ponto de vista político, teremos de reconhecer-lhes uma paixão revolucionária com alta octanagem. Se quisermos resolvê-los do ponto de vista teórico, poderá afirmar-se qualquer coisa, mas jamais compreendê-los única ou predominantemente em chave objetivista e organicista. Rosdolsky nos diz com frequência que o "catastrofismo" marxiano constitui uma clave para a partitura revolucionária. Nós, que por vezes experimentamos a raiva da derrota e a excitação teórica da inovação, podemos certamente compreender tudo isso.

Da compreensão à interpretação. Não basta, na realidade, somente compreender. Devemos penetrar com maior clareza nessa problemática. Consideremos um problema crucial, o da *lei da queda tendencial da taxa de lucro*, talvez um dos pontos mais ambíguos e paradoxais desse Marx. Tentemos enxergar se os problemas mencionados não podem ser apenas compreendidos, como também resolvidos explicitamente; se entre as diversas formulações é possível selecionar uma que seja solucionadora – que seja adequada ao ponto de vista de classe e que ao mesmo tempo responda aos pressupostos metodológicos marxianos. A razão de escolhermos esse ponto específico para avançar é clara, a lei da queda tendencial da taxa de lucro é, de fato, a que melhor parece prestar-se às atrozes vivissecções promovidas pelos críticos. Se lograrmos mostrar, a propósito dela, a correção do desenvolvimento da pesquisa marxiana, a continuidade da lei do mais-valor e do ponto de vista de classe, teremos dado um bom passo para frente.

Pois então, com a lei da queda tendencial da taxa de lucro, Marx pretende, como se sabe, demonstrar que *as taxas de valorização do capital diminuem na razão direta da variação da relação entre a parte constante e a parte variável do capital*. Quando o aumento da parte constante comprime a variável, determina como consequência uma redução proporcional na extração do valor. Ao ser incrementado, o capital constante absorve, *proporcionamente*, cada vez menos trabalho vivo, i.e., menos trabalho valorizante. Consequentemente, ainda que do ponto de vista quantitativo, em termos de massa total, o capital esteja subsumindo uma quantidade superior; a massa de lucro pode aumentar, ao mesmo tempo que se produz uma queda da taxa de lucro. Segundo essa lei, o desenvolvimento capitalista *tende necessariamente à crise*, porque, pelas mesmas razões que o capital assume progressivamente cada um dos encargos da produção, se esvaziam os valores do próprio capital. Quando essa lei se forma, o faz a partir da relação – estabelecida pela lei do mais-valor – entre trabalho necessário e mais-valor. Sobre essa base, a lei da queda da taxa de lucro deriva do fato que *o trabalho necessário é uma grandeza rígida*. O desenvolvimento capitalista poderá pressionar e até comprimir essa grandeza, poderá multiplicar a força produtiva do trabalho, mas ao final o mais-valor que pode ser extraído encontrará um limite. A rigidez da parcela necessária da jornada de trabalho constitui esse limite colocado ao processo de valorização. Um limite crescente, na medida em que o aumento da produção, da massa de lucro, tem diante de si uma força contrária cada vez menos disposta a ser submetida, a ser espremida. Essa rigidez é, por conseguinte, a que imprime o seu sentido à lei da queda tendencial da taxa de lucro. Nela, se lê o que Marx reconheceu nas páginas imediatamente precedentes dos *Grundrisse*, sobre a primeira formulação da lei, isto é, a estranheza radical, a *autonomia da classe operária em relação ao desenvolvimento do capital*. Devemos ter presente que, nessa perspectiva, se pode enunciar, à luz do ulterior desenvolvimento capitalista, uma nova hipótese, a nosso juízo totalmente realista e amplamente comprovada pela experiência mais recente da luta de classes: a hipótese que a magnitude do valor da parcela necessária da jornada de trabalho *não somente* é cada vez mais rígida, *como também* tende a valores superiores e, por conseguinte, a diminuir – subjetiva, ativamente – o mais-valor que pode ser extraído. A massa de trabalho necessário é rígida, e dada essa rigidez se abrem possibilidades para uma valorização num nível mais elevado, do ponto de vista da classe operária, isto é, *de uma autovalorização operária e proletária*. Em suma, nesse Marx, a desvalorização da força de trabalho enquanto compressão da parcela necessária da jornada de trabalho não somente não é indefinivelmente ampliável; como também é, na realidade, limitada e reversível. O trabalho necessário pode valorizar-se autonomamente, o mundo das necessidades pode e deve expandir-se. Deriva disso uma imagem da lei da queda tendencial da taxa de lucro que combina a proporcionalidade da perda de valor do capital com a valorização independente da classe operária. Na lei da queda tendencial, se encerra uma das mais lúcidas previsões marxianas do *aprofundamento da luta de classes* em curso no desenvolvimento capitalista. As confusões sobre isso nascem, ou se explicitam, posteriormente, quando Marx, *ao reformular a lei*, propõe em vez da fórmula da relação entre trabalho necessário e mais-valor, a fórmula correspondente à *composição orgânica do capital* (proporção entre capital constante/capital variável) ou a da relação entre lucro e salário. Não é que essas duas fórmulas não se achem presentes nos *Grundrisse*, mas é que aqui elas se acham subordinadas às quantidades definidas pela lei do mais-valor. Quando, ao contrário, elas se convertem em leis principais ou exclusivas, toda a relação se deslocará impropriamente para um plano objetivista e economicista. Assim como da interpretação da lei da queda tendencial da taxa de lucro, a partir da fórmula da composição orgânica, derivará uma concepção que *elimina* a luta de classes, enquanto variável fundamental e rígida da teoria; da mesma maneira, no tocante à interpretação dessa lei, a partir da trama da relação salário/lucro, derivará uma lei irreal da pauperização crescente. A miscelânea das causas antagonistas coroará o quadro, apresentando-nos uma descrição de tal maneira pouco realista da crise induzida pela queda da taxa de lucro que, nela, as causas antagonistas sempre terminam sendo mais importantes e definitivas do que o funcionamento da própria lei.

Partimos da necessidade de interpretar uma série de oscilações marxianas sobre o discurso da crise. Compreendemos *o sentido revolucionário de seu catastrofismo*. Agora podemos acrescentar que o catastrofismo – bem como o objetivismo e o determinismo que ele implica – são identificáveis no plano teórico somente como reflexo de uma reformulação mais tardia do pensamento marxiano, de uma formulação que transtorna a linha de seu desenvolvimento fundamental, e que nega a centralidade da lei do mais-valor como fundamento para qualquer outra categoria marxiana. Mas, se tomarmos essa lei como ponto de partida, podemos corretamente atribuir ao catastrofismo marxiano à mera urgência revolucionária de seu projeto, nós podemos então reconhecer a própria busca do atalho como uma mera alusão à extensão argumentativa e teórica, podemos diluir dessa maneira os resíduos objetivistas e deterministas no cenário de seu materialismo militante. Ao contrário, a imagem da crise passa a fundar-se sobre a máxima intensidade do desenvolvimento da luta de classes, sobre a máxima extensão do vigor da lei da exploração. Podemos, neste momento, inverter o quadro teórico e reconhecer que – nunca se viu neste nível do discurso – se tornou cristalina *a imanência da luta de classes ao desenvolvimento e à crise, na estrutura do capital.* É uma antecipação do que veremos, quando formos estudar a segunda parte dos *Grundrisse*, quer dizer, o processo de circulação e a reformulação das categorias da luta de classes na escala do capital social. Por enquanto, insistamos sobre a importância dessa abordagem.

Contudo, a propósito da lei da queda tendencial da taxa de lucro, sempre se deve fazer uma observação a mais. Suponhamos que, dado certo desenvolvimento da luta de classes, o endurecimento da frente proletária induza ao estancamento e/ou à queda da taxa de lucro. Suponhamos que essa situação se distenda durante certo tempo e que a extensão da resistência de classe seja socialmente homogênea. Agora, sobre esse terreno, não teremos apenas uma redução da taxa de lucro, como também uma *redução de sua massa total.* Que a situação descrita não seja irreal, no-lo provam as lutas de classes nos países capitalistas avançados nas décadas de 1960 e 1970.

É importante sublinhar tudo isso, porque nos permite proceder com maior profundidade na ruptura de todo plano economicista aplicado à teoria marxiana. A lei da queda tendencial da taxa de lucro é verdadeira, em suma, somente se for interpretada à luz da teoria do mais-valor. A sua tendência se organiza sobre a complexidade das tensões da classe em luta contra o trabalho capitalista e pela sua própria autovalorização. Mas ainda podemos acrescentar algo mais: somente nessas condições, é possível ser "catastrófico" do ponto de vista operário. Somente não considerando o comunismo como inevitável, ele será inevitável. Trata-se de um paradoxo apenas nas palavras. Na realidade, somente a liberdade do trabalho necessário, a criatividade do trabalho aplicada a si mesmo, a sua força simultaneamente criativa e destrutiva constituem o verdadeiro limite do capital e a causa recorrente e múltipla de sua crise. Até a irreversibilidade da crise, quando, na relação fundamental, a massa de trabalho explorado expropria os expropriadores da massa de trabalho explorado. Não há teoria da crise fora dessa perspectiva.

Isto não é suficiente, ainda assim. O esquema marxiano da crise não é somente fundamental para reconduzir toda a fenomenologia econômica da crise a seu fundamento de classe. Torna-se também riquíssimo, como começamos a ver, para definir a rica *fenomenologia da crise* no terreno da luta de classes. Quero dizer, uma vez reconduzido o estudo das causas da crise, uma vez presentes os elementos metodológicos próprios de Marx; nesse instante, o desdobramento da crise (das crises) se revelará entretecido por uma enorme pluralidade de instâncias dialéticas, de trajetórias críticas, de segmentações significativas. Decerto, apenas após ter examinado novamente a crise, dentro de uma relação mais articulada entre produção e circulação, o caminho se tornará transitável. Apesar disso, vale a pena destacar a importância das consequências da análise desenvolvida.

Por meio da teoria da taxa de lucro, nas duas tensões que ela interpreta, a construtiva/civilizatória e a destrutiva/coercitiva, a doutrina do mais-valor alcançou e concluiu o seu curso atual, culminando numa teoria da crise como produto da luta de classes. Isto é o que vimos nesta lição. Com ela, concluem-se a primeira parte dos *Grundrisse* e a elaboração da doutrina operária do mais-valor.

Que dizer? Tem-se a impressão, neste momento, que estamos sentados numa bomba. Algum petardo inicial já explodiu, talvez prematura, talvez incoerentemente. Alguns potenciais já foram identificados, alguns outros que ainda serão identificados já puderam pelo menos ser entrevistos. Mas precisamos agora explorar o potencial da teoria do mais-valor e – explorando-o – deslocar outra vez o terreno da análise. Até este momento, seguimos a linha guia de uma análise estirada até o extremo de sua elasticidade. Chegamos a um ponto em que as alusões à continuação da análise, ao novo horizonte e à nova riqueza que ela descortina, são quase somente negativas. O comunismo no esplendor da catástrofe. O esquema dual que rompe, estilhaça toda categoria da economia política, expondo-a ao risco da luta de classes. A própria luta de classes determina o seu projeto na destruição do trabalho assalariado, e se abre para um pluralismo extremo de negações radicais. Nessa inflexão da análise, percebemos exatamente a eficácia *destrutiva e crítica da análise marxiana*. É um pars destruens de intensidade cartesiana. Tudo isso foi reduzido e destruído em nome do princípio da luta de classes, da teoria do mais-valor. E agora? Trata-se de *abordar novamente o enfrentamento entre capital social e classe recomposta*. Uma análise que significa uma concretização, uma historicização cada vez mais determinada da abordagem teórica. Uma análise que deve ser uma passagem à política. A alusão negativa tem o direito e o dever de converter-se em proposição ativa e positiva. A alusão ao comunismo, que contém a teoria da crise, deve preencher-se de conteúdos concretos. Temos ante nós uma imagem do capital que começa a mover-se – da produção à circulação, mas a circulação se acha bloqueada, aqui, na forma da crise. Uma crise que pode ser catastrófica: e isto é necessário, dada a urgência do projeto revolucionário. Mas suponhamos que a circulação estabeleça o seu curso, ainda que seja na forma irreversível da crise; suponhamos que a inerência à luta entre as duas classes tenha se estabilizado e tão somente de maneira tendencial se apresente como explosiva; suponhamos, enfim, que a relação entre normalização da circulação e crise e, por outro lado, o crescimento tendencial da classe na direção do comunismo, se apresentem como uma situação de fato, e teoricamente apreciável. O cansaço que Marx evidencia quando avalia esses pressupostos (veremos isso nas páginas iniciais da parte sobre a circulação), já a sublinhamos e evidenciamos como causa do repentino desenvolvimento do *excursus* sobre a crise – momento sacrossanto de impaciência revolucionária. Mas está claro, outrossim, que o novo terreno é o da normalização e do posterior salto para frente, em termos de socialização do capital – e de luta de classes. *Deslocar a análise* é, por conseguinte, necessário. Como sempre, acumulam-se motivações teóricas e históricas nos nódulos cruciais de transição. Para constituir uma motivação e uma intenção políticas? Se tivesse que dar uma resposta à pergunta, me inclinaria pela afirmativa. De fato, e a teoria da queda tendencial da taxa de lucro no-lo demonstra – Marx procedeu até a apreciação da autonomia radical da classe operária. A teoria da exploração, socializando-se mais por aproximações do que pelo fechamento da sintaxe, desembocou na emergência antitética das duas forças sobre o terreno. O tecido político, nesse momento, se tornou fundamental para poderem ser traçados os desenhos teóricos, e começa a determinar a condição preliminar. Quanto mais cresce a abstração e a complexidade da teoria, tanto mais há necessidade de um suporte real. *Torna-se impossível pensar um deslocamento da análise, um salto para frente, que não se ache ligado a uma força, a um sujeito que protagonize esse salto*. A sua diferença, a sua singularidade deve ser presumida como condição de uma pesquisa exaustiva. Para Marx, essa série de pressupostos existe: alusivamente, mas nem por isso menos real, a autonomia de classe foi afinal identificada. Não somente, não tanto como parte de uma dialética recompositiva. Na teoria da crise, a autonomia de classe se apresenta como ruptura de toda dialética, como fundação da independência do proletariado, como proposta de comunismo. Não sei se o meu argumento ficou convincente. Sei, de todo modo, que com qualquer outra abordagem seria impossível superar a fronteira que separa a teoria do mais-valor da teoria da revolução contra o capital social. A menos que sejamos gulosos por "Teoria".

LIÇÃO 6
Capital social e mercado mundial

Da teoria do mais-valor à teoria da circulação: passagem ao segundo tema fundamental dos Grundrisse. *Aspectos substanciais e metodológicos da pesquisa.* "Formas que precedem a produção capitalista"*: um parêntese para avançar mais. Retorno ao argumento: a socialização como apropriação. Da subsunção formal à subsunção real. O "salto qualitativo" ao capital social. Da afirmação à negação: a socialização como obstáculo. "Revolução permanente" do capital e sua lei. Limite e obstáculo. Ao mercado mundial. A expansão do capital e a sua forma antitética: capital social e luta de classes. O momento sintético do raciocínio como desenvolvimento extremo e adequado do antagonismo.*

A crise, então, tem que *ser normalizada* na teoria da circulação. A circulação não é outra coisa senão a expansão do tecido formado pela dinâmica da exploração. *A teoria da circulação é a continuação e a expansão da teoria do mais-valor.* O *excursus* sobre a crise já nos havia mostrado a circulação, mas havia feito unicamente em termos negativos, sublinhando o aspecto negativo da dialética da cisão e colocando em primeiro plano os seus efeitos destrutivos e imediatos. Agora, ao contrário, devemos considerar a mediação. A circulação é uma vitória capitalista sobre a crise. Não é suprimida, apesar disso, a relação que constitui a crise e o próprio capital – relação de cisão entre as duas classes e a sua luta. Para normalizar a crise – para conter a lógica de cisão que a constitui e que sempre corre o risco de explodir – o capital deve difundir-se e multiplicar-se na esfera da circulação, com cada vez mais agressividade. Ainda assim, cada novo terreno saturado pelo capital e a sua circulação constitui ainda outra relação de classe.

Circulação e reprodução ampliada do capital, da classe operária e de sua luta. Evidentemente, surgem a esse propósito problemas que encerram uma grande dificuldade, por exemplo – em geral – a definição da articulação entre circulação e reprodução ou – caso se queira – o problema do potencial produtivo da circulação. Retornaremos a esses problemas, registrando, por enquanto, a relativa imprecisão de Marx ao abordá-los. O que importa aqui analisar é, primeiramente, a força expansiva do capital. Não se trata apenas de um processo quantitativamente caracterizado; mas, também, qualitativamente. Na realidade, por meio dessa expansão, o capital se constitui cada vez mais como força coletiva, subsumindo progressivamente as forças produtivas. Inversamente, com isso o capital denota a sua própria precariedade, a precariedade de seu próprio desenvolvimento enquanto capital num nível superior, no nível do capital social, da subsunção de toda a sociedade pelo capital. A segunda parte dos *Grundrisse* consiste nesse formidável passo em frente da análise.

Devemos abrir aqui um parêntese, a fim de insistir na *importância da segunda parte* dos *Grundrisse*. Se, repetindo Vygodsky, a descoberta do mais-valor introduz a luta de classes na teoria econômica; a análise da esfera da circulação desdobra a teoria da luta de classes em teoria do sujeito revolucionário. A teoria do mais-valor (objeto da primeira parte dos *Grundrisse*) consiste na definição da possibilidade do sujeito revolucionário, a sua definição pela via negativa. *Com a teoria da circulação, a realidade do sujeito coletivo de classe* tem que ser colocada no âmbito da cisão normalizada, que está na análise (e na realidade) da circulação. Nesta lição e na próxima, estudaremos a referida passagem.

Nas duas seguintes (lições 8 e 9), enfrentaremos um momento posterior: a teoria do comunismo, como teoria da realização progressiva do sujeito, como síntese da teoria da crise e do sujeito.

Desenvolver o discurso nesse sentido envolve uma série de considerações que o texto marxiano tão somente tangencia: elementos que são próprios da metodologia marxiana, elementos que, sem embargo, Marx teorizou de maneira explícita muito raramente; mas que, aqui, nestes momentos de transição, assumem um papel de absoluta importância. Particularmente, devemos insistir no *caráter constituinte* de diversos *deslocamentos teóricos* que identificamos. Sempre devemos sublinhar o caráter real desses momentos de transição. É como dizer que a análise marxiana tende cada vez mais ao concreto. Da teoria do mais-valor à teoria da circulação, da análise do mercado à análise do capital social, da subsunção formal à subsunção real – Marx se aproxima cada vez mais do concreto, do político. Com frequência até demais, Marx foi lido como a história imediata do desenvolvimento capitalista. Não é verdade. Pois bem, entre esses pontos de transição e seus deslocamentos formidáveis, nós frisamos qual é a verdadeira chave do processo do conhecimento: uma aproximação progressiva à complexidade do sujeito revolucionário, ao plano real da luta de classes. Uma aproximação que realiza um critério fundamental da metodologia marxiana: apreender a relação essencial de maneira tão subjetivamente fecunda a ponto de considerá-la animada pela *transformação* real. Entre teoria do mais-valor e teoria da circulação, realiza-se uma trajetória em que o sujeito se torna cada vez mais verdadeiro, mais concreto. A estrutura celular que a teoria do mais-valor descreve ganha corpo, realidade animal plena. O nosso problema expositivo é, obviamente, como marchar na cadência desse processo. Isso não será difícil, se seguirmos a argumentação marxiana.

Para Marx, entretanto, isso é difícil. Na realidade, após ter iniciado formalmente o discurso sobre a circulação (p. 327), ao escrever no começo da página: "Segunda seção. O processo de circulação do capital", Marx nos mantém entretidos durante uma centena de páginas com o *excursus* sobre a crise, que vimos ser um apêndice da teoria do mais-valor/lucro. Pois, então, ele ainda não começa, ainda não entra no mérito. Nos "Cadernos IV e V", ininterruptamente, no fluxo contínuo da escrita marxiana, nos encontramos ainda diante de outras 50 páginas, sobre as "formas que precederam a produção capitalista" (p. 388-423) É outro longo parêntese, outra prorrogação do cumprimento do compromisso assumido no começo da *Segunda seção* (o texto, contido nos Cadernos mencionados, foi presumivelmente redigido em fevereiro de 1858).

Die Formen é um pequeno tratado sobre os processos produtivos "que precedem a formação da relação capitalista ou da acumulação originária". Um pequeno tratado que, com frequência, foi publicado de modo independente porque, certamente, à primeira vista, tem uma identidade própria[53]. Esse pequeno tratado, de todo modo, é impressionante pelo volume de leituras e estudos que Marx levou em conta (a edição do IMEL dos *Grundrisse* alerta que, além da obra fundamental de Niebhur, "são mais de cinquenta títulos de obras trabalhados por Marx ao escrever essa seção"); abrindo uma série de problemas particulares extremamente importantes[54].

Não nos compete enfrentar o mérito das questões abordadas em *Die Formen*. Somente não devemos esquecer que esse escrito participa organicamente dos *Grundrisse* e que, por isso, temos de compreender qual o lugar que ocupa no desenvolvimento do raciocínio marxiano. É caso de compreender, portanto, porque *Die Formen* se acha inserido nesse ponto. Qual é, em suma, a sua função sistemática? Pois bem, devemos colocar em relevo ime-

---

[53] Nota do Autor: MARX, Karl. Fome economiche precapitalistiche; prefazione di Eric J. Hobsbawn. Milano, Editora Riuniti, 1985.

[54] *N. do A.: SOFRI, G. Il modo di produzione asiatico*: storia di una controversia marxista, Torino: *Einaudi, 1969.*

diatamente que esse estudo, novamente, é *mais um estudo sobre a crise*. Após a análise pontual e sincrônica que o *excursus* sobre a crise desenvolveu, neste caso se trata de uma análise histórica, diacrônica. Depois de ter visto a crise na forma da circulação, Marx a analisa em *Die Formen* na figura da tendência de longo prazo, da genealogia. O método é perfeito: em ocasiões, lendo essas páginas, se sente a vontade de considerá-las como um exemplo direto e imediato dos critérios metodológicos da *Einleitung* ("introdução"). Uma explicitação historiográfica. Encontramos todo o acúmulo de temas sobre o que nos demoramos na lição 3: abstração determinada – tendência – nova exposição – deslocamento. Apesar disso, a relevância desse escrito (ainda não levando em conta a especificidade da matéria) não é certamente metodológica; mas, ao contrário, substancial. *Die Formen* é demasiado importante, em primeiro lugar, para a leitura e a interpretação do ritmo interno dos *Grundrisse*. Trata-se de um parêntese que não podemos colocar em parêntese. Novamente, portanto, devemos reivindicar a função desse escrito na economia dos *Grundrisse*, no projeto de passagem à análise da circulação e aos problemas teóricos que esse deslocamento da pesquisa coloca. Move-se no sentido de aperfeiçoar a *análise da crise*, levando-a ao ponto em que a *identificação das partes em jogo*, das classes que constituem o tecido do desenvolvimento e da crise, já não pode ser deixada de lado ou mistificada. Não podemos subestimar esse novo avanço, na determinação concreta da dialética da cisão.

Mas vejamos alguns dos pontos centrais de *Die Formen*. Parece-me que se possa começar identificando *um eixo geral* abstrato e *duas posições consequentes*, bem mais concretas. O eixo consiste na definição da *lei geral do desenvolvimento histórico dos modos de produção*: uma comunidade existe, um *modo de produção* está estabilizado, e a sua reprodução é adequada às condições objetivas encontradas. Mas "A própria produção, ou seja, o progresso da população (também este faz parte da produção), abole necessária e gradualmente essas condições; destrói-as, em lugar de reproduzi-las etc., e com isso desaparece a comunidade, juntamente com as relações de propriedade sobre as quais estava fundada" (p. 398). Os limites da produção, da reprodução, da crise estão determinados pelo grau de condicionamento objetivo, pela *predeterminação das condições*. "Nesse caso podem ter lugar desenvolvimentos significativos dentro de um círculo determinado. Os indivíduos podem parecer importantes. Todavia, não se pode pensar aqui em um desenvolvimento livre e pleno nem do indivíduo nem da sociedade, uma vez que esse desenvolvimento está em contradição com a relação original" (p. 399). Toda "*formação social determinada*" é, por conseguinte, *esse conjunto de condições e de limites cuja relação é simultaneamente constitutiva da existência e da crise da formação dada*. O traço geral da civilização se move da natureza à história, se toda formação social é, por definição, "limitada", o sentido do desenvolvimento aponta na direção da ilimitação das possibilidades humanas.

> De fato, porém, se despojada da estreita forma burguesa, o que é a riqueza senão a universalidade das necessidades, capacidades, fruições, forças produtivas etc. dos indivíduos, gerada pela troca universal? [O que é senão o] pleno desenvolvimento do domínio humano sobre as forças naturais, sobre as forças da assim chamada natureza, bem como sobre as forças de sua própria natureza? [O que é senão a] elaboração absoluta de seus talentos criativos, sem qualquer outro pressuposto além do desenvolvimento histórico precedente, que faz dessa totalidade do desenvolvimento um fim em si mesmo, *i.e.*, do desenvolvimento de todas as forças humanas enquanto tais, sem que sejam medidas por um padrão *predeterminado*? [O que é senão um desenvolvimento] em que o ser humano não se reproduz em uma determinabilidade, mas produz sua totalidade? Em que não procura permanecer como alguma coisa que deveio, mas é no movimento absoluto do devir? (p. 399, 400).

Esse é o eixo geral, abstrato e tendencial que se apresenta em *Die Formen*. A *lei do movimento* (no momento em que a lei da tendência conduz à passagem do limitado ao ilimitado) promove a passagem da *unidade à diferença:*

> Todas as formas (mais ou menos natural e espontaneamente originadas, mas, ao mesmo tempo, todas também resultado do processo histórico) em que a comunidade supõe os sujeitos em uma unidade objetiva determinada com suas condições de produção, ou em que uma existência subjetiva determinada supõe as próprias comunidades como condições de produção, tais formas correspondem necessariamente só a um desenvolvimento limitado, e limitado por princípio, das forças produtivas. O desenvolvimento das forças produtivas as dissolve, e a sua própria dissolução é um desenvolvimento das forças produtivas humanas. Em um primeiro momento, trabalha-se a partir de uma certa base – de início, originado natural e espontaneamente –, em seguida, pressuposto histórico. Mais tarde, no entanto, essa própria base ou pressuposto é abolida ou posta como um pressuposto evanescente, que se tornou muito estreito para o desenvolvimento do bando humano progressivo (p. 407).

Diferença e ilimitação, diferença e riqueza são, assim, termos homólogos à *lei geral do desenvolvimento*.

> Não é a *unidade* do ser humano vivo e ativo com as condições naturais, inorgânicas, do seu metabolismo com a natureza e, em consequência, a sua apropriação da natureza que precisa de explicação ou é resultado de um processo histórico, mas a *separação* entre essas condições inorgânicas da existência humana e essa existência ativa, uma separação que só está posta por completo na relação entre trabalho assalariado e capital (p. 401).

Como se disse, depois da definição da lei geral do desenvolvimento, *seguem-se duas perspectivas subordinadas* mais concretas e, por conseguinte, a análise de pelo menos *dois grupos fundamentais de "formações"*, de sua relação interna, constitutiva, e das crises que a deslocam. Não é parte da nossa tarefa aprofundar a análise das comunidades antigas e orientais, que representa uma das aproximações marxianas a um tipo de "formação social determinada", pré-capitalista – e tampouco vale a pena reconstruir e sublinhar aqui a recuperação marxiana da tradição ilustrada e protorromântica da "decadência dos impérios". É mais interessante, em vez disso, examinar o caminho marxiano que leva à análise da "*acumulação originária capitalista*", ao segundo tema subordinado. Ao redor dele começa a ser elucidada uma série de pressupostos (no mínimo) genéricos que constitui o fundamento da lei geral precedente e dos exemplos seguintes. Leiamos os dois textos seguintes:

> O que nos interessa aqui, antes de tudo, é o seguinte: o processo de dissolução, que [por um lado] transforma uma massa de indivíduos de uma nação etc. em trabalhadores assalariados livres δυνάμει 55 – indivíduos coagidos ao trabalho e à venda do seu trabalho só por sua falta de propriedade –, supõe, por outro lado, *não* que as fontes de renda e, em parte, as condições de propriedade anteriores desses indivíduos tenham *desaparecido*, mas, ao contrário, supõe *somente* que se alterou a sua utilização, que o seu modo de existência se transformou, que passaram para outras mãos ou, em parte, permaneceram nas *mesmas* mãos como *fundos livres*. Mas uma coisa está clara: o mesmo processo que separou uma multidão de indivíduos de suas relações afirmativas – de uma maneira ou de outra – anteriores com as *condições objetivas do trabalho*, que negou essas relações e, dessa maneira, transformou esses indivíduos em trabalhadores livres, esse mesmo processo liberou δυνάμει essas *condições objetivas do trabalho* –território, matéria-prima, meios de subsistência, instrumentos de trabalho, dinheiro ou tudo isso junto – da *vinculação anterior* com os indivíduos agora delas dissociados. Elas ainda *existem*, mas existem em outra forma: como *fundos livres*, nos quais foram apagadas todas as antigas relaçõesi políticas etc., e que só na forma de *valores*, que, autossuficientes, se defrontam com aqueles indivíduos isolados e privados de propriedade. O mesmo processo que contrapõe a massa, na qualidade de trabalhadores livres, às *condições objetivas de trabalho*, também contrapôs

[55] N. do T.: Do grego, "potencialmente".

> essas condições, na qualidade de *capital*, aos trabalhadores livres. O processo histórico foi o divórcio de elementos até então unidos – em consequência, seu resultado não é que um dos elementos desaparece, mas que cada um deles aparece em uma relação negativa com o outro –, o trabalhador livre (potencialmente), de um lado, o capital (potencialmente), do outro. Na mesma medida, o divórcio entre as condições objetivas e as classes que foram transformadas em trabalhadores livres tem de aparecer no polo oposto como uma autonomização dessas mesmas condições (p. 413).

> A *produção de capitalistas e trabalhadores assalariados, por conseguinte, é um produto principal do processo de valorização do capital*. A Economia corrente, que só tem olhos para as coisas produzidas, esquece isso completamente. Tendo em vista que, nesse processo, o trabalho objetivado é simultaneamente posto como não *objetividade* do trabalhador, como objetividade de uma subjetividade contraposta ao trabalhador, como *propriedade* de uma vontade que lhe é estranha, o capital é ao mesmo tempo necessariamente *capitalista*, e a ideia de alguns socialistas, segundo a qual precisamos do capital, mas não dos capitalistas, é inteiramente falsa. No conceito do capital está posto que as condições objetivas do trabalho – e estas são produto dele mesmo –assumem uma *personalidade* diante do trabalho ou, o que significa a mesma coisa, que elas são postas como propriedade de uma personalidade estranha ao trabalhador. No conceito do capital está contido o capitalista (p. 422).

Nessas páginas, *todo o discurso sobre a transformação (crise) diacrônica se torna discurso constitutivo da luta de classes concebida num sentido moderno*. As articulações de produção e reprodução – longe de constituir simplesmente os termos rígidos da "formação social determinada" – representam o dinamismo da composição das classes. O dualismo antagonista do desenvolvimento que, até este momento, se estabeleceu sobre uma definição sociológica de compatibilidade e limites internos à formação social determinada, se personaliza, se subjetiviza. Da mesma maneira que a análise sincrônica da crise no *excursus* anteriormente realizado, nos conduziu a considerar a crise como o produto da luta de classes, esse posterior aprofundamento nos leva a "personificar" os atores da relação de produção e a considerar transformação e crise como dois produtos da luta desses "sujeitos" em particular. Com a análise da acumulação originária, o conceito de "formação social determinada" se torna conceito de "*composição de classe/s*": recupera o dinamismo da ação dos sujeitos, o remete à vontade que organiza ou destrói as relações de necessidade.

Com frequência, *Die Formen* foi atacado e reconhecido como a sobrevivência, nos *Grundrisse*, de uma atitude teórica simultaneamente naturalista e humanista, uma importação do primeiro Marx, pré-crítico, do jovem Marx, em sua obra madura. Não se pode deixar de reconhecer certa pertinência nessas críticas. A lei geral do movimento cheira à filosofia da história e sociologia. Na análise do mundo antigo e das civilizações orientais, nos achamos em meio a uma sociologia histórica. Decerto, sem embargo, que essa ambiguidade e esse caráter genérico se dissolvem pouco a pouco, quanto mais nos aproximamos da análise do mundo capitalista e da acumulação originária. Aqui, os termos sociológicos da formação social, os critérios internos de compatibilidade e limitação (critérios totalmente adequados a uma sociologia funcional) se desagregam até dissolverem-se na *dialética da cisão*. Essa dialética, num primeiro momento, atenua e posteriormente dissolve o humanismo inicial. A plenitude das necessidades e do desenvolvimento é a plenitude da ruptura, da cisão. E mais: pela primeira vez, a dialética de classes não somente mostra a sua natureza cindida, como também – como dizem os anglo-saxões – experimenta aqui uma "*implementation*", uma especificação a mais e um significado superior. Converte-se em *dialética de sujeitos*. A importância política dessa passagem não pode ser subestimada. Compreendemos também a causa da aparente interrupção representada por *Die Formen* no curso da análise da circulação. Aqui, em *Die Formen*, se constroi *intuitivamente* esse conceito de sujeito que a análise da circulação deverá repor-nos *teoricamente*. Adivinhava-se – e de alguma forma se prefigurava – a *operação de deslocamento* que a seção sobre a circulação se dispunha a materializar. Esse capítulo, *Die Formen*, não se situa, por conseguinte, à margem do desenvolvimento dos *Grundrisse*, não supõe uma interrupção deles. Ele é, ao contrário, simultaneamente, um ótimo exemplo de método (a argumentação, apesar de tudo, consegue corrigir algumas incongruências filosóficas e humanistas presentes no começo) e de processo substancial. Introduz-se a temática do sujeito que deve ser formada na relação de luta implícita na circulação. E, não se esqueça, aqui o sujeito não tem nada que ver com pressupostos, de novo, humanistas e substancialistas. O sujeito é produto da luta de classes, resultado da relação entre a extrema alienação do operário e a insurgência revolucionária, é o curto-circuito da cisão e a explosão dessa inversão (de toda homologia naturalista) que somente a relação entre diferença e totalidade poderá interpretar.

> Será considerado posteriormente que a *forma mais extrema do estranhamento*, forma em que, na relação do capital com o trabalho assalariado, o trabalho, a atividade produtiva, aparece em relação com as suas próprias condições e com seu próprio produto, é um ponto de passagem necessário – e, por isso, encerra *em si*, ainda de forma invertida, de cabeça para baixo, a dissolução de todos os *pressupostos limitados da produção*, e, mais ainda, cria e produz os imprescindíveis pressupostos da produção e, em consequência, as condições materiais plenas para o desenvolvimento total, universal, das forças produtivas do indivíduo (p. 425).

Nesse ponto, a análise retoma o seu fio condutor explícito: a circulação do capital, o seu processo. É caso de estudar a socialização do capital como consequência do dinamismo contraditório da lei da taxa de lucro. Uma *primeira fase da análise* se concentra no processo de sucessiva e contínua assunção das condições sociais da produção por parte do capital. É o momento dialético da tese, da posição, da afirmação, em toda a potência de sua abstração.

A circulação do dinheiro era um *perpetuum mobile*[56]. Esse caráter define também a circulação do capital. Embora o capital estruture substancialmente a mobilidade, ele ainda é mobilidade criativa. "A circulação do capital é ao mesmo tempo seu devir, seu crescimento, seu processo vital. Se alguma coisa tivesse de ser comparada com a circulação sanguínea, não seria a circulação formal do dinheiro, mas a circulação plena de conteúdo do capital" (p. 426). No tempo e no espaço, o capital circula determinando fluxos cada vez mais coesos, temporalmente mais velozes, espacialmente mais integrados. As condições sociais da produção estão formadas, organizadas e dominadas pela organização da circulação, pelo impulso que nela o capital imprime. *Circulação* é, por isso, primeiramente, *expansão da potência social do capital*; mas, pela mesma razão, *apropriação* de todas as condições sociais e sua subordinação ao *processo de valorização*. Ainda que a circulação não produza mais-valor, ela coloca o capital em condições de produzir mais-valor em cada ponto da circulação. A apropriação capitalista da circulação, uma apropriação cada vez mais totalitária, determina a circulação como fundamento da produção e da reprodução, até um *limite de identificação* histórica, efetiva (ainda que não lógica) de *produção e circulação*. "Essa remoção do solo natural sob o solo de toda indústria e a transposição de suas condições de produção para fora dela em uma conexão universal – por conseguinte, a transformação daquilo que aparece supérfluo em algo necessário, em necessidade historicamente produzida – é a tendência do capital. A própria troca universal, o mercado

[56] N. do. E.: "Movimento perpétuo", hipótese conceitual cuja impossibilidade é uma das leis básicas da mecânica.

mundial e, em consequência, a totalidade das atividades, do intercâmbio, das necessidades etc., dos quais ela consiste, devêm o fundamento universal de todas as indústrias" (p. 435). Dentro de uma circulação assim saturada pelo capital, o próprio trabalho é unificado, não unicamente em sua parcela expropriada de modo direto e medida pela taxa de lucro, como também enquanto trabalho necessário. As *Vergleichungen* ("comparações") se verificam também sobre o trabalho. "Se a sociedade como um todo fosse considerada como um indivíduo, o trabalho necessário consistiria da soma de todas as funções de trabalho particulares que são autonomizadas pela divisão do trabalho" (p. 434). *A circulação do capital transforma incessantemente o trabalho necessário em trabalho "socialmente" necessário.* A circulação satura, dessa maneira, o capital e, naturalmente, os elementos que o compõem, até premi-lo a uma homogeneidade interna que constitui um verdadeiro e próprio *deslocamento* da categoria. A socialização do capital é um processo que, através da circulação, determina uma pulsão irresistível à expansão, à apropriação, à homogeneização – no limite da totalidade social. "Quanto mais as necessidades, elas próprias historicamente postas – necessidades geradas pela própria produção, as necessidades sociais – necessidades que são elas próprias o resultado da produção e relação sociais, são postas como *necessárias*, tanto mais elevado é o desenvolvimento da riqueza real" (p. 435).

A partir daqui, no entanto, temos que dar outro passo para frente, ainda que seja a título de elucidação. Quero dizer que o processo de socialização do capital não pode ser considerado, de maneira alguma, formalmente. Pois representa um *processo real*. Na circulação, na socialização, o capital se unifica *realmente*. Devemos, por essa razão, começar a ver "o grau em que se constituiu a comunidade real na forma do capital" (p. 439). *Da subsunção formal à subsunção real* – submissão efetiva, funcional, orgânica, de todas as condições da produção e do trabalho enquanto força agrupada.

> O máximo desenvolvimento do capital se dá quando as condições gerais do processo de produção social não são criadas a partir da *dedução da renda social*, dos impostos do Estado – em que a renda, e não o capital, aparece como fundo de trabalho e o trabalhador, embora seja trabalhador assalariado livre como qualquer outro, economicamente se encontra em uma outra relação –, mas pelo *capital como capital*. Isso mostra, de um lado, o grau em que o capital já submeteu a si todas as condições da produção social e, por essa razão, de outro lado, a extensão com que a riqueza reprodutiva social está *capitalizada* e todas as necessidades são satisfeitas sob a forma da troca; bem como a extensão com que as necessidades do indivíduo, como necessidades *socialmente postas*, *i.e.*, as que ele consome e precisa não como indivíduo singular na sociedade, mas coletivamente, com outros – cujo modo de consumo, pela natureza da coisa, é um modo social –, também estas são não só consumidas por meio da troca, da troca individual (p. 439).

Naturalmente, ao avanço da subsunção correspondem, para o capital e o seu Estado, *formas institucionais adequadas*.

Temos que insistir ainda mais nesse desenvolvimento. A circulação produz aqui, na realidade, um primeiro efeito produtivo. Se "a *permanente continuidade* do processo, a passagem desimpedida e fluente do valor de uma forma à outra, ou de uma fase do processo à outra, aparece como condição fundamental para a produção fundada sobre o capital em um grau muito diferente do que em todas as formas de produção precedentes" (p. 441). – isto é, também, *condição para um salto*, para uma mudança de natureza do capital. Nas páginas sobre o lucro, Marx realçou vigorosamente as condições sociais dadas como garantia da continuidade da produção, da manutenção do valor etc., mas nessa análise, o capital era um sujeito colocado frente à sociedade, e explorava (gratuitamente) as condições predispostas para a sua reprodução. Aqui, essa dualidade, esse distanciamento chegou ao fim. *O capital constitui a sociedade, o capital é totalmente capital social*. A circulação produz a socialidade do capital. Marx alerta plenamente sobre essa passagem e a ressalta: "abriu a perspectiva, que neste ponto ainda não pode ser delineada com nitidez, de uma *relação específica do capital às condições coletivas, gerais da produção social*, em contraste com as condições do *capital particular* e do seu *processo de produção particular*" (p. 440). O salto ao "capital social" não é, consequentemente, genérico, exatamente como também não é o salto ao "trabalho social". É um *salto qualitativo que satura a categoria do capital.* A sociedade se apresenta, doravante, como sociedade do capital. Por meio dessa transição, todas as condições sociais são subsumidas pelo capital e participam, por conseguinte, de sua "composição orgânica". E, além disso, participam das condições sociais – que se apresentam em sua imediatez. Temos, paulatinamente, subsumidos no capital, todos os elementos e os materiais do processo de circulação (dinheiro e troca em primeiro lugar, como funções de mediação) e depois aqueles atrelados ao processo de produção, dado que aqui se situa o fundamento da *passagem da manufatura à grande indústria, à sociedade-fábrica.* E, posteriormente, os que se ligam ao processo da estrutura ideal e institucional. Aqui, na realidade, está a origem da passagem ao *Estado do capitalista coletivo ideal*, a sua realização. A subsunção real do trabalho e da sociedade no capital, passagem que transforma as categorias marxianas, imprimindo-lhes a partir desse momento um dinamismo fortíssimo – ela constitui, em certa medida, o pilar fundamental da perspectiva da pesquisa marxiana. Essa passagem se acha enunciada aqui, nos *Grundrisse*, com a máxima ênfase e clareza. Trata-se de uma passagem que domina a empreitada marxiana, é uma passagem de extraordinária antecipação e relevância. Para nós, de extraordinária atualidade.

Demorar-se na caracterização da força expansiva do capital não é suficiente. O capital é uma relação, é síntese de uma contraposição, é sobredeterminação de uma cisão. À tese se contrapõe a antítese, a afirmação da negação. Após sublinhar a função expansiva da circulação, Marx coloca em avaliação o seu conceito à análise dialética.

> o *tempo de circulação* só determina o valor na medida em que aparece como *barreira natural* para a valorização do tempo de trabalho. Portanto, ele é de fato uma dedução do tempo de trabalho excedente, *i.e.*, um aumento do *tempo de trabalho necessário*" (p. 445). E a seguir: O *tempo de circulação* aparece, portanto, como obstáculo da produtividade do trabalho = aumento do tempo de trabalho necessário = redução do tempo de trabalho excedente = redução do valor excedente = freio, obstáculo do processo de autovalorização do capital. Assim, enquanto o capital, por um lado, tem de se empenhar para derrubar toda barreira local do intercâmbio, *i.e.*, da troca, para conquistar toda a Terra como seu mercado, por outro, empenha-se para destruir o espaço por meio do tempo (p. 446).

Tempo e espaço, após constituir o tecido da expansão do capital na circulação, se apresentam agora como obstáculos. Obstáculos que devem ser anulados, destruídos – *reduzindo o espaço ao tempo*, imprimindo ao tempo o caráter da velocidade dos deslocamentos e das transformações. Não se trata, no entanto, somente disso. Já vimos como a circulação é tendencialmente a totalidade da sociedade. Na sociedade – na composição das forças produtivas e não somente em suas abstratíssimas determinações espaço-temporais – surge outra série de obstáculos para o pleno desenvolvimento do capital. Agora, dentro dessas determinações, o capital está contido. Necessita libertar-se deles e com isso libertar a sua própria potência – e de novo, sempre, a possibilidade de subversão.

> O capital põe a própria *produção de riqueza* como pressuposto de sua reprodução e, consequentemente, o desenvolvimento universal das forças produtivas, a contínua revolução de seus pressupostos existentes. O valor não exclui qualquer valor de uso; portanto, não inclui nenhum tipo de consumo etc., de intercâmbio etc., como condição absoluta; e, da mesma forma, cada grau de desenvolvimento das forças produtivas sociais, do intercâmbio, do conheci-

mento etc., se apresenta para ele unicamente como obstáculo que ele luta para superar. O seu próprio pressuposto – o valor – é posto como produto, e não como pressuposto superior, pairando sobre a produção. O limite do *capital* é que todo esse desenvolvimento procede de modo contraditório, e o aprimoramento das forças produtivas, da riqueza universal etc., do conhecimento etc., aparece de tal forma que o próprio indivíduo que trabalha se *aliena* [*entäussert*]; se relaciona às condições elaboradas a partir dele não como suas próprias condições, mas como condições de uma *riqueza alheia* e de sua própria pobreza. Todavia, essa própria forma contraditória é evanescente e produz as condições reais de sua própria superação [*Aufhebung*]. O resultado é: tendencialmente εδυνάμει, o desenvolvimento universal das forças produtivas – da riqueza em geral – como base, bem como a universalidade do intercâmbio e, portanto, do mercado mundial, como base. A base como possibilidade do desenvolvimento universal dos indivíduos, e o efetivo desenvolvimento dos indivíduos a partir dessa base como contínua superação de seu *limite*, que é reconhecido como limite, e não passa por *limite sagrado*. A universalidade do indivíduo não como universalidade pensada ou imaginária, mas como universalidade de suas relações reais e ideais. Por esse motivo, também a compreensão de sua própriahistória como um *processo* e o conhecimento da natureza (existente também como poder prático sobre ela) como seu corpo real. O próprio processo de desenvolvimento posto e reconhecido como pressuposto de si mesmo. No entanto, para isso é necessário, sobretudo, que o pleno desenvolvimento das forças produtivas tenha se tornado *condição de produção*; e não que *condições de produção* determinadas sejam postas como limite para o desenvolvimento das forças (p. 447).

A "revolução permanente" do capital indica-nos o motor do movimento. Cada vez que chegamos a uma definição global, o quadro passa por uma inversão completa. *Cisão, e* não contradição, é o que move o processo. A expansão do capital parece ser uma força expressando-se, mas, em vez disso, não passa de uma relação hostil que tem de ser resolvida a cada vez. A lei desse movimento não consiste de uma solução de alguma espécie, mas, ao contrário, da reabertura da cisão, da repproprosição incessante do obstáculo. Nesse ponto, a análise dos obstáculos deve desenvolver-se como um estudo das causas do movimento. Aqui, também, a argumentação se desenvolve retoricamente de acordo com um esquema triádico que, primeiro, situou as condições transcendentais do movimento (espaço e tempo), a seguir, indicou a sua concretização e negação no tema do obstáculo, como especificidade da insurgência de antíteses determinadas; determinadas porém, de novo, abstratas. A síntese do argumento precisa, agora, ser levada de volta ao fundamento de onde tudo se originou, i.e., à lei da luta de classes. É somente a luta de classes o que move o capital. O quadro foi invertido. Então temos que voltar às *relações do trabalho vivo*, e ver a implantação do obstáculo dentro delas. Deveríamos ir através da relação do capital de maneira a chegar a sua determinação? Certamente sim, mas apenas para cindi-la, para considerar o movimento contraditório e pluralista de seus elementos constitutivos. Então

> O tempo de circulação em si é *obstáculo* da valorização (o *tempo de trabalho necessário* certamente também é um obstáculo; mas é ao mesmo tempo elemento, pois sem ele o valor e o capital desapareceriam). Dedução do tempo de trabalho excedente ou aumento do *tempo de trabalho necessário* em relação ao *tempo de trabalho excedente*. A circulação de capital é *realizadora de valor*, assim como o trabalho vivo é *criador de valor*. O tempo de circulação é só um obstáculo dessa realização de valor e, nessa medida, da criação de valor; um obstáculo resultante não da produção em geral, mas específico da produção do capital, cuja superação – ou a luta contra ele –, por conseguinte, corresponde ao desenvolvimento econômico específico do capital e dá impulso ao desenvolvimento de suas formas no crédito etc.} {O próprio capital é a contradição, dado que procura permanentemente suprimir o *tempo de trabalho necessário* (e isso significa, ao mesmo tempo, a redução do trabalhador a um mínimo, *i.e.*, sua existência como mera capacidade de trabalho

> viva), mas o *tempo de trabalho excedente* só existe de maneira antitética, só em antítese ao tempo de trabalho necessário, de modo que o capital põe o trabalho necessário como *necessário* para a condição de sua reprodução e valorização. Em determinado ponto, um desenvolvimento das forças produtivas materiais – que é, ao mesmo tempo, desenvolvimento das forças da classe trabalhadora – *abole o próprio capital* (p. 448, 449).

A radicalidade do desenvolvimento marxiano da lógica da cisão é, neste momento, totalmente evidente. Novamente – mas com uma força cada vez maior à medida que se incrementa a complexidade das categorias – pois, a relação entre trabalho necessário e trabalho excedente dita a articulação do processo, do momento de expansão do capital e suas contradições, que movem aquele. A articulação do capital é uma dialética de "limites" funcionais ao desenvolvimento do lucro, é uma dialética de exploração que pode e deve ser bloqueada no "limite" da máxima exploração, da máxima expansão do capital. Por que o capital tem necessidade de autolimitar-se para autovalorizar-se se torna óbvio: o seu processo de valorização é uma *estratégia* que deve ter presente para si a cisão que constitui o próprio conceito de capital. O limite do desenvolvimento é uma função estratégica que se opõe aos "obstáculos" da produção de mais-valor – obstáculos, em primeira instância, definidos na esfera da circulação e, em última e decisiva instância, redefinidos e ativamente reconfigurados na esfera da produção, no momento mais imanente da relação de produção, no plano da cisão entre trabalho excedente e trabalho necessário.

> (...) o capital força os trabalhadores ao trabalho excedente para além do trabalho necessário. Só assim ele se valoriza e cria valor excedente. Por outro lado, entretanto, ele só põe o trabalho necessário *desde (e à medida) que seja trabalho excedente* e este último seja *realizável* como *valor excedente*. Por conseguinte, o capital põe o trabalho excedente como condição para o necessário e o valor excedente como limite para o trabalho objetivado, enfim para o

> valor. Tão logo ele não pode pôr o primeiro, não põe o último, e, de acordo com seu fundamento, só ele pode pô-los. Portanto, o capital limita – por meio de |restrição artificial, como os ingleses o expressam – o trabalho e a criação de valor, e o faz, na verdade, pela mesma razão porque e à medida que põe trabalho excedente e valor excedente. Portanto, de acordo com sua natureza, o capital põe um *obstáculo* para o trabalho e a criação de valor que está em contradição com sua tendência de expandi-los contínua e ilimitadamente. E uma vez que tanto põe um obstáculo que lhe é *específico* quanto, por outro lado, avança para além de *todo* obstáculo, o capital é a contradição viva (p. 345).

Entendemos agora o que significa dizer que "o verdadeiro obstáculo à produção capitalista é o capital mesmo". O *verdadeiro obstáculo à produção capitalista é a relação de força que constitui o conceito de capital*, é a cisão que constitui o desenvolvimento. Sobre isso, o próprio conceito de capital se torna conceito de uma estratégia, de um projeto de dominação continuamente recalibrado pela produção adequada, proporcional, expansiva, segundo *vetores do poder de mando*, do lucro. O limite, a medida, a proporção: todos esses são elementos de definição da estratégia capitalista, são figuras em que a estratégia se fixa. Mas fixando-se, termina por limitar a potencialidade de desenvolvimento das forças produtivas no interior da relação de dominação do capital. Não poderiam exceder nunca essa limitação os termos da relação inicial? Não. O capital pode, de acordo com esse modelo, exasperar a sua força de determinação até o limite da guerra, da destruição. Rosa Luxemburgo escreveu páginas estupendas sobre a relação entre limite e obstáculo. Aqui, tenhamos presente que o limite se configura como resultado da estratégia, diante do obstáculo que o proletariado necessariamente determina contra a produção de mais-valor e a reprodução do poder de mando capitalista.

O processo de expansão do capital, a "revolução permanente" que ele deve impor para superar os obstáculos à exploração, e para definir a sua própria estratégia vitoriosa, tendem à *constituição do "mercado mundial"*. Em repetidas ocasiões, fomos testemunhas desse desdobramento das condições da produção capitalista visando ao máximo de sua expansão, até a constituição de uma nova base. Aqui, queremos por um momento delongar-nos nesse argumento, assumindo-o – como o assume Marx – a título de exemplo para o próprio procedimento, a respeito do tema da circulação expansiva do capital. Devemos sublinhar de modo imediato que, se o lucro é a organização do capital determinada pelo tempo, *o mercado mundial é a organização do capital determinada pelo espaço*. Em Marx, o processo de constituição do mercado mundial segue, por conseguinte, os ritmos da constituição do lucro, tanto formal quanto substancialmente. Em Marx, detectamos uma tensão na *identificação dos dois conceitos*. O fato que, nos *Grundrisse* (como também nas obras sucessivas), essa identificação não se ache plenamente realizada, não tolda em absoluto a formidável atualidade da hipótese. A nós, portanto, nos interessa introduzir aqui a concepção de dialética do *Weltmarket* ("mercado mundial"), porque nela apreendemos uma nova exposição do problema da circulação, no que alguns dos resultados da pesquisa até aqui efetuada saltam aos olhos com particular intensidade.

Pois então, nos *Grundrisse*, o mercado mundial aparece desde as primeiras páginas, já no capítulo sobre o dinheiro, e continua propondo-se, incansavelmente, em todos e em cada um dos momentos fundamentais – e mesmo quando *tenha sido previsto de ser incluído em um livro especial só sobre ele*. Também nesse assunto, o ritmo expositivo segue a lógica triádica: afirmação, negação, síntese. Por *afirmação*, entendemos a descrição linear dos processos constitutivos do *Welmarket*, "da autonomização do mercado mundial" (p. 109). Nessa primeira aproximação, sobre a primeira afirmação se aglutinam outros elementos, e de maneira bastante confusa: por exemplo, a descrição do mecanismo substancialmente linear se acha mesclada pela determinação dos obstáculos que devem ser superados de qualquer maneira. Depois, o discurso se torna mais impaciente: a formação do mercado mundial contém já contemporaneamente as condições de sua superação. Segue, imediatamente (p. 110), uma página sobre o comunismo, sobre o indivíduo realizado. Essa densidade do discurso não deve confundir, pois uma linha mestra a governa e a esclarece. Aparecem, de fato, tanto o momento da negação quanto o da síntese-superação-subversão. A argumentação se prolonga, mas não nos interessa, ainda assim, a operação retórica e argumentativa. Interessa-nos a substância, que é, novamente, *a emergência do tema do obstáculo como fundamental*. Esse tema emerge tanto no plano da circulação quanto da produção. No plano da circulação, como processo conjunto de diferenças e de sucessiva *Ausgleichung* ("compensação"); no plano da produção como impossibilidade de reconduzir os termos dela a uma operação material de equiparação e de mediação. No capítulo sobre "*moeda e moeda mundial*" (p. 169-173), Marx sublinha consequencialmente o bloqueio que a moeda experimenta ao confrontar-se com o mercado mundial. No estágio de desenvolvimento imperialista que Marx registra, é o mínimo que se pode dizer. As dificuldades, os obstáculos, as diferenças são tão fortes que, no âmbito da troca internacional, "o dinheiro deve desmonetizar-se". Somente é vigente a "título político", fala "uma língua diversa": perde, assim, o seu caráter de "signo", para reconverter-se em "mercadoria geral". Mas esse momento de recessão de seus valores gera crise, porque de toda maneira o desenvolvimento capitalista, também por falta de instrumentos adequados, pressiona na direção do mercado mundial. O capital não quer somente superar os próprios obstáculos, como também os limites. Todas as contradições voltam a colocar-se em movimento, de maneira que o "mercado mundial" representa, em todos os sentidos, uma "seção final". "O mercado mundial constitui, portanto, o pressuposto e o suporte de tudo". É a "*Aufhebung*", a crise generalizada da circulação que se volta contra a produção. Essa descrição, efetuada do ponto de vista monetário, é absolutamente preliminar e provisória. No caderno II dos *Grundrisse*, o discurso sobre a relação *Weltmarket–Ausgleichung–Aufhebung* ("mercado mundial" – "compensação" – "suprassunção") se move já num nível superior. A linearidade do desenvolvimento se desdobra agora diretamente sobre o terreno da produção: até o nível do capital internacional. Certamente, não se pode falar em "capital universal", isso representaria uma *contradictio in adjecto*. Pode-se falar, ao contrário, de um "capital em geral", como termo ideal da revolução permanente das relações de produção capitalista. Os obstáculos, sobre esse terreno, já se converteram em momentos, chaves, transições reais a estágios de organização capitalista mais avançada. *O desenvolvimento linear é uma simples hipótese teórica*, a realidade da *Ausgleichung*, da comparação e da equiparação dos valores é, ao contrário, um processo que se cumpre entre mil obstáculos. Mas, de novo, o *resultado do processo é o significado máximo da contradição.*

O discurso deve ser aprofundado e retomado outra vez. Encontramos nos *Grundrisse* uma tensão linear até o *Weltmarket*, tensão que configura a potência expansiva do capital tanto sobre o terreno da circulação quanto sobre o da produção, uma tensão irresistível. Em certas ocasiões[57], dá vontade de gritar o cinismo marxiano, dada a intensidade da exaltação tanto da linearidade do processo, como da função civilizatória do capital. Essa tensão habita também as obras seguintes (conforme, em particular, no *Capital*, vol. 1-3). Com frequência demais, essa leitura se converteu em exclusiva: *a teoria dos estágios do desenvolvimento*, seja na versão oriental ou na versão ocidental, é filha dela. Mas tal tensão não é exclusiva. Ao contrário, ela se acha completamente

---

[57] N. do A.: Ler, sobretudo, *On colonialism*, Moscow, ed. em línguas estrangeiras, ou melhor em *India-Cina-Russia*, Milão, Il Saggiatore, 1960.

ligada a um mecanismo de obstáculos (operários) e limites (capitalistas), cuja articulação deve ser pesquisada atentamente. A circulação, a expansão do capital exige uma contínua reafirmação real das condições sociais da produção que apontam, sempre de modo original, à expansão do capital. *Esta retomada é um processo repleto de obstáculos*: é um processo de definição de igualdades, nivelamentos sempre novos, de *Vergleichungen* ("comparações") e *Ausgleichungen* ("compensações"), do lucro, de sempre novas determinações do lucro médio. *A negação segue a afirmação*, no ritmo dialético do raciocínio. Nós devemos observar, agora, esse processo de equilíbrios sempre novos alcançados pelo capital, de "limites" sempre novos que ele impõe a si próprio (o capital é sempre uma "proporção desproporcional"), ou melhor, uma "desproporção proporcional") – devemos, portanto, observar esse processo a partir de dois pontos de vista. Por um lado, assistimos à corrida desequilibrada avante do capital, até a conquista do máximo espaço transitável e ocupável: é o estágio do imperialismo realizado – e é o terreno sobre o que deve verificar-se a superação – subversão dessa base. Por outro lado, percebemos o fato que essa expansão espacial do capital não é senão o *processo de constituição cada vez mais amplo do lucro médio*: e aqui se impõe a contradição do lucro, o antagonismo das forças que o constituem. Ambos os processos são colaterais: tanto na dimensão espacial, extensiva, como na dimensão intensiva, eles levam ao terceiro momento da dialética, à *Aufhebung* ("suprassunção"). Sabemos que esta forma expositiva é abstrata. Contudo, ela alude ao caminho do capital sobre o terreno e na tendência extrema à ocupação do mundo. Sobre esse terreno, todas as contradições se complicam. Nós, ao seguirmos a análise, devemos *insistir sobre essas complicações*, observar como a dialética existente entre *Weltmarket* – *Ausgleichung* – *Aufhebung* ("mercado mundial" – "compensação" – "suprassunção") se determina paulatinamente de modo específico. Uma incrível riqueza do campo de pesquisa se define pelo surgimento da especificidade. Toda especificidade de determinação implica um deslocamento total da análise. *Nos termos limitados* da análise marxiana, o processo imperialista, no entanto, tem uma "fronteira" indefinida a recorrer, realidades nacionais a mediar, e que constituem o obstáculo efetivo à *Vergleichung* ("comparação"), um horizonte objetivo de contradições, que determinarão o momento futuro da crise. Nós vemos (e já Marx se aproxima, no livro III do *Capital*, de nossa hipótese de leitura) uma realidade multinacional da exploração imensamente mais avançada. Concluimos que, quanto mais avança a unificação capitalista do mundo, quanto mais avança a subsunção real da sociedade mundial sob o capital, mais a temática extensiva e espacial do imperialismo se converte na temática intensiva da exploração, da célula do mais-valor, do antagonismo de classe. Os termos marxianos se mantêm, na realidade, eles se verificam, mais além da definição pontual ao redor do que haviam se determinado. O processo expansivo, imperialista do capital, a sua tensão na direção da constituição de termos médios da exploração mundial é, por conseguinte, um resultado. Porém, simultaneamente, consiste na premissa para que as condições da subjetividade revolucionária possam ser novamente propostas. A expansão imperialista do capital é também uma fuga desse antagonismo de que o capital sempre se ressente em sua determinação como capital. As contradições, os antagonismos são forças motrizes que movem o capital até níveis cada vez mais altos de contradição e antagonismo. Todo resultado é uma premissa, uma nova base. Todo "limite" regulador que o capital se impõe a si próprio nessa corrida histórica constitui a base para que surjam novos "obstáculos". O processo indefinido encontra o seu bloqueio na luta de classes. Mas o processo da circulação experimentou uma expansão tão enorme e tão exacerbada que mostra a circulação do capital não só como expressão da potência coletiva do capital, como também como terreno privilegiado da emergência da força antitética do capital. *O tema do "mercado mundial" é o exemplo mais maduro da tendência revolucionária do desenvolvimento capitalista.*

O "capital social" é a forma em que se consolida a força expansiva do capital, através da circulação. Força expansiva que, como vimos, é também – e sobretudo – força coletiva. Nessa relação, *o capital social é o sujeito do desenvolvimento.* No funcionamento da circulação, o capital se coloca como socialidade, como capacidade de incorporar em seu próprio desenvolvimento, de modo cada vez mais determinado, toda força socialmente produtiva. A subjetividade que compete ao capital nessa síntese é uma figura que ele alcança através de um processo de subsunção, por meio de atos cada vez mais coerentes e exaustivos da subjugação da sociedade. *O próprio modo de produzir muda.* Primeiro, o capital coleta capacidades de trabalho que estão dadas na sociedade e as reorganiza na manufatura. A grande indústria, no estágio seguinte, representa uma situação produtiva na qual o capital social já se erigiu como sujeito, já prefigurou as condições de produção. As condições de trabalho, o processo de trabalho está subordinado ao processo de valorização. A partir de determinado momento, da constituição do capital em "capital social", já não será possível distinguir o trabalho em relação ao capital, ao capital social, ao processo de valorização. Somente o trabalho produz o capital. O capital é totalidade de trabalho e vida.

> "Esse *desenvolvimento contínuo de saber e de experiência*", diz Babbage, "é nossa grande força". Esse desenvolvimento, esse progresso social, pertence [ao] e é explorado pelo capital. Todas as formas de propriedade precedentes condenam a maior parte da humanidade, os escravos, a ser puro instrumento de trabalho. O desenvolvimento histórico, o desenvolvimento político, a arte, a ciência etc. movem-se acima deles nas altas esferas. Mas só o capital capturou o progresso histórico e o colocou a serviço da riqueza (p. 490).

Sigamos as articulações do pensamento de Marx. As páginas que precedem a afirmação aqui citada são um resumo dessa amplíssima análise que, no livro I do *Capital* e no *capítulo VI inédito*, segue e descreve exaustivamente a transição da manufatura à grande indústria, da subsunção formal à subsunção real do trabalho. Encontramos, em suma, um plano resumido, porém completo, de um *contínuo deslocamento das categorias* determinado pela transição histórica analisada por Marx (da manufatura à grande indústria). Simultaneamente, mostra o *método* de análise e definição de toda transição sucessiva (que nos concernem).

> A associação dos trabalhadores – cooperação e divisão do trabalho como condições fundamentais da produtividade do trabalho – aparece, como todas as forças produtivas do trabalho, *i.e.*, forças que determinam o grau de sua intensidade e, por isso, sua realização extensiva, como *força produtiva do capital*. A força coletiva do trabalho, seu caráter como trabalho social, é, por conseguinte, a *força coletiva* do capital. Como a *ciência*. Como a divisão do trabalho, tal como ela aparece enquanto divisão dos empregos e sua respectiva troca. Todas as potências sociais da produção são forças produtivas do capital e, consequentemente, o próprio capital aparece como seu sujeito. Por isso, a associação dos trabalhadores, tal como aparece na fábrica, tampouco é posta por eles, mas pelo capital. Sua união não é *sua* existência, mas a *existência* do capital. Perante o trabalhador singular, ela aparece como fortuita. O trabalhador singular se relaciona à sua própria união com outros trabalhadores e à sua cooperação com eles como algo *estranho*, como modos de ação do capital. O capital, ali onde não aparece sob forma inadequada – como, por exemplo, sob a forma do pequeno capital que trabalha para si –, já supõe concentração em certa escala, maior ou menor, seja em forma objetiva, *i.e.*, como concentração em uma só pessoa, o que coincide aqui com a acumulação de meios de subsistência, matéria prima e instrumentos, ou, em uma palavra, de dinheiro como a forma universal da riqueza; seja em forma subjetiva, acumulação de forças de trabalho e sua concentração em um ponto, sob o comando do capital. Não pode haver um capitalista para cada

> trabalhador, mas tem de haver certa quantidade de trabalhadores por capitalista, e não como um ou dois artesãos por mestre. O capital produtivo, ou o modo de produção correspondente ao capital, só pode existir em duas formas: manufatura ou grande indústria. Na primeira, predomina a divisão do trabalho: na segunda, combinação de forças de trabalho (com um modo de trabalho uniforme) e aplicação de poder científico, onde a combinação e, por assim dizer, o espírito coletivo do trabalho são transferidos para a máquina etc. Na primeira situação, a massa de trabalhadores (acumulada) tem de ser grande em relação ao montante de capital; na segunda, o capital fixo tem de ser grande em relação ao número dos muitos trabalhadores operando conjuntamente (p. 485, 486).

Prosseguindo, Marx especifica de modo absolutamente coerente (também do ponto de vista terminológico), a transição da subsunção formal à subsunção real. Aqui, portanto, *o capital* é sujeito real, é *força social coletiva. A circulação nos deu esse primeiro sujeito.* O raciocínio marxiano conclui, assim, em primeira instância, com esse elemento subjetivo do antagonismo. Nunca se prestou tanto reconhecimento ao capital. Justamente.

Mas, sim, nesse ponto, já não é possível distinguir o trabalho do capital, mas nem por isso se encerra o raciocínio. O outro sujeito, o sujeito operário, deve emergir da mesma maneira. A subsunção capitalista não elimina a sua identidade, apenas domina a sua atividade. O sujeito operário deve emergir no plano em que a força coletiva do capital social coloca o processo. *Se, por um lado, o capital é sujeito; por outro, o trabalho também deve se fazer sujeito.* Antes de qualquer coisa, *sujeito modificado pela sua relação com o capital.* No processo sucessivo das subsunções, o capital muda a composição de classe, pressionando-a a graus de unidade cada vez mais altos debaixo e dentro de sua dominação. Num primeiro momento:

> A reunião de seus trabalhos aparece como um ato particular, junto ao qual subsiste a fragmentação autônoma de seus trabalhos. Essa é a *primeira condição* para que o *dinheiro* como capital se troque pelo

> trabalho livre. A segunda condição é a supressão da fragmentação autônoma desses muitos trabalhadores, em que o *capital singular* aparece diante deles não mais somente como *força coletiva social* no *ato da troca*, de modo que nele são unificadas muitas trocas, mas reúne os trabalhadores em um local sob seu comando, em uma manufatura, não os deixa mais *no modo de produção em que os encontrara* e estabelece seu poder sobre essa base, mas cria como base para si um modo de produção que lhe corresponde. Ele põe a *reunião* dos trabalhadores na produção, reunião que de início será unicamente reunião em local coletivo, sob supervisores, *arregimentação, maior disciplina, regularidade e dependência do capital* posta *na própria produção.* Desse modo, certos custos gerais de produção são antecipadamente economizados. (Sobre todo esse processo, cf. *Gaskell*, onde há referência específica sobre o desenvolvimento da grande indústria na Inglaterra.) O capital aparece agora seja como a força coletiva dos trabalhadores, sua força social, seja como a unidade que os liga e, por isso, cria essa força (p. 487).

Aqui, nenhuma distinção entre trabalho e capital pode ainda ser feita, mesmo do ponto de vista proletário (é o estágio organizativo do sindicato). Depois, contudo, a situação muda. Temos uma unidade da classe operária que, embora forjada pelo capital, nos livrou do isolamento dos operários individuais e nos trouxe ao nível da coalizão de interesses, à base material da unidade política. O capital, portanto, "aparece desde cedo como *força coletiva*, força social e superação do isolamento, inicialmente, da troca com os trabalhadores, depois, dos próprios trabalhadores. O isolamento dos trabalhadores supõe ainda sua relativa independência. Por essa razão, a completa dependência do capital, a completa separação dos trabalhadores das condições de produção, supõe seu reagrupamento em torno do capital singular como o fundamento exclusivo de sua subsistência" (p. 489).

Agora, demos um passo a mais para frente. O progresso objetivo dominado pelo capital começa a revelar o *novo nível subjetivo da classe operária.* Ocorre um salto qualitativo: a unidade dos comportamentos de classe começa a bastar-se por si mesma. A socialização do capital se encontra diante da insurgência do antagonismo de classe. A subjetividade operária se mostra no fato que, em primeiro lugar, a unidade construída pelo capital permite aos operários romper a relação de troca com o capital. *A relação de troca é substituída, no processo capitalista, pela relação de força entre as classes.*

> o trabalhador, quando a concorrência lhe permite barganhar e disputar com o capitalista, mede suas pretensões no lucro do capitalista e reclama uma participação determinada no mais-valor por ele criado, de maneira que a *proporção* devém um momento real da própria vida econômica. Além disso, na luta das duas classes –que emerge necessariamente com o desenvolvimento da classe trabalhadora –, a medida da distância recíproca, que é expressa justamente pelo próprio salário como proporção, passa a ser decisivamente importante. A *aparência de troca* desaparece no processo do modo de produção fundado no capital (p. 496).

Adicionalmente, a subjetividade da classe operária é revelada pelo fato que a relação de troca não é válida *entre* os operários. Nós vamos ver isso em detalhe no próximo capítulo. Por enquanto, temos apenas que colocá-lo como um complemento essencial da queda da relação de troca entre operários e capital.

O capítulo sobre a circulação atinge aqui uma primeira conclusão. A tendência capitalista tem por paralelo a tendência da classe operária. A expansão da relação de troca através da circulação tem por paralelo a sua destruição. A constituição do capital social tem por paralelo a emergência da classe social dos operários. Primeiro, os operários são unidos pelo capital no nível do desenvolvimento social do próprio capital. Em segundo lugar, unidos por si próprios – na identidade e composição materiais – mediante a destruição da relação de troca como uma base para existência associada dos operários. Vimos, então, a explosão da *forma antitética* pela força coletiva do capital, pela sua expansão. Um novo sujeito está agora sobre o terreno. Marx apresentou a genealogia desse novo sujeito, ofereceu-nos um modelo de análise que propõe deslocamentos constantes da pesquisa e da realidade. A composição orgânica do capital *não* engloba a composição política de classe. Em vez disso, a primeira indica a composição política da classe operária como a sua antagonista exterior. *De novo a dialética da cisão se coloca no centro do procedimento lógico e do desenvolvimento real.* A síntese da análise da circulação nos proporciona um desenvolvimento extremo e adequado do antagonismo. É aqui somente uma potencialidade. Mas sigamos avançando com Marx, com os *Grundrisse* nos encontraremos ante desenvolvimentos formidáveis.

LIÇÃO 7
A teoria do salário e seus desenvolvimentos

A. Novamente sobre a forma antitética do desenvolvimento capitalista: uma articulação fundamental dos Grundrisse. *B. O livro sobre o salário e a polêmica ao redor dele: a sua centralidade na gênese e no desenvolvimento do pensamento marxiano. O livro sobre o salário como fundação e como desenvolvimento. Do salário ao sujeito. C. Circulação e pequena circulação. Dinheiro e pequena circulação. A lógica da cisão na teoria da circulação: a teoria do salário como fio condutor da teoria do sujeito e como trama para uma nova fundação da teoria. D.* O fragmento sobre as máquinas: *a lógica da cisão em funcionamento. A potência coletiva da subjetividade e a formação do indivíduo social da revolução comunista. E. Anotações conclusivas: a metamorfose da teoria do valor, a trajetória da subjetividade, o desenvolvimento metodológico verificado.*

Devemos aprofundar a análise realizada na lição 6 e em suas conclusões. Do contrário, a forma antitética do desenvolvimento capitalista e a explosão da lógica da cisão poderiam, na realidade, parecer antes como uma descrição do que uma demonstração. Em questão agora é atingir o nível da *Neue Darstellung* ("nova exposição"), o nível do deslocamento geral dos termos da demonstração. Trata-se de ver como o caráter antitético do capital não consiste apenas num resultado. Decerto também é um resultado, mas a *forma antitética representa* a chave mestra, *a característica geral do desenvolvimento*. Em certos aspectos, o processo que nos levou à definição do capital, sem dúvida, precisa ser completamente invertido. Esta abordagem, que vimos repetindo ao longo da argumentação, situa a temática do mais-valor como lei básica plenamente desenvolvida. Isto confere ao conceito do capital social a marca distintiva da dualidade e do antagonismo. E permite, assim, um segundo momento para a explicação da lei: quanto mais a socialização capitalista se expande, mais o seu caráter antagonista se aprofunda (qualitativamente) e cresce (quantitativamente). A síntese das categorias espaço-temporais vai integrar a contradição fundamental da lei do lucro. A própria estrutura literal dos *Grundrisse* se baseia nessa integração, mediante estágios sucessivos. Aqui estamos entrando no estágio conclusivo da argumentação, após ter experimentado – no *excursus* sobre a crise e em *Die Formen* – uma primeira contração sincrônica e categoria, a seguir, dicrônica e histórica, contrações necessárias para a apresentação e seus exemplos. Agora, esses efeitos desenvolvem um novo terreno, um terreno social, coletivo e geral. *A regra antagonista deve aparecer, por conseguinte, em toda a sua originalidade e em toda a sua força.* O processo de valorização, quando atinga essa dimensão totalitária, deve propiciar espaço à emergência da *autovalorização* proletária, à expansão de sua potencialidade antagonista. Nas próximas páginas, teremos a oportunidade de analisar amplamente essa articulação definitiva do pensamento marxiano. O seu caráter decisivo se tornará óbvio. Poderia dizer-se que, com o *fragmento sobre as máquinas* (que precisamente constitui a linha de chegada de nosso discurso nesta lição) se concluem os *Grundrisse* e que, por isso, o ritmo lógico da argumentação marxiana atinge a sua plenitude. O material contido no fragmento sobre as máquinas (e se trata, no caso, praticamente de todo o caderno VII) é, na realidade, complemento para as suas conclusões, aprofundamento e extensão das linhas de raciocínio ligadas a outras linhas argumentativas, precedentes ou parciais – de toda sorte, muito importantes, ainda que não essenciais. Agora, por conseguinte, nos achamos numa encruzilhada fundamental, no coração dessa *segunda parte*, dessa segunda vertente dos *Grundrisse* que é representada pela *teoria da circulação*. Voltemos, pois, ao texto, no ponto em que o tínhamos deixado ao final da lição 6. O desenvolvimento da argumentação marxiana se assemelha ao movimento de uma grande maré. São ondas argumentativas que chegam e se retraem. Assim, neste ponto, reflui a grande onda que nos trouxe o capital social. Ao refluir, se descobre plenamente a sua antítese: *a subjetividade operária*. Vamos, pois, buscar essa categoria da lógica da cisão em sua forma mais alta, precisamente onde a condensação do capital se revelou máxima. Este é o procedimento utilizado por Marx.

Que o trabalho necessário e a criatividade que dele verte estejam ocultos na forma do salário, ensina-o com enorme contundência a teoria do mais-valor. Essa realidade escondida – porém única e potente enquanto força produtiva – se desdobra no ponto em que funciona a lei do mais-valor, seguindo-lhe os movimentos. Alcançar a subjetividade operária, revelar a sua função, significará então, primeiramente, *explorar a questão da forma do salário*, romper o invólucro que esconde a vitalidade do valor, e a absorve e organiza na aparência da produtividade do capital. Significa, em substância, identificar as leis do movimento do salário que, situando-se numa posição de independência (ou de relativa independência), em relação às leis do movimento geral das mercadorias, referem-se a essa especial realidade que se acha recoberta. Tal projeto está presente, como se viu, no "plano geral" dos *Grundrisse*, no plano aqui redigido de desenvolvimento do estudo de Marx. Na redação do *Capital*, por sua vez, esse projeto não se acha presente. O livro particular que deveria dedicar-se ao salário não aparece no *Capital*, como um capítulo particular.

Por quê? Roman Rosdolsky (p. 61-66) abordou explicitamente a questão e, de modo mais específico, duas perguntas: 1) quais eram os temas que deveriam participar desse livro?; e 2) por que Marx renunciou a um *"livro sobre o salário"* especial? Pois então, se a resposta de Rosdolsky à primeira questão é satisfatória, o mesmo não vale para a segunda. Analisemos detidamente. Que temas deveriam ser tratados no livro sobre o trabalho assalariado? Uma longa e detalhada análise do texto pode permitir-nos elaborar uma lista. Seriam os eles:

Grundrisse (p. 204): o salário como forma de existência da classe proletária diante – na esfera da circulação – das outras duas classes.

Grundrisse (p. 215): as formas do salário. Cotas do salário: desmistificação da ilusão de participação que contêm.

Grundrisse (p. 322, 323): relação entre salário e população total, e relação entre trabalho necessário e mais-valor, quanto ao pagamento de trabalho necessário como pagamento da reprodução de um grupo social.

Grundrisse (p. 339, 340): do trabalho necessário como limite do valor de troca à força de trabalho vivo (rigidez decrescente do salário?).

Grundrisse (p. 349): ao contrário, sobre as leis de redução do salário além dos limites do trabalho necessário. Desenvolvimento histórico das formas do salário.

Grundrisse (p. 380-382): novamente, sobre o desenvolvimento histórico das formas do salário: desmistificação do salário como aparência de troca entre equivalentes. A força de trabalho como "propriedade" do trabalhador.

Grundrisse (p. 429, 430): a "pequena circulação", ou seja, o salário como renda no âmbito da circulação.

Grundrisse (p. 505, 506): salário e excedente de trabalhadores.

Grundrisse (p. 692, 693): a hipótese de um mínimo necessário de salário. Fluidez dessa hipótese no desenvolvimento da análise.

Uma vez presentes esses e outros problemas (fundamentais, tais como a redução do trabalho concreto a trabalho abstrato e a redução dos trabalhos humanos individuais a trabalho médio simples indiferenciado; sobre o problema do trabalho qualificado, veja-se, ademais, *Rosdolsky*, p. 421-433), Rosdolsky passa a responder o segundo dos problemas propostos, concluindo que o livro especial sobre o trabalho assalariado foi suprimido por Marx porque: "a separação rígida entre as categorias do capital e as de trabalho assalariado, prevista no plano antigo, somente poderia ser sustentada até certo ponto e então teria que ser abandonada". Ou, dito de outro modo, os elementos temáticos enumerados deveriam ser considerados como subalternos diante da análise do capital.

Mas isso não é verdade. Como destacamos noutros lugares, não é verdade em geral, nem para vários elementos em particular. Nem todos esses elementos se encontram subordinados às leis do capital; mas, em vez disso, às leis da luta de classes: "a *proporção* devém um momento real da própria vida econômica. Além disso, na luta das duas classes – que emerge necessariamente com o desenvolvimento da classe trabalhadora –, a medida da distância recíproca, que é expressa justamente pelo próprio salário como proporção, passa a ser decisivamente importante. A *aparência de troca* desaparece no processo do modo de produção fundado no capital" (p. 496).

Devemos, nesse ponto, recolocar o problema. Rosdolsky nos ajuda com uma consideração, embora ele a considere secundária. Rosdolsky observa que a redução do trabalho concreto a trabalho abstrato e a redução dos trabalhos individuais a trabalho social médio não demandavam por si sós, estritamente, o capítulo sobre o salário. Essas reduções foram efetuadas no âmbito da teoria do mais-valor e se achavam, por conseguinte, *na base da teoria do capital*. Reduções fundamentais, sim, verdadeiras e próprias fundações, ok – por que se repetir nisso? Podemos responder perfeitamente à pergunta retórica de Rosdolsky. Devemos repeti-la porque o caráter fundamental da descoberta de Marx do mais-valor (e as reduções que o encontraram) *não pode* esgotar-se no livro sobre o capital. Porque cada vez que essa importância fundamental aparece, a análise assume um ritmo lógico diverso: a *lógica da cisão* contra a dialética. Talvez, desse ponto de vista, deva-se afirmar que, sim, o "*livro sobre o salário*" não foi escrito, e não foi não porque constituiria – do ponto de vista da teoria do capital – um problema já resolvido; mas, sim não foi escrito porque, ao invés disso, *toda a teoria do capital somente poderia ser fundada e desenvolvida a partir das modulações da teoria do salário*. O meu ponto de vista é radical e sou consciente disso: já na lição 1 lamentei a ausência do "*livro sobre o salário*" como um elemento de ambiguidade fundamental. Mas aqui estamos talvez em condições de mostrar que, nessa ambiguidade, afundou a quase totalidade dos intérpretes de Marx, mas não o próprio Marx.

Voltemos ao núcleo do problema. O *capítulo sobre o salário* se torna a *fundação do capítulo sobre o capital* no momento em que o trabalho concreto se torna trabalho abstrato; e o trabalho específico e qualificado, em trabalho médio simples. Essa transformação não é uma síntese acabada, um dado para depois construir-se em cima. Ela é *uma tendência*, uma tendência antagonista. O trabalho que produz e a força de trabalho não são um Primeiro Motor Imóvel, a partir do que se criaria o capital. Ao contrário, trabalho e força de trabalho se desdobram ao longo de todas as articulações do capital, e animam contraditoriamente todas as objetivações dele. A constituição da relação de força entre as classes – a certo ponto do desenvolvimento capitalista – expressa de maneira real e coletiva o que já estava presente na relação do capital, desde o início. A circulação do capital intervém – espacial e temporalmente (medianamente) – para permitir que o dualismo do conceito irrompa numa dualidade de sujeitos. Mas, isso acontece sobre uma base, a partir de uma continuidade do processo que não conhece pausa. Não há uma única categoria do capital que possa ser subtraída do antagonismo, desse fluxo perpetuamente em cisão. Ainda menos uma suposta teoria do salário subordinada à teoria do capital. Quando, de fato, no livro I do *Capital*, o salário intervém, retomando muitos dos temas abordados explicitamente nos *Grundrisse* – ele intervém como "*variável independente*". As suas leis derivam da condensação subjetiva da revolta contra o trabalho inscrito no desenvolvimento capitalista, e se erigem imediatamente como regra de independência. Por isso, todo o tecido de categorias que, no momento da intervenção sobre o salário, se acha presente no *Capital*, deve mudar. Da extração do mais-valor absoluto à organização do mais-valor relativo, do capital que subsume formalmente a sociedade, ao capital que a subsume realmente, materialmente. O incremento do valor do trabalho necessário, determinado pela luta sobre a jornada de trabalho e a sua consequente redução, preside um deslocamento geral das próprias categorias da acumulação e da reprodução capitalistas. A fundamentação da teoria do capital está continuamente sujeita a essa dinâmica.

Isto, do ponto de vista das categorias. Ainda assim, não é suficiente. O fato que o salário deva apresentar-se, sempre e de todas as maneiras, como variável independente do processo do capital, produz uma *série de efeitos* que podemos registrar em qualquer nível de seu desenvolvimento. O capítulo sobre o salário não constitui somente a fundamentação implícita, como também a *trama do desenvolvimento* da teoria marxiana do capital. Mal se conclui o esforço em definir os primeiros planos de categorias, eles imediatamente adentram em suas variações históricas e determinadas; e aqui, então, predomina o ponto de vista do salário. A oposição está colocada desde o início: "A troca de uma parte do capital por capacidade de trabalho vivo pode ser considerada como um momento particular, e tem de ser assim considerada porque o mercado de trabalho é regido por outras leis que o mercado do produto etc." (p. 429). Aqui, em realidade, o problema principal é o trabalho necessário que se consolida, de modo cada vez mais pleno, cada vez mais em níveis irreversíveis. E tudo isso "pertence ao separado do salário etc". Mas o que significam "*outras leis*"? Significam que a lógica da cisão domina. Significam que o salário é, em suas quantidades sociais, uma *grandeza independente* e independentemente variável, e significam que a sua rigidez constitui um elemento irreversível da análise. Certo: também essa rigidez deve liquefazer-se. Assumamos, por exemplo, que para estabelecer uma constante qualquer da taxa de lucro, o trabalho necessário se fixa no mínimo necessário de salário. Mas essa é tão somente uma hipótese inteiramente abstrata. Na realidade, a rigidez deve ser estudada historicamente, determinada a partir da relação real de força. "Todas as suposições *fixas* devêm elas próprias fluidas no decorrer do desenvolvimento" (p. 692). Pois bem, praticamente, "a medida do trabalho necessário pode diferir em várias épocas e países". Para o capital, ao contrário, "em cada época histórica a medida deve ser considerada e administrada como unidade do trabalho assalariado".

Mas a contraposição entre essas duas afirmações contraditórias deixa um resto de potencialidade não-desenvolvida – a *realidade da luta de classes. O salário é uma variável independente na medida em que, para o capital, a quantidade, a qualidade, em suma, o valor do trabalho necessário "deve" ser uma dimensão fixa.* Nessa relação contraditória, na contradição que constitui a relação – o capital entra em processo. Não há alternativa: o capital pode mover-se unicamente por meio da lógica da cisão. O polo da cisão está constituído pelo salário, por essa massa de *trabalho necessário,* cujo valor o capital deve fixar a todo custo – e que, contrariamente, é movente, variável, indeterminação final da troca, é uma *resultante da luta de classes*, quando não logra ser ditadura de classe operária e proletária. A independência determina a luta, fixa a sua potencialidade e o seu desenvolvimento. A luta consolida os valores do trabalho necessário e os situa como entidade histórica; signo de um conjunto de necessidades, comportamentos, valores adquiridos, que somente a luta logra modificar e levar adiante – dada a potencialidade que o trabalho vivo tem, a partir das transformações históricas que experimenta – como potencialidade que é, de toda sorte, imposta às transformações produtivas do capital. Sigamos essa *potência do trabalho vivo*, pois na própria forma–salário, ela manifesta tão somente o aspecto mistificado de sua existência, essa fixidez da medida que o capital exige para realizar seus cálculos. Ainda assim, se superarmos essa necessidade imposta pelo capital, sentiremos no salário, e além do salário, a palpitação do trabalho vivo, a sua realidade social, a sua potência antagonista, em cada um dos planos do raciocínio marxiano. Essas pulsações são sentidas continuamente, sem interrupção, no interior de cada momento do desenvolvimento capitalista. A complexidade do problema é atordoante. Recusamos o objetivismo da abordagem da "*escola da lógica do capital*", das infinitas invocações da força possuída pelo capital para possuir e dominar todo o desenvolvimento – pois bem, na mesma medida, nos parece que, tampouco, seja possível recorrer à via da subjetividade que imputa o capital a uma objetivação *tout court*. Tais tensões teóricas não nos interessam, são terríveis simplificações. O que nos interessa é, ao contrário, a ambiguidade do processo, o seu desenvolvimento irresolúvel, o esgotamento de qualquer lei de poder de mando. Nos *Grundrisse*, cada uma das articulações teóricas tão somente pode ser lida dentro dessa *variabilidade extrema da relação de força*. Podemos, com toda a razão, lamentar a incerteza do *Capital* quanto a esse problema. *O Capital* nos oferece somente lampejos, fragmentos absolutamente singulares do desenvolvimento as categorias. *O Capital* não nos proporciona – ainda que os *Grundrisse* o façam – o quadro global e profundo do antagonismo. O salário, as quantidades do trabalho necessário não oferecem somente a fundamentação; eles determinam, ademais, a escala geral, as leis fundamentais do desenvolvimento capitalista. Eis aqui, por conseguinte, diante de nós, *a função criativa do trabalho necessário*, a sua irresistível variabilidade *ascendente*. De condição, a teoria do salário se converte em regra do desenvolvimento. É impossível ler os *Grundrisse* (como antecipação do curso histórico) sem deduzir que a cisão domina o processo. A cisão, do ponto de vista operário e proletário, consiste na consolidação de uma realidade historicamente dada. Sobre esse campo, predomina a força produtiva do sujeito livre.

A análise avança mais um passo. Arranca-se o véu de mistificações que reveste o trabalho na figura do salário – é necessário desprender-se dele. Todos os elementos que gradualmente sublinhamos, alcançam aqui uma articulação, uma combinação criativa. Primeiro, *a potência do trabalho vivo*, essa chave material de toda a dinâmica da produção, esse motor da transformação da natureza em história. Recordemos como, desde as primeiras páginas da análise, o dinheiro começa a representar o terreno intangível, porém potente, do poder de mando social e como o trabalho vivo se erigiu incansavelmente diante dele. Recordemos como, em seu desenvolvimento, o trabalho vivo assumiu a forma da *abstração real*, da sociedade operária, do mediador da produção. *O fio vermelho do trabalho abstrato traça um processo constituinte.* Quanto mais se abstrai e socializa o trabalho – esse é o segundo elemento que desloca a análise – tanto mais se amplia a esfera das necessidades. O trabalho cria as suas necessidades e força o capital a satisfazê-las. A historicidade progressiva das necessidades confere uma concretização à unidade, às unidades diversas e compostas que determinam a progressão do trabalho abstrato e social. Sobre essas necessidades, se forma *o salário* –

para *mistificar* a individualidade, doravante óbvia, das massas de trabalho necessário que esse processo consolidou. Terceiro elemento: essa individualidade tende a tornar-se subjetividade. Ou, dito de outro modo, a conexão das necessidades, a materialidade individual de sua composição deve ganhar vida. A relação com o capital rompe a sujeição à necessidade econômica, e se anima precisamente no único modo em que a matéria pode animar-se, enquanto comportamento, *enquanto potência.* Essa potência é subjetiva e irredutível. O capital se vê constrangido a reconhecer-se como relação, como proporção, como regra imposta a uma cisão. *A forma da relação é, de ambos os lados, a luta.* A luta de classes, a política está a partir de agora no centro da teoria econômica. *Se a teoria do mais-valor introduz na teoria econômica o fato da exploração, a teoria marxiana da circulação introduz nela a luta de classes.* Nesse momento, se pode entender plenamente o que para Marx pode ser o *livro sobre o trabalho assalariado.* É a progressão do raciocínio teórico que leva do econômico ao político, é a imersão do político no econômico, e vice-versa. Da célula da sociedade burguesa descrita e desvelada pela teoria do mais-valor, se passa aqui à análise e ao desvelamento da relação orgânica, desenvolvida, madura, do capital. Todos os fios se enredam. Como veremos, os frutos dessa descoberta são enormes. Pode ter sido difícil atravessar a crista que conduzia a essa segunda vertente da obra marxiana: agora, entretanto, será mais fácil proceder, quando grandes vales se avistam diante de nós. O tema do livro *sobre o trabalho assalariado* é, portanto, um e somente um: *do salário ao sujeito, da relação do capital à luta de classes.* Marx não escreveu um livro especial sobre o salário entendido dessa forma, porque toda a sua obra é uma escritura contínua sobre esse mesmo tema. Uma aproximação contínua à luta de classes, a sua resolução subversiva, à revolução. Então, precisamos ver como se desdobra a lógica da independência do sujeito operário.

Retomemos a análise do texto onde a havíamos deixado, ao final da lição 6. O capítulo sobre a "pequena circulação". Temos aqui *um exemplo imediato da possibilidade de inversão* da leitura do capital, *do ponto de vista da subjetividade*. Que essa possibilidade se torne real obviamente depende do desenvolvimento das relações de classe segundo um plano histórico. Aqui, o que interessa sublinhar é o fato que os termos sejam colocados como possibilidade teórica (tendencial) de independência proletária, no corpo do capital.

"No interior da circulação como processo total, nós podemos diferenciar entre a grande e a pequena circulação. A primeira abrange todo o período desde o momento em que o capital deixa o processo de produção até que retorna a ele. A segunda é contínua e transcorre permanente e simultaneamente ao próprio processo de produção. Trata-se da parte do capital que é paga como salário, que é trocada pela capacidade de trabalho" (p. 563). Pois, então, quais são as características dessa segunda, pequena circulação? E quais são os seus efeitos? Primeiramente, a pequena circulação é o âmbito em que se determina e *se reproduz o valor do trabalho necessário*. Essa produção e reprodução/conservação da força de trabalho está presente na circulação, mas de um modo particular. Quer dizer que "A circulação da parte do capital posta como salário acompanha o processo de produção, aparece como relação econômica formal ao lado dele e é concomitante e entrelaçada com ele" (p. 564). Quer dizer, ademais, que *a relação do capital, a troca, a exploração não anulam em caso algum a independência do sujeito proletário*. Ou melhor: o emaranhado tecido pelo dualismo das formas de circulação é característico da emergência de um sujeito irredutível, que nada pode pacificar. Os valores que ligados a esse sujeito influenciam o desenvolvimento capitalista. "Esse é o único momento no ciclo do capital em que o consumo entra diretamente" (p. 565). *Consumo produtivo?* Ainda não é o caso de entrar nesse terreno problemático. Somente devemos sublinhar sem cessar a irredutível imediatez da relação, que se expande na reflexão marxiana:

> O capital circulante aparece aqui, portanto, como o capital destinado diretamente ao consumo individual dos trabalhadores; enfim, destinado ao consumo imediato e, em consequência, existente na forma de produto acabado. Por essa razão, se o capital, por um lado, é pressuposto do produto, o produto acabado aparece, da mesma forma, como pressuposto do capital – o que se resolve historicamente no sentido de que o capital não participou da criação do mundo, mas encontrou a produção e os produtos já prontos antes de submetê-los ao seu processo. Uma vez em andamento, partindo de si mesmo, ele se pressupõe continuamente em suas diversas formas como produto consumível, matéria-prima e instrumento de trabalho, para se reproduzir continuamente nestas formas. Tais formas primeiro aparecem como as condições pressupostas por ele mesmo e em seguida como seu resultado. O capital produz em sua reprodução as suas próprias condições. Temos aqui, portanto – por meio da relação do capital com a capacidade de trabalho viva e com as condições naturais da manutenção desta última –, o capital circulante determinado também sob o aspecto do valor de uso (p. 565).

Do ponto de vista do valor de uso: eis aqui a base do caráter irredutível da relação. O trabalho necessário toca os produtos e os transforma, por meio de seu próprio consumo, em valores de uso. Somente o trabalho necessário tem essa capacidade de opor, à valorização capitalista, uma resistência que é sua própria conservação e reprodução. Uma resistência que não consiste simplesmente num ponto de imobilidade; mas, em vez disso, é ela própria *um ciclo*, um movimento, um crescimento. Porque "o pagamento do salário é um ato de circulação que ocorre concomitante e paralelamente ao ato de produção" (p. 566). *Simultaneidade e paralelismo caracterizam a independência do sujeito proletário, a sua própria autovalorização em relação à valorização capitalista.* Os economistas modernos explicam as duas formas opostas de valorização mediante o recurso a uma *dupla espiral*, a um moinho duplo de convergências paralelas: eles sabem bem quantas crises foram determinadas por esse processo que contém, afinal, sempre a possibilidade formal de crise. E tanto mais quanto mais cresce a potência do polo proletário da relação. A relação deixa de ser dialética, passa a ser uma relação antagonista, sempre dominada, mas carregada de riscos e insurgências. O capital se vê constrangido a uma relação da qual não pode separar-se. O capital precisa continuamente recompô-la, deve submeter-se à relação não apenas nos termos abstratos de sua forma, como também nos conteúdos. "A pequena circulação entre capital e capacidade de trabalho. Esta acompanha o processo de produção e aparece como contrato, troca, forma de comércio, sob cujo pressuposto se põe em funcionamento o processo de produção. A parte do capital que ingressa nessa circulação – os meios de subsistência – é o capital circulante. Ela não é determinada somente quanto à forma; mas seu próprio valor de uso, *i.e.*, sua determinação material como produto consumível e que entra diretamente no consumo individual compõe uma parte de sua determinação formal" (p. 567). A dupla cara do salário (p. 492, 493) assim se dissolve. O salário se mostra, na realidade, como a segunda cara, completamente alterada sob o aspecto da renda operária. Com isso, o salário nega a complementariedade de sua posição em relação ao capital e emerge, ao contrário, de maneira antagonista. O realce de Marx a respeito dessa dinâmica da pequena circulação é para nós importantíssimo. A hipótese teórica é, como de costume, concomitantemente rígida e flexível: rígida na tendência que mostra, flexível nas relações históricas em se que registra. Do último ponto de vista, não nos surpreenderemos, pois, ante o fato que Marx volte de tempos em tempos às condições reais do processo e que ressalte, pontualmente, com pertinência histórica, sobre o fato que o capital domina em cada fase a pequena circulação e a reintroduz na grande circulação. Isto, ainda assim, não elimina em absoluto a *potência antitética* da emergência da *pequena circulação:* não apenas como fato, mas também como dinâmica, processo, tendência. Na realidade, o que caracteriza a pequena circulação é a passagem do fato à dinâmica. Uma vez vista, em abstrato, a força criativa do trabalho converter-se em sujeito, agora podemos ver de modo concreto como se materializa essa passagem. A pequena circulação é o espaço em que se desdobra a esfera das necessidades que afetam o trabalho necessário. Por conseguinte, ela toma forma e se constitui dinamicamente, consolida-se na composição da força de trabalho, na composição da classe operária. Reproduz-se e se expande, finalmente definindo-se como potencial de luta.

Apresentam-se para nós, neste momento, diversos problemas. *O primeiro* é o de aprofundar a articulação constitutiva aqui descrita. *O segundo* será o de analisar as consequências gerais antagonistas derivadas da primeira emergência plena do sujeito proletário. Aqui não é o lugar para aprofundar os referidos pontos: pelo que me compete, tentei formalizar algumas observações nesse sentido, na última parte de meu livro *La forma Stato*[58]. De vez em quando, retornaremos ao ponto, mas sempre, necessariamente, de modo incidental. Sem embargo, não devemos esquecer que estamos ante *um dos pontos centrais* do debate político do marxismo. Os marxistas revolucionários *se dividem* ao redor do modo como se desenvolvem esses problemas. A mim, importa pouco, nesse momento, de que parte se esteja: o que importa sublinhar, agora, é que sobre esses problemas se faz necessário que surjam divisões. Para Marx, a avaliação histórica sobre a fase de autovalorização é *objetiva*. Para nós, dado o nível de composição (e de força) alcançado pela classe operária e proletária, nesses momentos a avaliação é totalmente *subjetiva*. Quero dizer que cada

[58] NEGRI, Antonio. *La forma Stato,* Milão: Feltrinelli, 1977.

relação está tensionada pela vontade, toda determinação é base de desenvolvimento, todo episódio é significativo de tendência. Por outro lado, a base da autovalorização parece agora tão vasta que o projeto revolucionário pode definir-se como *construção de força antagonista baseada na dinâmica de classe. Uma dinâmica de poder.* De poder: porque, na realidade, o valor de uso é para o proletariado reivindicação e prática imediata de poder. O trabalho necessário pode ser definido – ainda que seja de modo abstrato – somente por meio de categorias de poder: rigidez, irreversibilidade, pretensões, vontade insurgente e subversiva. Valor de uso. Necessidade dele para definir a pequena circulação. O dualismo é tendencialmente total: de novo proclamação de poder. O dualismo é atualmente determinação de crise para o capital – e quando não o for, será de toda maneira determinação da precariedade de seu desenvolvimento.

Vamos examinar isso cuidadosamente. Esta abordagem nos coloca mais além do marxismo. Na realidade, ao redor dessas propostas, boa parte da vulgata marxista já não compreende mais Marx. Ao redor desses pontos teóricos, a ortodoxia se lamenta – para dizer o mínimo – da divisão do pensamento marxiano entre uma posição econômica objetivista (economia) e uma subjetivista (política), denunciando a seguir a falta de uma perspectiva política adequada e suficiente. Desse modo, Marx é restituído ao objetivismo e ao economicismo e usado como álibi para a paralisia do pensamento e da ação revolucionária. Aqui, deve ser reivindicado, em consequência, *a unidade do pensamento marxiano* além marxismo, além da sufocante tradição ortodoxa. Com isso, não se nega que uma examinação parcial possa encontrar aspectos do pensamento marxiano que estejam aparentemente separados da unidade do projeto. Com isso, não se nega tampouco que muitas páginas de Marx (sobretudo as reunidas e publicadas no entorno alemão da 2ª Internacional) podem ser lidas, sem dúvida, num sentido objetivista. Nós mesmos denunciamos, com frequência, o descompasso que existe entre os *Grundrisse* (e a unidade de seu projeto) e o *Capital* (e certas recaídas dialéticas de seu desenvolvimento). Nega-se, ao contrário, a possibilidade de uma interpretação geral do pensamento marxiano que parta de uma avaliação objetivista ou de uma atribuição em última instância de seu discurso à economia. E, desse ponto de vista, se critica radicalmente a vulgata predominante do marxismo em seus aspectos ocasionalmente catastrofistas e consoladores; noutras objetivistas e oportunistas, em qualquer caso, sempre economicistas. Desse ponto de vista, deveríamos eliminar alguns *topoi* da interpretação marxiana corrente? Bem, façamos isso. Temos tudo a ganhar. Observemos, por exemplo, para seguir ligados à temática da pequena circulação e da autovalorização proletária, o tratamento marxiano conferido aos denominados "*planos da reprodução*", incluídos no livro II do *Capital*. É óbvio que a lógica da cisão que vimos funcionando nos *Grundrisse* nega a possibilidade de um funcionamento real dos mencionados planos, não os considerando como aproximação adequada para uma realidade que, de outra feita, é profundamente irregular e antagonista. Isto não significa que esses planos devam ser lançados ao fogo: significa simplesmente que podem servir para *aproximar* a circulação produtiva e o seu conceito do ponto de vista da unidade econômica, aproximá-los da unidade *contável* do processo. Transformar essas abstrações de altíssimo grau em esquemas interpretativos da luta de classes, rastrear – positiva ou negativamente – a sua coerência lógica, para usar então o seu vigor no reconhecimento dos espaços ou dos objetivos de classe é, contudo, errado e mesquinho. Muito diferente é, como vimos extensivamente, o tecido unitário sobre o que, de maneira antagonista, se desenvolve a reprodução. Muito distinto e muito mais rico.

A densidade do conceito de *autovalorização* nos remete à do *dinheiro*, tal como esse conceito havia sido elaborado nas primeiras páginas dos *Grundrisse*. Uma figura geral, social, abstrata e antagonista. Em ambos os lados, existem formas desse tipo, em relação de antítese. *Devemos sublinhar o caráter antagonista da relação*. O dinheiro é o grande mediador do desenvolvimento capitalista (a teoria quantitativa se liga a essa função), ou seja, é a representação do poder de mando do capital na mediação da relação de classe que o constitui (a teoria keynesiana da moeda representa esse aspecto). Confrontadas pela autovalorização, essas funções se extinguem. *A pequena circulação parece rechaçar as funções do dinheiro*, mesmo que o dinheiro possa funcionar poe meio dela, em termos de circulação mercantil simples. No interior da pequena circulação, não serve a sequência D-M-D'. O dinheiro que é trocado entre proletários é valor de uso. *O dinheiro se subordina à autovalorização*. Naturalmente, a análise parece abstrata e utópica, quando não se tem presente que a relação antitética se desenvolve entre forças coletivas. Será menos abstrata tão logo nós a situemos nesse nível. Hoje é impossível, por exemplo, avaliar a relação antagonista de classe que se desenvolve no plano das funções sociais de exploração do capital (Estado como empreendedor, gasto público etc.), se não se tiverem presentes essas dimensões do problema. *A redução do dinheiro à função de puro e simples poder de mando*, num extremo da relação, é *o equivalente de sua subordinação (relação) à autovalorização* no outro extremo dela. Sempre em termos antagonistas. Bem, nesses capítulos, Marx começa a aproximar-se teoricamente de toda essa problemática. As premissas estão totalmente dadas: a subjetividade da emergência das duas classes, a generalidade social de sua constituição, o antagonismo do enfrentamento no terreno da circulação e da reprodução. Portanto, a possibilidade de uma nova determinação das categorias do capital, a partir do ensinamento marxiano, de uma nova fundamentação e de uma nova reformulação adequadas às dimensões do *capital social* vigente em nossa época, se alimenta da temática *dinheiro* (*poder de mando*) /*autovalorização*, mais do que em qualquer outra parte da obra de Marx. Somente a partir dessa temática, teremos a oportunidade de apreender as dimensões reais do antagonismo de classe na atualidade. E temos a possibilidade, além disso, de alçar a abrangência da análise até incluir os mecanismos políticos do capital e o *problema do poder*. No coração desse relacionamento, a relação do capital é imediatamente relação política de poder. O mesmo pode ser dito, tomando-se o ponto de vista da classe operária. Quero dizer que, após ter observado a concretização das *potencialidades da teoria marxiana do salário* na formação da teoria do sujeito, agora podemos começar a considerá-la como ponto de referência para a revisão e a fundamentação das *categorias mais importantes da teoria da luta de classes*. Trata-se, assim, da lógica da cisão funcionando em todos os âmbitos, ao considerar a crise como constitutiva de toda manifestação, de toda concretização do capital, ao repassar todo o plano do *Capital* para, com extrema radicalidade, confrontá-lo com as transformações produzidas pelo desenvolvimento da luta de classes de nossos dias. Nesse sentido, sempre fui assombrado pela potência das intuições marxianas, as extraordinárias antecipações que os *Grundrisse* propõem. Mas tudo isso não basta, ainda, para evitar o trabalho de criação que precisamos fazer.

Para resumir. Parece-me que, por meio da teoria marxiana do salário e das aberturas teóricas que decorrem dela, podemos definir a passagem fundamental que introduz a teoria da luta de classes na teoria da circulação. Uma vez que as determinações sociais do capital e sua força progressiva estejam profusamente construídas e descritas, deve ser introduzida a regra do antagonismo. Disso, decorrem efeitos importantes. Sobretudo, no plano da análise da classe operária. Nesse sentido, define-se paulatinamente uma *direção subjetiva* que, de modo cada vez mais material, esboça a identificação da composição real da classe. O caminho correspondente se acha assinalado e veremos nas próximas páginas como Marx o percorre. Em segundo lugar, a lógica da separação define um terreno geral de progressão da análise, um terreno sobre o que se formulam agora algumas antecipações pertinentes, para proceder a uma *refundação/deslocamento* das principais categorias da teoria. Neste momento, não nos resta senão seguir o desenvolvimento do pensamento marxiano nos *Grundrisse*, nas páginas escritas imediatamente depois da análise da "pequena circulação".

A partir dos pressupostos até aqui obtidos, podemos agora enfrentar *"o fragmento sobre as máquinas"*, quer dizer, ler o *exemplo mais alto de aplicação da dialética antagonista e constitutiva* que se pode encontrar, certamente nos *Grundrisse*, quiçá em toda a obra marxiana. O fragmento sobre as máquinas compreende as últimas seções do caderno IV e o início do caderno VII (p. 578-594). Foi redigido no final de fevereiro de 1858 e constitui, como já foi indicado, o *clímax* da tensão teórica de Marx no projeto dos *Grundrisse*. É certamente uma conclusão que se impõe também do ponto de vista lógico. O processo do capital mostrou uma série de elementos críticos, do ponto de vista tanto da construção sincrônica das categorias, como de sua determinação histórica, diacrônica, até o ponto em que o antagonismo se determinou na figura emergente da subjetividade operária, abrindo-se ao processo de subversão. Agora, se trata de reunir as diferentes tramas juntas, de recolher a totalidade do processo em toda a sua riqueza. Vamos recomeçar mais uma vez e avançar.

A análise começa com a dialética do *trabalho vivo*. O trabalho vivo está inserido na "unidade dinâmica, constitutiva, do processo de trabalho". A unidade se aprofunda, se metamorfoseando quanto o trabalho é subsumido pelo capital, por meio da máquina ou do "sistema automático da maquinaria". Este,

> (...) posto em movimento por um autômato, por uma força motriz que se movimenta por si mesma; tal autômato consistindo em numerosos órgãos mecânicos e intelectuais, de modo que os próprios trabalhadores são definidos somente como membros conscientes dele. Na máquina e mais ainda na maquina[ria] como um sistema automático, o meio de trabalho é transformado quanto ao seu valor de uso, *i.e.*, quanto à sua existência material, em uma existência adequada ao capital fixo e ao capital como um todo, e a forma em que foi assimilado como meio de trabalho imediato ao processo de produção do capital foi abolida em uma forma posta pelo próprio capital e a ele correspondente. Em nenhum sentido a máquina aparece como meio de trabalho do trabalhador individual. A sua *differentia specifica* não é de forma alguma, como no meio de trabalho, a de mediar a atividade do trabalhador sobre o objeto; ao contrário, esta atividade é posta de tal modo que tão somente medeia o trabalho da máquina, a sua ação sobre a matéria-prima – supervisionando-a e mantendo-a livre de falhas. Não é como no instrumento, que o trabalhador anima como um órgão com a sua própria habilidade e atividade e cujo manejo, em consequência, dependia de sua virtuosidade. Ao contrário, a própria máquina, que para o trabalhador possui destreza e força, é o virtuose que possui sua própria alma nas leis mecânicas que nela atuam e que para seu contínuo automovimento consome carvão, óleo etc. (matérias instrumentais), da mesma maneira que o trabalhador consome alimentos. A atividade do trabalhador, limitada a uma mera abstração da atividade, é determinada e regulada em todos os aspectos pelo movimento da maquinaria, e não o inverso. A ciência, que força os membros inanimados da maquinaria a agirem adequadamente como autômatos por sua construção, não existe na consciência do trabalhador, mas atua sobre ele por meio da máquina como poder estranho, como poder da própria máquina. Na produção baseada na maquinaria, a apropriação do trabalho vivo pelo trabalho objetivado – da força ou atividade valorizadora pelo valor existente por si, inerente ao conceito do capital – é posta como caráter do próprio

processo de produção, inclusive de acordo com os seus elementos materiais e seu movimento material. O processo de produção deixou de ser processo de trabalho no sentido de processo dominado pelo trabalho como unidade que o governa. Ao contrário, o trabalho aparece unicamente como órgão consciente, disperso em muitos pontos do sistema mecânico em forma de trabalhadores vivos individuais, subsumido ao processo total da própria maquinaria, ele próprio só um membro do sistema, cuja unidade não existe nos trabalhadores vivos, mas na maquinaria viva (ativa), que, diante da atividade isolada, insignificante do trabalhador, aparece como organismo poderoso. Na maquinaria, o trabalho objetivado se contrapõe ao trabalho vivo no próprio processo do trabalho como o poder que o governa, poder que, de acordo com sua forma, o capital é como apropriação do trabalho vivo. A assimilação do processo do trabalho como simples momento do processo de valorização do capital também é posta quanto ao aspecto material pela transformação do meio de trabalho em maquinaria e do trabalho vivo em mero acessório vivo dessa maquinaria, como meio de sua ação. Como vimos, a tendência necessária do capital é o aumento da força produtiva do trabalho e a máxima negação do trabalho necessário. A efetivação dessa tendência é a transformação do meio de trabalho em maquinaria. Na maquinaria, o trabalho objetivado se contrapõe materialmente ao trabalho vivo como o poder dominante e como subsunção ativa deste a si, não só por meio da apropriação do trabalho vivo, mas no próprio processo real de produção; a relação do capital como valor que se apropria da atividade valorizadora posta no capital fixo, que existe como maquinaria, ao mesmo tempo como a relação do valor de uso do capital com o valor de uso da capacidade de trabalho; o valor objetivado na maquinaria aparece, ademais, como um pressuposto, diante do qual o poder valorizador da capacidade de trabalho individual desaparece como algo infinitamente pequeno; por meio da produção em massas enormes, que é posta pela maquinaria, desaparece igualmente do produto qualquer relação com a necessidade imediata do produtor e, em consequência, com o valor de uso imediato; na forma como o produto é produzido e nas condições em que é produzido já está posto que ele é produzido exclusivamente como portador

> de valor, e seu valor de uso é simples condição para isso. O próprio trabalho objetivado aparece imediatamente na máquina não só na forma do produto ou do produto empregado como meio de trabalho, mas na forma da própria força produtiva. O desenvolvimento do meio de trabalho em maquinaria não é casual para o capital, mas é a reconfiguração do meio de trabalho tradicionalmente herdado em uma forma adequada ao capital. A acumulação do saber e da habilidade, das forças produtivas gerais do cérebro social, é desse modo absorvida no capital em oposição ao trabalho, e aparece consequentemente como qualidade do capital, mais precisamente do *capital fixo*, na medida em que ele ingressa como meio de produção propriamente dito no processo de produção. A *maquinaria* aparece, portanto, como a forma mais adequada do *capital fixo*, e o capital fixo, na medida em que o capital é considerado na relação consigo mesmo, como a *forma mais adequada do capital de modo geral*. Por outro lado, na medida em que o capital fixo está preso à sua existência como valor de uso determinado, ele não corresponde ao conceito do capital, que, como valor, é indiferente a qualquer forma determinada do valor de uso e pode assumir ou se desfazer de qualquer uma delas como encarnação indiferente. Sob esse aspecto, sob o aspecto da relação do capital para o exterior, o capital circulante aparece como a forma adequada do capital diante do capital fixo (p. 580-582).

Somente o comentário dessas páginas implicaria uma síntese de tudo o que se disse até este momento. Por isso, não vale a pena fazê-lo. Melhor concentrarmos nos aspectos que emergiram aqui para compreender como Marx os utilizou para avançar. Pois então, o primeiro elemento tem dimensão intensiva: *o processo de trabalho é assumido como elemento simples do processo de valorização*. O segundo elemento é extensivo: *o capital produtivo se desdobra na circulação*. A subsunção real do trabalho não pode deixar de ser (ao mesmo tempo) subsunção real da sociedade. Da sociedade: quer dizer, das forças produtivas sociais, e a primeira delas é a ciência, "quando o processo de produção em seu conjunto, entretanto, não aparece como processo subsumido à habilidade imediata do trabalhador, mas como aplicação tecnológica da ciência" (p. 583). E Marx continua ressaltando a subsunção das forças produtivas sociais – a sua totalidade – e a sua inscrição funcional completa no desenvolvimento do capital. Chega-se ao ponto quando o sistema inteiro é deslocado e avança. Primeiro, do ponto de vista da análise intensiva, isto é, a respeito do *processo de trabalho* e sua subsunção no processo de valorização. Aqui, o deslocamento de categorias significa a dissolução capitalista do valor de uso operário.

> Na mesma medida em que o tempo de trabalho – o simples *quantum* de trabalho – é posto pelo capital como único elemento determinante de valor, desaparece o trabalho imediato e sua quantidade como o princípio determinante da produção – a criação de valores de uso –, e é reduzido tanto quantitativamente a uma proporção insignificante, quanto qualitativamente como um momento ainda indispensável, mas subalterno frente ao trabalho científico geral, à aplicação tecnológica das ciências naturais, de um lado, bem como [à] força produtiva geral resultante da articulação social na produção total – que aparece como dom natural do trabalho social (embora seja um produto histórico). O capital trabalha, assim, pela sua própria dissolução como a forma dominante da produção (p. 583).

A seguir, em segundo lugar, do ponto de vista da análise extensiva. Aqui, o capital circulante aparece como capital produtivo ao tomar a *forma da planificação* e do controle da reprodução social. A subsunção da sociedade se tornou produção da própria sociedade. O deslocamento é total.

> (...) a manutenção do trabalho em um ramo de produção pelo *trabalho coexistente* em outro ramo aparece agora como qualidade do *capital circulante*. Na pequena circulação, o capital adianta o salário ao trabalhador, que o troca por produtos necessários ao seu consumo. O dinheiro recebido por ele só tem esse poder porque

> ao mesmo tempo está ocorrendo trabalho paralelo; e só porque se apropria do seu trabalho que o capital pode lhe dar uma ordem de pagamento em dinheiro sobre trabalho alheio. Essa troca do trabalho próprio pelo trabalho alheio não aparece aqui mediada e condicionada pela coexistência simultânea do trabalho dos demais, mas pelo adiantamento que faz o capital. O fato de que o trabalhador pode efetuar o metabolismo necessário ao seu consumo durante a produção aparece como qualidade da parte do *capital circulante* que é transferida ao trabalhador, e do capital circulante de modo geral. Tal fato não se apresenta como metabolismo das forças de trabalho simultâneas, mas como metabolismo do capital, do qual existe o capital circulante. Assim, todas as forças do trabalho são transpostas em forças do capital; no capital fixo, a força produtiva do trabalho (que está posta fora dele e existe independentemente dele (objetivamente)); e no capital circulante, por um lado, o fato de que o próprio trabalhador pressupôs para si mesmo as condições da repetição de seu trabalho e, por outro, o fato de que a troca deste seu trabalho é mediada pelo trabalho coexistente de outros, aparecem de modo que o capital lhe faz o adiantamento e, por outra parte, põe a simultaneidade dos ramos do trabalho. (As duas últimas determinações fazem parte, na verdade, da acumulação.) O capital se põe como mediador entre os diferentes trabalhadores na forma do capital circulante (p. 584).

Nesse estágio, *a apropriação capitalista da sociedade é completa.* A subjetividade do capital foi violentamente ativada. As máquinas e a ciência a constituíram e produziram. *Mas a cisão dentro da categoria não foi suprimida.* O antagonismo deve ser reproduzido nesse altíssimo grau de poder. O deslocamento da dialética antagonista deve ser redescoberto em sua totalidade e colocado em movimento nesse ponto. Poderá ser criticado o quanto se queira este modo de proceder marxiano, mediante grandes blocos de discurso que revelam uma exterioridade relativa e certo processo mecânico no tocante às consequências. Gostaríamos por vezes de ler uma dialética mais interna, sutil, refinada. Poderíamos pular esses deslocamentos imprevistos que percutem como batidas repentinas e que nos deixam desorientados, e que lembra o gosto de certo "catastrofismo". Apesar disso, nos parece difícil imaginar a possibilidade de um procedimento lógico tão potente, de uma capacidade de antecipação tão incrível, a respeito do desenvolvimento capitalista, se não fosse nesses termos necessariamente rígidos – mas fortes, potentes, dotados de uma tensão científica excepcional. Aqui o pensamento tem uma musculatura que não pode ser reduzida, em nenhum caso, a uma imagem caricata! Assim, pois, a cisão volta a aparecer e, a partir dela, se coloca outra vez em movimento o processo. *A cisão se determina no interior do processo:*

> à medida que a grande indústria se desenvolve, a criação da riqueza efetiva passa a depender menos do tempo de trabalho e do *quantum* de trabalho empregado que do poder dos agentes postos em movimento durante o tempo de trabalho, poder que – sua |poderosa efetividadei –, por sua vez, não tem nenhuma relação com o tempo de trabalho imediato que custa sua produção, mas que depende, ao contrário, do nível geral da ciência e do progresso da tecnologia, ou da aplicação dessa ciência à produção (p. 587, 588).

Mas do interior do processo, *a cisão se move rapidamente para fora*, e aí assume a forma de uma subjetividade independente. Dadas as condições descritas do processo até este momento,

> A riqueza efetiva se manifesta antes – e isso o revela a grande indústria – na tremenda desproporção entre o tempo de trabalho empregado e seu produto, bem como na desproporção qualitativa entre o trabalho reduzido à pura abstração e o poder do processo de produção que ele supervisiona. O trabalho não aparece mais tão envolvido no processo de produção quando o ser humano se relaciona ao processo de produção muito mais como supervisor e regulador. (O que vale para a maquinaria, vale igualmente para a combinação da atividade humana e para o desenvolvimento do intercâmbio humano.) Não é mais o trabalhador que interpõe um objeto natural modificado como elo mediador entre o objeto e si

mesmo; ao contrário, ele interpõe o processo natural, que ele converte em um processo industrial, como meio entre ele e a natureza inorgânica, da qual se assenhora. Ele se coloca ao lado do processo de produção, em lugar de ser o seu agente principal. Nessa transformação, o que aparece como a grande coluna de sustentação da produção e da riqueza não é nem o trabalho imediato que o próprio ser humano executa nem o tempo que ele trabalha, mas a apropriação de sua própria força produtiva geral, sua compreensão e seu domínio da natureza por sua existência como corpo social – em suma, o desenvolvimento do indivíduo social. O *roubo de tempo de trabalho alheio, sobre o qual a riqueza atual se baseia*, aparece como fundamento miserável em comparação com esse novo fundamento desenvolvido, criado por meio da própria grande indústria. Tão logo o trabalho na sua forma imediata deixa de ser a grande fonte da riqueza, o tempo de trabalho deixa, e tem de deixar, de ser a sua medida e, em consequência, o valor de troca deixa de ser [a medida] do valor de uso. O *trabalho excedente da massa* deixa de ser condição para o desenvolvimento da riqueza geral, assim como o não *trabalho dos poucos* deixa de ser condição do desenvolvimento das forças gerais do cérebro humano. Com isso, desmorona a produção baseada no valor de troca, e o próprio processo de produção material imediato é despido da forma da precariedade e contradição. [dá-se] o livre desenvolvimento das individualidades e, em consequência, a redução do tempo de trabalho necessário não para pôr trabalho excedente, mas para a redução do trabalho necessário da sociedade como um todo a um mínimo, que corresponde então à formação artística, científica etc. dos indivíduos por meio do tempo liberado e dos meios criados para todos eles. O próprio capital é a contradição em processo, [pelo fato] de que procura reduzir o tempo de trabalho a um mínimo, ao mesmo tempo que, por outro lado, põe o tempo de trabalho como única medida e fonte da riqueza. Por essa razão, ele diminui o tempo de trabalho na forma do trabalho necessário para aumentá-lo na forma do supérfluo; por isso, põe em medidacrescente o trabalho supérfluo como condição – questão de vida e morte – do necessário. Por um lado, portanto, ele traz à vida todas as forças da ciência e da natureza, bem como da combinação social e do intercâmbio social, para tornar a criação da riqueza (re-

> lativamente) independente do tempo de trabalho nela empregado. Por outro lado, ele quer medir essas gigantescas forças sociais assim criadas pelo tempo de trabalho e encerrá-las nos limites requeridos para conservar o valor já criado como valor. As forças produtivas e as relações sociais – ambas aspectos diferentes do desenvolvimento do indivíduo social – aparecem somente como meios para o capital, e para ele são exclusivamente meios para poder produzir a partir de seu fundamento acanhado. De fato, porém, elas constituem as condições materiais para fazê-lo voar pelos ares (p. 588, 589).

O primeiro resultado do trabalho da lógica da cisão é o deslocamento da relação entre trabalho necessário e mais-valor, no âmbito da potência da subsunção capitalista da sociedade. Também é *a transformação da relação em uma relação entre duas subjetividades* plenas, contrapostas, hostis até o ponto de sua mútua *destruição. Impossível* para o capital que sobrevive da exploração, *possível* para o proletariado cuja potência se torna imensa, na medida mesma em que o capital tenta destruir a sua identidade. O capital tensiona para conseguir uma contínua redução do trabalho necessário, com o fim de aumentar a parte de mais-valor arrancada, mas quanto mais logra impor esse aumento individualmente sobre a massa dos operários individuais; tanto mais o trabalho necessário se beneficia da coletividade e absorve para si as grandes forças coletivas que o capital queria determinar. *A compressão do trabalho necessário individual é a expansão do trabalho necessário coletivo*, é a construção do *"indivíduo social"* capaz não somente de produzir, como também de *desfrutar* a riqueza produzida. Depois do primeiro momento da análise, Marx volta ao argumento, retraça o caminho anteriormente pulado num grande salto, e assume novamente o conjunto do processo de deslocamento da análise para cada uma das categorias, redefinindo a lei do mais-valor a partir desse grau de complexidade. São observações, com frequência apenas alusivas, que nos permitem avançar na pesquisa. Em cada caso, as categorias funcionam aqui de um jeito invertido: ao mais-valor como motor do desenvolvimento, se opõe o não-trabalho, ao capitalismo, o comunismo.

> A *criação de muito tempo disponível* para além do tempo necessário de trabalho, para a sociedade como um todo e para cada membro dela (*i.e.*, espaço para o desenvolvimento das forças produtivas plenas do indivíduo singular, logo também da sociedade), essa criação de não tempo de trabalho aparece, da perspectiva do capital, assim como de todos os estágios anteriores, como não tempo de trabalho, tempo livre para alguns indivíduos. O capital dá o seu aporte aumentando o tempo de trabalho excedente da massa por todos os meios da arte e da ciência, porque a sua riqueza consiste diretamente na apropriação de tempo de trabalho excedente; uma vez que sua finalidade *é diretamente o valor*, não o valor de uso. Desse modo, e a despeito dele mesmo, ele é instrumento na criação dos meios para o tempo social disponível, na redução do tempo de trabalho de toda a sociedade a um mínimo decrescente e, com isso, na transformação do tempo de todos em tempo livre para seu próprio desenvolvimento. Todavia, sua tendência é sempre, por um lado, *de criar tempo disponível, por outro lado, de convertê-lo em trabalho excedente*. Quando tem muito êxito, o capital sofre de superprodução e, então, o trabalho necessário é interrompido porque não há *trabalho excedente para ser valorizado pelo capital*. Quanto mais se desenvolve essa contradição, tanto mais se evidencia que o crescimento das forças produtivas não pode ser confinado à apropriação do trabalho excedente alheio, mas que a própria massa de trabalhadores tem de se apropriar do seu trabalho excedente. Tendo-o feito – e com isso o *tempo disponível* deixa de ter uma existência *contraditória* –, então, por um lado, o tempo necessário de trabalho terá sua medida nas necessidades do indivíduo social, por outro, o desenvolvimento da força produtiva social crescerá com tanta rapidez que, embora a produção seja agora calculada com base na riqueza de todos, cresce o *tempo disponível* de todos. Pois a verdadeira riqueza é a força produtiva desenvolvida de todos os indivíduos. Nesse caso, o tempo de trabalho não é mais de forma alguma a medida da riqueza, mas o tempo disponível. O *tempo de trabalho como medida da riqueza* põe a própria riqueza como riqueza fundada sobre pobreza e o tempo

> disponível como tempo existente apenas *na e por meio da oposição ao tempo de trabalho excedente*, ou significa pôr todo o tempo do indivíduo como tempo de trabalho, e daí a degradação do indivíduo a mero trabalhador, sua subsunção ao trabalho. *Por isso, a maquinaria mais desenvolvida força o trabalhador a trabalhar agora mais tempo que o fazia o selvagem ou que ele próprio com suas ferramentas mais simples e rudimentares* (p. 590, 591).

Alguns querem enxergar, nesta *firme reivindicação* de Marx por um *comunismo que é libertação da exploração*, a marca de individualismo e compaixão humanista. Mesmo se fosse o caso, certamente não veríamos nada de mal. O caso é que não é. E não é o caso porque, se ficarmos no nível das categorias, devemos lembrar que a destruição comunista da lei do valor (ou melhor, a sua deposição e inversão) suprime e nega os elementos individuais de produtividade em que estão baseados – do ponto de vista capitalista e o da correspondente análise marxiana. O *deslocamento* se realizou por completo. Ao capital social, corresponde o operário coletivo. Mais uma vez, a dimensão temporal demanda e implica uma dimensão espacial extensiva.

> Da mesma maneira que, com o desenvolvimento da grande indústria, a base sobre a qual ela se sustenta – a apropriação do tempo de trabalho alheio – deixa de constituir ou de criar a riqueza, com tal desenvolvimento o *trabalho imediato* enquanto tal também deixa de ser a base da produção, ao ser transformado, por um lado, em uma atividade mais de supervisão e regulação; mas, por outro, também porque o produto deixa de ser produto do trabalho imediato isolado e porque, ao contrário, a *combinação* da atividade social aparece como o produtor." (p. 591)

Na revolução comunista, o indivíduo é social. Social, porém concreto, exaltação e sobredeterminação, expansão do desfrute, fundante de sua expansão.

> A verdadeira economia – poupança – consiste em poupança de tem-

> po de trabalho (mínimo (e redução ao mínimo) dos custos de produção); essa poupança, no entanto, é idêntica ao desenvolvimento da força produtiva. Portanto, não significa de modo algum *renúncia à fruição*, mas desenvolvimento de poder, de capacidades para a produção e, consequentemente, tanto das capacidades quanto dos meios da fruição. A capacidade de fruição é condição da fruição, ou seja, seu primeiro meio, e essa capacidade é desenvolvimento de uma aptidão individual, força produtiva. A poupança de tempo de trabalho é equivalente ao aumento do tempo livre, *i.e.*, tempo para o desenvolvimento pleno do indivíduo, desenvolvimento este que, como a maior força produtiva, retroage sobre a força produtiva do trabalho. Do ponto de vista do processo de produção imediato, a poupança de tempo de trabalho pode ser considerada como produção de *capital fixo*; este capital fixo sendo o próprio ser humano. Aliás, é evidente por si só que o próprio tempo de trabalho imediato não pode permanecer na oposição abstrata ao tempo livre – tal como aparece desde o ponto de vista da economia burguesa. O trabalho não pode vir a ser um jogo, como quer Fourier, a quem cabe o grande mérito de ter anunciado como objeto último, não a superação da distribuição e sua passagem a uma forma mais elevada, mas a superação do próprio modo de produção. O tempo livre, que é tanto tempo de ócio quanto tempo para atividades mais elevadas, naturalmente transformou o seu possuidor em outro sujeito, e é inclusive como este outro sujeito que ele então ingressa no processo de produção imediato. Esse processo é disciplina, no que se refere ao ser humano em formação, e ao mesmo tempo experiência prática, ciência experimental e ciência materialmente criativa e que se objetiva, no que se refere ao ser humano já formado, em cujo cérebro existe o saber acumulado da sociedade. Para ambos, na medida em que o trabalho exige pôr mãos à obra na prática e livre movimentação, como na agricultura, é ao mesmo tempo exercício (p. 593, 594).

Devemos começar agora a extrair as conclusões pertinentes, a propósito desse importante livro sobre o salário – ou seja – sobre o desdobramento da lógica da cisão. A trajetória da forma antitética do desenvolvimento capitalista é aqui identificável em sua totalidade. Em primeiro lugar, a partir da teoria do mais-valor, em termos, portanto, condicionados pelo tecido teórico da primeira parte dos *Grundrisse* e dela derivados, tecido teórico que, aqui na segunda parte, podemos apreciar em sua inversão. *A teoria do mais-valor se transformou radicalmente.* Aí onde, na trajetória do capital, o trabalho necessário é dominado pelo mais-valor extraído; *na trajetória revolucionária do proletariado, o mais-valor reapropriado passa a ser comandado pelo trabalho necessário.* A teoria do valor, na primeira parte dos *Grundrisse*, se apresentou como uma teoria abstrata subordinada à teoria do mais-valor, do ponto de vista da classe explorada. Agora, a teoria do valor não somente não se acha subordinada, como também experimenta, no interior da subordinação, um deslocamento formidável e é, nesse quadro, submetida a uma metamorfose essencial. Quero dizer que, quando a teoria do valor não logra medir o valor pela quantidade de tempo de trabalho ou delimintar uma dimensão individual do trabalho, quando um primeiro deslocamento nos leva a enfrentar a dimensão coletiva do trabalho e o seu tempo social, neste momento, a *impossibilidade de medir a exploração muda a figura da exploração.* O esvaziamento da teoria do valor, a evacuação de qualquer elemento para a quantificação que não seja referência genérica ao trabalho social, a libertação do trabalho social e a sua constituição em individualidade coletiva – tudo isso não suprime a lei do valor, mas a reduz a uma mera formalidade. Formalidade não significa ineficácia. Formalidade não significa que careça de sentido. *A forma da lei do valor* é, em vez disso, eficaz e com sentido, mas eficácia e sentido são lhe atribuídas unicamente em virtude de sua *irracionalidade*, por meio da perda da função progressista e racionalizadora da exploração. A forma está vazia, base miserável da exploração. *A forma do valor é puro e simples poder de mando, pura e simples forma da política* – da "inessencialidade essencial", diria o jovem Marx em termos hegelianos. Aqui nos encontramos no ponto culminante de um processo que observa como as relações de força – racionalmente fundadas, reguladas e compreendidas no desenvolvimento do capital – se transformam radicalmente. Observa como se inverte a relação de racionalidade. *Esta inversão é total.* A lei do mais-valor continua em vigência, mas em termos radicalmente transformados. O não-trabalho, a recusa do trabalho se converte, do ponto de vista operário, em base a partir do que se exerce a inversão da lei do valor e a reinterpretação da lei do mais-valor. A segunda parte dos *Grundrisse* é esse processo em movimento. Esta lição 7 poderíamos intitulá-la "*autovalorização operária*". Em suma, aqui, se percorre já de modo amplo e expedito a via da libertação e do comunismo. E quando se fala dessa via, se fala de um sujeito que a possui. Que possui de forma material e potente as chaves para a inversão da lei do mais-valor. Tenhamos presente, antes de qualquer outra coisa, o resultado a que chegamos: o esvaziamento da lei do valor, a redução dela à forma vazia do poder de mando capitalista. Vazia e eficaz. Eficaz e irracional. Irracional e cruel.

O que significa, do ponto de vista da classe operária, ter as chaves para a inversão da teoria do mais-valor? Há quem tenha pensado, ao redor da abordagem, que poderia se dizer: *o capital, onde existe uma inversão, se torna valor de uso da classe operária*. Esta afirmação, entretanto, é *falsa*. Quem quer que tente demonstrá-la, deve trabalhar no interior da lógica da cisão e vai achar-se empacado no dualismo da relação do capital. Por outro lado, seria parar antes que a inversão ocorre, isto é, seria inverter o conceito do capital em vez de sua realidade, em vez de sua relação. Isto não cindiria em definitivo a relação do capital, mas iria atribuir globalmente uma valência oposta ao conceito de capital, hipostasiando uma vontade superior pairando sobre a relação. Imaginando-a. Enganando-se. Mistificando. Mistificando porque, desse jeito, o comportamento operário se tornaria apenas "equivalente" em relação ao comportamento capitalista. O comportamento operário se tornaria o poder de mando sobre a relação do capital, e não destruição – por parte do trabalho necessário – da apropriação capitalista do mais-valor. Este é um *típico tratamento sofista*: enquanto é uma questão de crítica, o capital é uma relação que deve ser rompida; quando passamos da crítica à teoria, aí o capital se torna um objeto que deveria ser dominado. Mas isto somente é possível para o capital, que pode objetivar a sua própria dominação. Não pode ser possível para a classe operária, que nega o que é sua própria negação. Isto é possível para o capital que mistifica a relação e a enclausura na objetividade. Não pode ser possível para o sujeito operário que desvela a mistificação e translada a relação ao primeiro plano.

Insistimos nessa crítica por vários motivos. Em primeiro lugar, por causa da falsidade dos resultados obtidos, se assumirmos nós próprios o ponto de vista que criticamos. Fazer isso seria hipostasiar o capital, ao considerá-lo valor de uso de classe, quando, na verdade, só pode existir valor de uso da classe operária na parcela acumulada do mais-valor que é possível reapropriar, aquela parcela que pode ser reduzida a não-trabalho, à liberdade da classe operária, à autovalorização. Esta parcela é negação, riqueza da negação. Em segundo lugar, porque o ponto de vista criticado leva a uma mistificada autonomia do político. O político, nesse caso, não seria uma nova forma da lei do valor; mas, em vez disso, uma relação superior ao capital e independente dele. Nos *Grundrisse*, não existem relações superiores ao capital que não sejam funções da relação do capital, que não sejam formas do comando do capital em seu desenvolvimento. Rompê-las a partir de dentro, sem buscar pontos de apoio externos, destroçá-la a partir da subjetividade operária, como negação e simultaneamente como riqueza potencial (de toda sorte, já amplamente utilizada, em sua enormidade social, pelo capital); em suma, *desenvolver a ruptura da relação do capital a partir do interior da relação*, partindo da contradição da lei do mais-valor: essa é a única via que reconhecemos em Marx, nos *Grundrisse* e em toda a sua obra. Através dessa via, podemos obviamente encontrar contradições, divisões, e podemos – como já declaramos explicitamente – preferir certas partes a outras. Seguramente, apesar disso, não pelo fato que talvez noutras não se reconheça a mesma *unidade de crítica da economia política e crítica da política*, que contemplamos nos *Grundrisse*. Nesse aspecto, e isto pode ser visto na polêmica presente, *nós começamos a ter em mãos a subjetividade, a acepção marxiana da subjetividade, a sua trajetória operária e proletária*. Aqui temos a intensificação da cisão que está implicitamente contida, como elemento definidor da teoria do mais-valor, o que nos mostra a teoria do salário – a teoria da "pequena circulação". O deslocamento geral realizado nesse terreno antagonista por meio das teorias da maquinaria, do capital social, e da subsunção social, real e global – bem, tudo isso conduz à teoria do *indivíduo social* e do *comunismo* como negação da relação do capital. E *não* como inversão do poder de mando capitalista. Mas como *inversão da relação* entre trabalho necessário e trabalho excedente, como negação e reapropriação do trabalho excedente. A via da subjetividade reside dentro da relação do capital, ela não tenta imaginar alternativas, mas sabe como, na medida em que aprofunda a cisão, destruir a relação. A via da subjetividade é uma via intensiva. É uma recomposição contínua e coerente de negações sucessivas. Ela eleva o trabalho necessário até o ponto em que pode destruir o trabalho excedente.

Dentro dessa intensidade da cisão, nós achamos o máximo de liberdade. O indivíduo social é a *multilateralidade*. A máxima intensidade da diferença é a mais alta aproximação do comunismo. Quando a relação do capital chegou ao ponto de explosão, a negação libertada não é uma síntese, não conhece – radicalmente – nem sequer equivalências formais. *O poder operário não é a inversão do poder do capital, nem sequer formalmente*. O poder operário é a negação do poder do capital, é a negação do poder centralizado e homogêneo da burguesia, dos estamentos políticos do capital. Qualquer homogeneidade entre capital e poder operário é dissolvida. O plano metodológico "plural", multilateral, triunfa. Não podemos impor à subjetividade libertada nenhum esquema achatado nem uniforme para organizar a realidade social. O trabalho excedente fundou uniformemente o projeto do capital. O salário preconstituiu a figura do capital. Quando o salário se desenvolve, ele se torna *autovalorização* e *reapropriação* do trabalho excedente, o fim de todas as regras relativas ao seu desenvolvimento. Não existe mais lucro porque a produtividade do trabalho não é mais traduzida em capital. Não existe mais racionalidade capitalista. A subjetividade não apenas se liberta, como se funda e se espalha socialmente. É tanto o magma que reúne e recompõe tudo, quanto as redes de fluxos de prazer e desfrute, de propostas e invenções que se alastram fertilizando a terra. A revolução comunista, a emergência de toda a potência do indivíduo social, é a riqueza das alternativas, das propostas, das funções. Da liberdade. Nunca, como nas páginas dos *Grundrisse* que acabamos de comentar, o comunismo pareceu tanto um sinônimo para liberdade.

LIÇÃO 8
Comunismo e transição

O problema do comunismo e o problema da transição nos Grundrisse. Síntese dos percursos? Crítica da síntese e do desenvolvimento. A) A propósito do humanismo de Marx. Reproposição temática: transição em vez de utopia, ou seja, desmistificação e inversão. Os grandes temas dinâmicos: da pré-história à história, o fazer-se do comunismo. B) Desmistificação e desenvolvimento das categorias da crítica da economia política. Os grandes temas substanciais. O conteúdo do comunismo. Da desmistificação à inversão, dos temas substanciais à forma da transição. C) Transição e subjetividade. Transição e práxis constituinte. A potência da inversão e a medida da transição: a abolição do trabalho. D) A recusa do trabalho como modo de produção comunista. A dialética recuperada pelo capital e a utopia destruída.

Do mercado mundial ao comunismo. Depois de toda a nossa insistência em definir a dimensão subjetiva do processo, chegamos em nosso raciocínio a um tipo de trajetória que sempre aparece como um autêntico paradoxo. Apesar disso, essa é a trajetória indicada por Marx mais de uma vez: no plano geral dos *Grundrisse* (p. 197, 198) e no esboço às páginas 204 e 205. "Finalmente, o mercado mundial. Propagação da sociedade burguesa sobre o Estado. As crises. Dissolução do modo de produção e da forma de sociedade fundados sobre o valor de troca. O pôr real do trabalho individual como trabalho social, e vice-versa" (p. 205). O comunismo brota da intensidade das contradições contidas no conceito de mercado mundial – ao mesmo tempo, momento de máxima integração capitalista e máximo antagonismo, síntese das determinações temporais e espaciais do processo do capital. *Colocado nesses termos, o problema do comunismo não reconhece sequer o problema da transição,* não conhece o problema da subjetividade. Pode desenvolvê-los como momentos internos do capital, como sintomas, como desvios da objetividade, mas não pode colocá-los como problemas específicos. A pergunta sobre o que é o comunismo, que percorre de modo tão central o discurso marxiano desde os *Manuscritos econômico-filosóficos*[59] até *A ideologia alemã*[60] (e não se pode esquecer a centralidade que a questão tem também no pensamento de Engels, desde os *Esboços de uma crítica da economia política*[61], de 1843), essa pergunta parece constituir, portanto, na forma em que aqui se coloca, antes um objetivo do que uma função metodológica, antes um transcendental da pesquisa do que a sua força motriz. O que é o comunismo? Como se dá a passagem a essa "forma superior de produzir" que chamamos comunismo? A resposta aos dois problemas parece que aqui se configura num só *processo interno à dialética do capital.* O comunismo está além de um salto, de uma catástrofe determinada pelos antagonismos do desenvolvimento capitalista. O problema da transição é tragado pelo problema da definição do comunismo, e o último se apresenta como uma transcendência em relação ao desenvolvimento capitalista. A trajetória do comunismo e a da transição se unificam paradoxalmente pelo lado

[59] MARX, K. *Manuscritos econômico-filosóficos*. Tradução de Jesus Ranieri. São Paulo: Boitempo, 2004.

[60] MARX, K; ENGELS, F. *A ideologia alemã*. Tradução: vários. São Paulo: Boitempo, 2007.

[61] ENGELS, F. "Esboço de uma crítica da economia política". In Temas de ciências humanas, São Paulo, Ciências Humanas, 1979, p. 20.

da negação do capital, pelo lado objetivo desta negação. Ambas constituem, em certa medida, um "pós".

É óbvio que essa abordagem do problema não me agrada. Parece-me irreal e utópica. Mas, sobretudo, essa abordagem me parece ser um enorme desvio, quanto à integridade do percurso dos *Grundrisse*, tal e qual o contemplamos até este momento. Todos os aspectos da temática distintiva do comunismo surgem nos *Grundrisse* a partir do aprofundamento do caráter antitético do desenvolvimento capitalista e se desdobram a partir das sucessivas determinações da subjetividade, do processo de sua constituição coletiva em termos antagonistas, no interior da inversão da lei do mais-valor. Posso compreender a insistência subjetiva do discurso marxiano sobre a catástrofe como determinação prospectiva, motivada pela paixão revolucionária. Ao redor dos conceitos de crise e catástrofe, já o vimos, se enroscam os elementos da própria gênese histórica dos *Grundrisse*. Dito isto, entretanto, o problema está completamente aberto. Aqui, *confundir as trajetórias significa a negação de outra característica fundamental do pensamento marxiano*. Entender a *transição na forma do comunismo* significa, na realidade, *negar o problema da transição*, significa (para o bem ou para o mal) separá-la em dois fragmentos: um introdutório que se desdobra dentro do capital e nos interstícios de suas contradições; o outro conclusivo, que se desenvolve além da catástrofe, na plenitude libertada do comunismo. Mas a nós interessa o *processo da libertação*, o que está no meio, entre introdução e conclusão. Sobrepor as duas trajetórias tem certamente uma enorme implicação teórica: significa homogenizar os dois conceitos, suprimir toda possibilidade de separar a substância lógica e a qualidade histórica, ou então hipostasiá-los numa dialética qualquer de estágios e hierarquias. Ao combinar as duas trajetórias se reconhece implicitamente o caráter comunista do processo de libertação.

Mas qual o sentido dessa combinação, se com isso não se oferece mais espaço para determinar o processo de libertação?

Vamos examinar, pois, os *Grundrisse*, a respeito da questão do comunismo. Devemos então apresentar a nossa hipótese. E ela emerge a partir de toda a pesquisa que fizemos até agora, a qual devemos ainda verificar aqui. *Não* é a transição que revela a si (e elimina a si) na forma do comunismo; mas, sim, o comunismo é que assume a forma da transição.

Rosdolsky (p. 345-362), ao tratar o problema do comunismo em Marx, sublinha – deixando de lado as duas características geralmente levantadas: a centralidade do comunismo no trabalho de Marx e Engels, e a luta contra o oportunismo e o utopianismo – a importância e a pertinência em Marx, na dialética, de sua descendência bem como de sua divergência em relação *aos utópicos*. Noutras palavras, para Rosdolsky, a dialética marxiana é inteiramente permeada por uma *utopia positiva*, pelo poder da utopia, simplesmente temperada pela consciência de ser preciso conferir-lhe uma força materialista. É surpreendente que Rosdolsky – um marxista criado na escola do comunismo de esquerda dos anos 1920 – conheça como enxergar em Marx a função importante de uma utopia positiva! E nós não podemos negar certa força na sugestão: uma utopia positiva sempre colocou limites precisos entre o campo dos revolucionários e aquele dos oportunistas. Ainda assim, esse *insight* não é inteiramente convincente. Poque ele não vê, não sublinha suficientemente, a indeterminação da síntese proposta e do processo dialético. Essa dialética que se tornou uma só com o comunismo, com obstinação, mas que não abraça o processo, é uma chave geral demais e genérica demais. Ela se arrisca conceder uma nova força ao "deslumbramento do método" em nome do que toda distinção – e o processo que apenas as diferenças podem animar – se turva, esfumando-se até o ponto de desaparecer. De um lado, nós temos o *achata-*

mento do comunismo, de seu conceito, reduzido à dimensão da lógica objetiva, do determinismo; do outro lado e em oposição, nós encontramos o "salto", a nova qualidade, política e voluntarismo colocados em toda sua plenitude e violência. Vamos nos lembrar – como Rosdolsky lembra (p. 352, 353) – as posições de Marcuse. Por um lado, a potência cada vez mais consistente do capital sobre o trabalho, o terrível Moloch tomando forma; por outro lado, de novo o "deslumbramento", mas não mais aquele produzido pelo método determinista. Em vez disso, um "salto qualitativo" para mais longe. À exaltação capitalista da organização do trabalho, se opõe a abolição do trabalho. Os dados foram lançados, o romantismo de Marcuse está saciado. Ainda assim, o problema não pode ser dirimido aqui. Não é questão de detalhar o salto: devemos destituir tudo, o processo, seu antagonismo, a lógica que o constitui, a aparência de subjetividade, e tudo que se ponha entre a organização do trabalho e a sua abolição. O método marxiano não está baseado no paradoxo, mas na unidade total e original de política e economia, na capacidade de seguir o caminho de acordo com *o ponto de vista da transformação*. Em segundo lugar, o método de Marx se afirma por um deslocamento contínuo dos termos da análise, um deslocamento que resulta da multiplicidade de modalidades que as relações de força assumem. As categorias são modificadas como os sujeitos o são. Isto é – e este é o terceiro ponto importante – ao longo das determinações históricas do processo. Não é questão de definir a transição em termos de comunismo; mas, em vez disso, uma vez homogeneizados os dois termos (e isto não significa que eles sejam a mesma coisa), *definir o comunismo pela transição*. Quando tivermos, desse jeito, reposto o problema, *passa a ser uma questão de sujeito*, de sua luta, de seu deslocamento. O processo que globalmente constitui o comunismo dá um passo adiante.

Se, ao contrário, aceitamos a *ficção marxiana* da transição na forma do comunismo, nós inevitavelmente somos jogados de volta a posições que nada têm a ver com a dialética. Aí nós achamos alegremente amontoados todos os modelos do *humanismo*. Um humanismo genético que reina aí onde o método da tendência parece incapaz de transformar-se no método do deslocamento. A tendência se reduz assim a desdobramento orgânico da natureza humana (mesmo se ela for definida historicamente). Entregamo-nos assim à *orgia* de totalidade, renascimento e plenitude que, não sem razão, tem gerado indignação. Althusser não está errado em considerar como signo decisivo de "bom marxismo" o traçado de limites claros que expulsem essa baboseira insípida da teoria. Mas não nos permitamos exagerar a importância desses elementos, nem introduzirmos classificações ulteriores, fictícias, no desenvolvimento do pensamento marxiano! Nós teremos a ocasião de voltar ao dito humanismo de Marx, mas é interessante vê-lo pelo que é – fruto de impaciência na teoria, o uso da utopia positiva destinada a homogeneizar transição e comunismo, o *resto contraditório* do método materialista da cisão, do método constituinte da subjetividade. *Porque dizer que o comunismo assume a forma da transição significa para nós seguir o fio vermelho do fazer-se material da subjetividade antagonista.* Ao evitar o humanismo, alguns poderiam também buscar evitar os campos teóricos da subjetividade. A via da subjetividade, no entanto, é a que confere materialidade ao comunismo. A classe operária é subjetividade, subjetividade cindida, que anima o desenvolvimento, a crise, a transição e o comunismo.

Nós devemos, portanto, assumir o tema do comunismo nos *Grundrisse* e separá-lo de todas as considerações, todas as metodologias (ainda que pacientemente justificadas pela ficção marxiana) que não assumam em primeiro plano o processo materialista da subjetividade. A *síntese dos caminhos* que Marx propôs – a via que passa através do determinismo do mercado mundial e a que salta na direção do comunismo – deve ser cindida e transformada radicalmente. Nós podemos apenas confrontar essas vias se analisarmos as determinações que subjetivamente representam o processo da transição. Devemos decididamente desmistificar e destituir todas as formas de necessidade e determinismo atribuídas ao processo de transição.

O que significa *desmistificar*? Significa seguir a formação do comunismo através de todos os momentos particulares da crítica da economia política. Desse ponto de vista, os *Grundrisse* são fundamentalmente um trabalho de desmistificação.

> (...) o nosso método indica os pontos onde a análise histórica tem de ser introduzida, ou onde a economia burguesa, como simples figura histórica do processo de produção, aponta para além de si mesma, para modos de produção anteriores. Por essa razão, para desenvolver as leis da economia burguesa não é necessário escrever a *história efetiva das relações de produção*. Mas a sua correta observação e dedução, como relações elas próprias que devieram históricas, levam sempre a primeiras equações – como os números empíricos, p. ex., nas ciências naturais – que apontam para um passado situado detrás desse sistema. Tais indicações, juntamente com a correta apreensão do presente, fornecem igualmente a chave para a compreensão do passado – um trabalho à parte, que esperamos também poder abordar. Por outro lado, esse exame correto também leva a pontos nos quais se delineia a superação da presente configuração das relações de produção – e, assim, o movimento nascente, a prefiguração do futuro. Se as fases pré-burguesas aparecem como *simplesmente históricas*, *i.e.*, como pressupostos superados, de maneira que as condições atuais da produção aparecem *abolindo a si mesmas* e pondo-se, consequentemente, como *pressupostos históricos* para um novo estado de sociedade (p. 378, 379).

O caminho pelo que as categorias avançam parece claro. Enquanto progridem na história, continuamente tomam os estágios históricos como condições, o presente como história, o futuro pressagiado como movimento que devém. Nós precisamos então examinar, mesmo se aos poucos, *os grandes temas dinâmicos* da formação do comunismo. Este é o momento em que as categorias da crítica da economia política são desmistificadas – nós vamos ver, em breve, o momento em que essas categorias *se invertem*, como resultado do reconhecimento prático do sujeito.

Seguindo a abordagem – e a metodologia como a apresentamos e demarcamos – podemos facilmente trabalhar por meio de inúmeras passagens que permitem a especificação da definição marxiana de comunismo e seu desenvolvimento histórico. Quase todos os capítulos que lemos incluem a *lógica do comunismo*, começando com o *capítulo sobre o dinheiro*. No ponto em que o dinheiro é considerado uma relação social (*Grundrisse*, p. 104-111) – vamos lembrar bem essas passagens. É a partir do próprio poder de *estranhamento* que a "lei dos três estágios" se engendra, e daí emerge o poder de uma alternativa radical – onde o dinheiro aparece como relação social coletiva, além da mistificação que ele representa, aí nós podemos ver esboçado o terceiro estágio do desenvolvimento da individualidade. "A livre individualidade fundada sobre o desenvolvimento universal dos indivíduos e a subordinação de sua produtividade coletiva, social, como seu poder social, é o terceiro estágio" (p. 106). Alguns dos aspectos característicos do dinheiro – sua socialidade, a representação da produtividade coletiva, a medida e o símbolo do patrimônio social – são imediatamente invertidos. Nós poderíamos dizer que a categoria "dinheiro" apenas vive para a possibilidade de inverter-se. Desmistificar significa entender a categoria como uma inversão. Isto é o que acontece com a categoria do "dinheiro": refere-se à possibilidade, à necessidade da inversão, e desdobra-se para controlar essa inversão, dada a violência dessa tensão, dessa ruptura. (E, em parêntese, vamos sublinhar o sentido fundamentalmente anti-humanista de termos tais como "indivíduo universal". Este termo depende mais da deposição da brutalidade das relações do dinheiro, de sua força socializante, do que de qualquer consideração naturalista ou historicista, ou de alguma consideração continuísta. *A cisão* é radical, e funciona não apenas como chave para atingir-se a *inversão*, mas também como *matriz de constituição*. Se realmente quisermos achar algum humanismo ou ambiguidade no pensamento de Marx, devemos olhar para ele nos momentos em que o processo dialético pretende funcionar em termos de recomposição e sublimação.) A ideia do comunismo, para voltar ao nosso raciocínio, assume a forma da inversão de uma socialidade plenamente desenvolvida, como é a do dinheiro. *A passagem da pré-história à história*, que é também a passagem à dominação do homem sobre a natureza e sobre a história, a passagem ao comunismo, depende da *facticidade* total da operação: é a eficácia do sujeito que se opõe e inverte a eficácia mistificadora da socialização capitalista.

Aqui, de novo, está um exemplo do tema do comunismo assumido a partir da inversão, da crítica às categorias. É nada menos do que a categoria da "troca universal", a categoria mesma do "mundo burguês", que deve ser aqui invertida:

> (...), porém, se despojada da estreita forma burguesa, o que é a riqueza senão a universalidade das necessidades, capacidades, fruições, forças produtivas etc. dos indivíduos, gerada pela troca universal? [O que é senão o] pleno desenvolvimento do domínio humano sobre as forças naturais, sobre as forças da assim chamada natureza, bem como sobre as forças de sua própria natureza? [O que é senão a] elaboração absoluta de seus talentos criativos, sem qualquer outro pressuposto além do desenvolvimento histórico precedente, que faz dessa totalidade do desenvolvimento um fim em si mesmo, *i.e.*, do desenvolvimento de todas as forças humanas enquanto tais, sem que sejam medidas por um padrão *predeterminado*? [O que é senão um desenvolvimento] em que o ser humano não se reproduz em uma determinabilidade, mas produz sua totalidade? Em que não procura permanecer como alguma coisa

> que deveio, mas é no movimento absoluto do devir? Na economia burguesa –e na época de produção que lhe corresponde –, essa exteriorização total do conteúdo humano aparece como completo esvaziamento; essa objetivação universal, como estranhamento total, e a desintegração de todas as finalidades unilaterais determinadas, como sacrifício do fim em si mesmo a um fim totalmente exterior. Por essa razão, o pueril mundo antigo, por um lado, aparece como o mais elevado. Por outro, ele o é em tudo em que se busca a forma, a figura acabada e a limitação dada. O mundo antigo representa a satisfação de um ponto de vista tacanho; ao passo que o moderno causa insatisfação, ou, quando se mostra satisfeito consigo mesmo, é *vulgar* (p. 399, 400).

O mundo burguês é vazio, alienação e vulgaridade; o comunismo é riqueza de necessidades, expansão, universalidade abstrata (mediante a busca por concretizar-se) de necessidades. A categoria abstrata se refere à inversão concreta. Da pré-história à história. A "*verdadeira comunidade*", que encontramos algumas páginas depois nos *Grundrisse* (p. 407), forma o tecido da categoria do progresso na sociedade burguesa: e é isto tanto quanto a inversão.

> Será considerado posteriormente que a *forma mais extrema do estranhamento*, forma em que, na relação do capital com o trabalho assalariado, o trabalho, a atividadeprodutiva, aparece em relação com as suas próprias condições e com seu próprio produto, é um ponto de passagem necessário – e, por isso, encerra *em si*, ainda de forma invertida, de cabeça para baixo, a dissolução de todos os *pressupostos limitados da produção*, e, mais ainda, cria e produz os imprescindíveis pressupostos da produção e, em consequência, as condições materiais plenas para o desenvolvimento total, universal, das forças produtivas do indivíduo (p. 425).

É aqui que encontramos o surgimento daqueles termos mágicos e infames, "numa forma invertida", "de ponta cabeça", termos que alguns buscaram dotar de explicação metafísica ou exaustiva. De nossa parte, o curso da análise nos levou a uma explicação mais lúcida: é evidente que esses termos são aqueles da linguagem que fala da inversão das categorias, da tensão revolucionária apontada para além delas, inteiramente dentro do desenvolvimento. O tecido da inversão está em toda parte, em toda parte o ponto de vista do sujeito operário impõe o seu poder.

Quando chegamos aos momentos em que a descrição de Marx do desenvolvimento do capital, como desenvolvimento da força produtiva do capital e conclusão da pré-história humana, é a mais forte e mais completa – por exemplo, nos *Grundrisse* (p. 514-517) – é aí que os grandes temas dinâmicos do comunismo, que acham a sua fonte na exasperação na cisão implícita na relação do capital, aparecem com a mais formidável clareza. Vamos reler as páginas citadas: o capital com toda a sua força de expansão estende o trabalho abstrato para toda a sociedade, tensionando a cooperação e a divisão do trabalho até limites extremos. Cada categoria dessa passagem é *dupla*. A cooperação e a divisão do trabalho são, ao mesmo tempo, riqueza de necessidades e deslocamento incessante do conceito de individualidade. Mas essa duplicidade não é falsa, não é caso de competição. *Ela é duplicada em todos os lados*, de modo que o desenvolvimento do capital é a imagem reversa do processo comunista, uma imagem que será tanto mais desfigurada e insana quanto mais o capital avançar. Quando essa oposição atinge o seu ponto extremo, quando a subversão se torna o único caminho a seguir, o trabalho humano combinado atinge a sua palingênese. Não devemos com falsa modéstia negar o valor de termos como palingênese ou catástrofe, neste nível do desenvolvimento. O capital é apenas ruim demais para isso.

A seguir, Marx analisa a lei fundamental (e a mistificação) do desenvolvimento do capital, *a lei da competição*, e ao fazê-lo ele insiste no poder da liberdade do capital. Mas essa liberdade tem *uma base estreita*. "Trata-se de fato somente do desenvolvimento livre sobre um fundamento estreito – o fundamento do domínio do capital. Em consequência, esse tipo de liberdade individual é ao mesmo tempo a mais completa supressão de toda liberdade individual e a total subjugação da individualidade sob condições sociais que assumem a forma de poderes coisais, na verdade, de coisas superpoderosas – de coisas independentes dos próprios indivíduos que se relacionam entre si" (p. 546). A lei da competição é também um esboço do que o desenvolvimento do capital contém como força de oposição e de cisão: o comunismo, uma inversão potente de tudo.

Desmistificar as categorias do capital significa expor à luz do dia as *leis do movimento* da história. A lei fundamental é a que constrói a possibilidade do comunismo. Desse ponto de vista, ao permanecer na desmistificação, o comunismo está *em processo de construção,* como antítese radical e extrema. O tema da liberdade e da riqueza de necessidades, do desenvolvimento contraditório das formas de produção, e finalmente o tema da crise, todos se reúnem aqui. Eles estão presentes em cada categoria como a sua inversão. Aqui, quando falamos em comunismo, *a inversão é potente e sintética*. A forma contraditória tem a aparência de um obstáculo insuperável, de um obstáculo que cresce cada vez mais ao longo do desenvolvimento da "revolução permanente" do capital. Não existe solução para o processo. Nenhum equilíbrio do capital pode se manter. Ainda menos pode uma proposição que busque o socialismo manter-se sólida. A teoria da propriedade estatal, da planificação, da igualdade na exploração – tudo isso é derivado da "revolução permanente" do capital. Não existe equilíbrio possível, nem mesmo um equilíbrio de categorias, quando cada elemento da síntese ideal é invalidado pelo antagonismo. Isto surge porque o desenvolvimento da oposição é, pelo menos, tão tendencial quanto é o desenvolvimento do capital. Cada um tem seus objetivos. Sabemos que começamos a ver uma inversão de polos, entre o desenvolvimento do capitalismo e da classe operária e do proletariado. Nos *Grundrisse*, além da reafirmação das categorias (inversão das categorias do capital, com uma nova fundação dessas categorias), nós ainda podemos ler passagens em que esse novo termo de desmistificação começa a constituir-se a si próprio como sujeito, e a converter o processo que consiste em definir "comunismo" como um resto – talvez incompreensível, mas ainda um resto – de maneira a torná-lo a força motriz de uma alternativa.

Neste ponto, devemos começar a *falar em sujeito.* Mas não estamos ainda prontos para isso. Então vamos avançar com Marx, com passos ponderados. Vamos assumir, primeiro, o grande tema dinâmico e antitético do comunismo: o seu modelo invertido. Mas ainda carecemos, para isso, da *pesquisa e definição dos conteúdos do comunismo.* Antes de enfrentar novamente o tema do sujeito comunista, precisamos iluminar o caráter antitético e também o tecido antitético do comunismo. Esse enraizamento antitético consiste na síntese da libertação das forças produtivas e na aparição do sujeito antitético. *Libertação das forças produtivas?* O que isto significa? Significa que, em certo nível do desenvolvimento do capital, o poder de mando do capital deixa de ser necessário. "O próprio capital, contudo, corretamente entendido, aparece como condição para o desenvolvimento das forças produtivas, uma vez que elas necessitam de incitamento externo, incitamento que, ao mesmo tempo, aparece como seu freio. Disciplina das forças produtivas que se torna supérflua e incômoda a certo nível de seu desenvolvimento, da mesma forma que as corporações etc." (p. 339). A aparição do sujeito antitético. O que isto significa? Significa que o comunismo somente pode encontrar-se no nascimento, entre os estágios do desenvolvimento, de uma *nova individualidade coletiva*, que inventa *novas regras* de produção e de desenvolvimento. *O sujeito libertado abre um novo mundo* de novas necessidades coletivamente desdobradas.

O mais-valor é, no fundo, valor para além do equivalente. O equivalente, segundo sua determinação, é somente a identidade do valor consigo mesmo. O mais-valor, consequentemente, jamais pode brotar do equivalente; portanto, tampouco pode brotar originariamente da circulação; tem de brotar do próprio processo de produção do capital. A coisa também pode ser expressa da seguinte maneira: se o trabalhador precisa de somente meia jornada de trabalho para viver uma jornada inteira, então só precisa trabalhar meia jornada para perpetuar sua existência como trabalhador. A segunda metade da jornada de trabalho é trabalho forçado, trabalho excedente. O que aparece do ponto de vista do capital como mais-valor, aparece do ponto de vista do trabalhador exatamente como trabalho excedente acima de sua necessidade como trabalhador, acima, portanto, de sua necessidade imediata para a conservação de sua vitalidade. O grande papel histórico do capital é o de *criar* esse *trabalho excedente*, trabalho supérfluo do ponto de vista do simples valor de uso, da mera subsistência, e seu destino histórico está consumado tão logo, por um lado, as necessidades são desenvolvidas a tal ponto que o próprio trabalho excedente acima do necessário é necessidade universal derivada das próprias necessidades individuais; por outro, a laboriosidade universal mediante a estrita disciplina do capital, pela qual passaram sucessivas gerações, é desenvolvida como propriedade universal da nova geração; tão logo, finalmente, o desenvolvimento das forças produtivas do trabalho, que o capital incita continuamente em sua ilimitada mania de enriquecimento e nas condições em que exclusivamente ele pode realizá-lo, avançou a tal ponto que a posse e a conservação da riqueza universal, por um lado, só requer um tempo de trabalho mínimo de toda a sociedade e, por outro lado, a sociedade que trabalha se comporta cientificamente com o processo de sua reprodução progressiva, com sua reprodução em uma abundância constantemente maior; que deixou de existir,por conseguinte, o trabalho no qual o ser humano faz o que pode deixar as coisas fazerem por ele. Consequentemente, capital e trabalho comportam-se aqui como dinheiro e mercadoria; o primeiro é a forma universal da riqueza, a segunda é só a substância que visa o consumo imediato. Todavia, como aspiração incansável pela forma universal da riqueza, o capital impele o trabalho para além dos limites de sua necessidade natural e cria assim os

> elementos materiais para o desenvolvimento da rica individualidade, que é tão universal em sua produção quanto em seu consumo, e cujo trabalho, em virtude disso, também não aparece mais como trabalho, mas como desenvolvimento pleno da própria atividade, na qual desapareceu a necessidade natural em sua forma imediata; porque uma necessidade historicamente produzida tomou o lugar da necessidade natural. Por isso o *capital* é *produtivo*; *i.e.*, uma *relação essencial para o desenvolvimento das forças produtivas sociais*. Só deixa de sê-lo quando o desenvolvimento dessas próprias forças produtivas encontra um limite no próprio capital (p. 255, 256).

O trabalho não é mais trabalho, é trabalho que foi libertado do trabalho. O conteúdo do comunismo, então, consiste na inversão que, ao mesmo tempo, suprime o objeto invertido. Comunismo é apenas a inversão do trabalho na medida em que *essa inversão é uma abolição: do trabalho.* Libertação das forças produtivas: certamente, mas como dinâmica do processo que leva à abolição, à negação em sua forma mais total. *Passar da libertação-do-trabalho para o ir-além-do-trabalho, no coração da definição do comunismo.* Não devemos ter medo em insistir neste momento teórico: a libertação do trabalho vivo exalta o seu poder criativo, *a abolição do trabalho é o que lhe dá vida a todo instante.* O conteúdo, o programa do comunismo é o desenvolvimento de necessidades universais que emergiram na base coletiva – porém miserável – da organização do trabalho assalariado, mas que na via revolucionária significam a abolição do trabalho, a sua morte definitiva.

Avançemos nesse caminho, em nossa definição do projeto comunista. Estamos em condições não somente de apreender o poder da inversão, no nível da história ou da teoria, como também o *conteúdo* dessa inversão. Agora, devemos ir além. As condições amadureceram o suficiente de maneira que podemos ver a inversão se tornar dinâmica, por si mesma, independente e autônoma. O sujeito comunista emerge como conclusão da inversão.

Da *desmistificação* do processo à sua inversão. Não é mais questão da estrada que leva da pré-história à história, mas da revolução em seu aspecto pontual e sincrônico. A inversão recebe a subjetividade como resultado da desmistificação e faz dela condição do comunismo. *A transição aparece aqui como a forma exclusiva para a formação do comunismo.*

Há duas ordens de considerações a ser desenvolvidas aqui. A primeira se refere ao método. Aqui, acima de tudo, devemos ver que o método de Marx chega a sua definição mais desenvolvida. É quando Marx retoma a temática do comunismo que o método expôs na *Einleitung* ("introdução"), alcançando a sua plena aplicação. Funciona plenamente quando o comunismo assume a forma da transição. *Não há outra exposição* possível do comunismo que não seja a *da transição.* De outra forma, o comunismo não passaria de um conceito *inefável.* Todas as categorias marxianas são categorias do comunismo. É porque elas escapam da possibilidade de um "uso científico" – no sentido burguês do termo – mas, também de um uso reformista. As categorias marxianas são permeadas de uma dualidade irredutível e permanente, que emerge na forma do antagonismo. A seu passo, antagonismo é uma forma da inversão. Pois usar as categorias marxianas significa tensioná-las até a sua necessária inversão, estar à altura de levar-se a essa experiência inacreditável. As categorias marxianas são *categorias subversivas;* categorias que emergem do processo de subversão. As categorias são tomadas segundo a lógica da tendência antagonista, cujo desenvolvimento é feito de deslocamentos sucessivos do sistema de categorias. A teoria interrompe o processo histórico a ponto de tornar a sua continuidade impossível, remodelando-o completamente em processo da ruptura e da transformação. Não apenas as categorias substanciais (dinheiro, trabalho, capital etc.) são revolucionárias; como também as categorias que pertencem ao modo ou ao método (limite, obstáculo, processo, transformação etc.). Na interação, o conceito se torna elemento do movimento que, ao desenvolver-se, assume a forma do antagonismo, de uma potência antitética. A transformação, nessa lógica de ruptura, constitui uma oposição levada ao seu mais alto grau. A lógica materialista – na medida em que é adequada para apreender o real – é rica de potências de criação do real, da luta de classes. O comunismo é somente *conceito* do ponto de vista do método, na medida em que permanece um termo dinâmico da transformação.

A segunda ordem de considerações se refere à concretização *histórica* da temática da transformação, intrínseca ao conceito. Devemos mais uma vez retraçar todo o caminho teórico, já examinado em outros aspectos, e ver como esse caminho é, a cada momento, para cada categoria, marcado pelo elemento do fazer-se revolucionário. Ainda assim, nós veremos aqui apenas alguns elementos essenciais. (*Grundrisse*, p. 106). Nós estamos ainda na análise do "dinheiro como relação social". Todas as oposições parecem desaparecer em sua universalidade. Ainda que haja quem – como os socialistas e os proudhonianos – considere o dinheiro como "contraface"do comunismo; nada poderia ser mais falso, a categoria do dinheiro é apenas a face de uma essência bastante oposta.

> Mas no âmbito da sociedade burguesa, da sociedade baseada no *valor de troca*, geram-se tanto relações de intercâmbio como de produção que são outras tantas minas para fazê-la explodir. (Uma massa deformas antitéticas da unidade social cujo caráter antitético, todavia, jamais pode ser explodido por meio de metamorfoses silenciosas. Por outro lado, se não encontrássemos veladas na sociedade, tal como ela é, as condições materiais de produção e as correspondentes relações de intercâmbio para uma sociedade sem classes, todas as tentativas para explodi-la seriam quixotadas (p. 107).

Isto se refere ao dinheiro, mas vale também para o valor de troca, por antonomásia. E tudo isso é também verdade para o trabalho.

Com os *Grundrisse* (p. 114, 115), estamos no coração da análise que elabora o conceito de trabalho abstrato, e assim a mediação entre o tempo de trabalho e a produção social. As formas são cada vez mais antitéticas quanto mais a mediação progride. O comunismo aparece como conceito da abolição do trabalho, de sua subtração do poder de mando. O que parece a conclusão do processo – a constituição da produção social – tem por seu único efeito produzir outro: a libertação social do sujeito, que então começa a constituir-se. Falta apenas um último elemento, o *reconhecimento*, para que o sujeito possa livrar-se, agora e sempre, do caráter antitético, assim tornando-se hegemônico.

> Reconhecer os produtos como seus próprios produtos e julgar a separação das condições de sua efetivação como algo impróprio e imposto à força – isto é uma consciência formidável, produto ela própria do modo de produção fundado no capital, e o dobre de finados desse modo de produçãoi, da mesma maneira que, com a consciência do escravo de que ele *não pode ser a propriedade de um terceiro*, com a sua consciência como pessoa, a escravidão só pode continuar vegetando em uma existência artificial e deixou de poder continuar como base da produção (p. 380).

Reconhecimento, consciência, revolução. É o momento no método onde o "obstáculo" se materializa. A passagem é extremamente importante porque é onde a *subjetividade aparece como elemento orgânico da composição de classe material*. A subjetividade que se exprime aqui é um elemento certamente revolucionário, mas que está situado completamente no interior da estrutura contraditória das relações de produção. O sujeito é capaz de desenvolver-se, de libertar-se das relações de produção na medida em que as liberta e domina. A autovalorização do sujeito proletário, contrariamente à valorização capitalista, assume a forma de uma *autodeterminação* em seu desenvolvimento. Marx segue esse processo e busca englobá-lo por aproximação. Ele apreende a autodeterminação na capacidade do corpo social em apresentar-se como atividade que regula universalmente (por exemplo, *Grundrisse*, p. 510, 511). Mas esse modo de ver o processo da transição como processo radicado na ciência, entendido como atividade regulando todas as forças naturais e materiais é, com efeito, uma aproximação. Devemos ir ao cerne da matéria: a *ciência* incorporada no trabalho, e *a sua força produtiva* subsumida pelo capital, *devem apenas ser mais radicalmente libertadas*, na medida em que o processo contraditório de seu desenvolvimento chega ao fim. É apenas no nível muito alto de integração que existe a possibilidade de ruptura suficientemente profunda e eficaz para construir uma perspectiva de autodeterminação. Geralmente, o modo com que Marx lida com a ciência é humanista e cientificista (por exemplo, (por exemplo, p. 446); com isso, o aprofundamento da natureza contraditória do conceito de ciência se enfraquece. Mas isto não acontece, a análise é ainda muito expressiva e muito poderosa, no momento que a força antitética – o processo de autodeterminação proletária – começa com a definição do mais alto nível de subsunção da sociedade (e, logo, da ciência) no capital. Aqui, de novo, se situa o "Fragmento sobre as máquinas" (ver lição 7). *O comunismo tem a forma da subjetividade, comunismo é uma práxis constituinte.* Não existe parcela do capital que não seja destruída pelo desenvolvimento agressivo do novo sujeito. O sujeito mostra tamanho levante subjetivo que todos os vestígios da velha ordem são arrastados. A transição é um processo constituinte em seu sentido pleno, baseado inteiramente sobre o terreno definido pelas alternativas mais radicais. *Marx Além de Marx*. Além do determinismo vulgar. Além de todas as hipóteses que implicam homogeneidade. A consciência revolucionária mais franca pode achar aqui uma abundância para a exaltação mais sublime. A *inversão da inversão* que o capital operou contra o trabalho é, no "Fragmento sobre as máquinas" (p. 578-594), não uma operação de destituição, mas uma operação de constituição. A inversão capitalista, com a alienação, funciona não somente na esfera da distribuição, como se acha também na fundação do modo de produção: a inversão da inversão atinge essa fundação.

Voltando, ainda no Caderno VII, ao exame dessa relação, Marx argumenta:

> O fato de que, com o desenvolvimento das forças produtivas do trabalho, as condições objetivas do trabalho, o trabalho objetivado, têm de crescer em relação ao trabalho vivo – trata-se, na verdade, de uma proposição tautológica, pois o que significa força produtiva do trabalho crescente senão que se requer menos trabalho imediato para criar um produto maior e que, portanto, a riqueza social se expressa cada vez mais nas condições do trabalho criadas pelo próprio trabalho –, tal fato, do ponto de vista do capital, não se apresenta de tal maneira que um dos momentos da atividade social – o trabalho objetivo –devém o corpo cada vez mais poderoso do outro momento, do trabalho subjetivo, vivo, mas de tal maneira que – e isto é importante para o trabalho assalariado – as condições objetivas do trabalho assumem uma autonomia cada vez mais colossal, que se apresenta por sua própria extensão, em relação ao trabalho vivo, e de tal maneira que a riqueza social se defronta com o trabalho como poder estranho e dominador em proporções cada vez mais poderosas. A tônica não recai sobre o *ser-objetivado*, mas sobre o *ser-estranhado*, ser-alienado, ser-venalizado [*Entfremdet-*, Entäussert-, Veräussertsein] – o não pertencer-ao-trabalhador, mas às condições de produção personificadas, *i.e.*, ao capital, o enorme poder objetivado que o próprio trabalho social contrapôs a si mesmo como um de seus momentos. Na medida em que, do ponto de vista do capital e do trabalho assalariado, a geração desse corpo objetivo da atividade se dá em oposição à capacidade de trabalho imediata – esse processo de objetivação aparece de fato como processo de alienação, do ponto de vista do trabalho, ou de apropriação do trabalho alheio, do ponto de vista do capital –, tal distorção ou inversão é *efetiva* e não *simplesmente imaginada*, existente simplesmente na representação dos trabalhadores e capitalistas. Mas,

evidentemente, esse processo de inversão é simplesmente necessidade *histórica*, pura necessidade para o desenvolvimento das forças produtivas a partir de um determinado ponto de partida histórico, ou base histórica, e de maneira nenhuma uma necessidade *absoluta* da produção; ao contrário, é uma necessidade evanescente, e o resultado e o fim (imanente) desse processo é abolir essa própria base, assim como essa forma do processo. Os economistas burgueses estão tão encerrados nas representações de um determinado nível de desenvolvimento histórico da sociedade que a necessidade da *objetivação* das forças sociais do trabalho aparece-lhes inseparável da necessidade do *estranhamento* dessas forças frente ao trabalho vivo. Todavia, com a superação do caráter *imediato* do trabalho vivo, como caráter meramente *singular*, ou como *universal* unicamente interior ou exterior, e posta a atividade dos indivíduos como atividade imediatamente universal ou *social*, tais momentos objetivos da produção são despojados dessa forma do estranhamento; com isso, eles são postos como propriedade, como o corpo social orgânico, em que os indivíduos se reproduzem como singulares, mas como singulares sociais. As condições para essa sua forma de ser na reprodução de sua vida, no seu processo vital produtivo, foram postas somente pelo próprio processo histórico e econômico; tanto as condições objetivas quanto as subjetivas, que são apenas as duas formas diferentes das mesmas condições.

A ausência de propriedade do trabalhador e a propriedade do trabalho objetivado sobre o trabalho vivo, ou a apropriação do trabalho alheio pelo capital – as duas coisas expressando a mesma relação, só que em dois polos opostos –, são condições fundamentais do modo de produção burguês, e de modo nenhum contingências que lhe são indiferentes. Esses modos de distribuição são as próprias relações de produção, só que *sub specie distributionis*. Por isso, é extremamente absurdo quando, p. ex., J. S. Mill diz (*Principles of Polit. Econ.*, 2. ed., Londres, 1849, t. I, p. 240): "As leis e condições da produção da riqueza compartilham o caráter das verdades físicas. [...] Não é assim com a distribuição da riqueza. Esta é exclusivamente uma questão da instituição humana". (p. 239, 240) As"leis e condições" da produção da riqueza e as leis da "distribuição da

> riqueza" são as mesmas leis sob formas diferentes, e ambas mudam, passam pelo mesmo processo histórico; são tão somente momentos de um processo histórico.
>
> Não é preciso ter uma perspicácia fora do comum para compreender que, partindo, p. ex., do trabalho livre ou trabalho assalariado resultante da dissolução da servidão, as máquinas só podem *surgir* em contraposição ao trabalho vivo, como propriedade alheia e poder hostil diante dele; *i.e.*, que elas têm de se contrapor a ele como capital. Porém, é igualmente fácil perceber que as máquinas não deixarão de ser agentes da produção social tão logo devêm, p. ex., propriedade dos trabalhadores associados. No primeiro caso, todavia, sua distribuição, *i.e.*, o fato de *não pertencerem* ao trabalhador, é da mesma maneira condição do modo de produção fundado no trabalho assalariado. No segundo caso, a distribuição modificada partiria de uma base da produção nova, *modificada*, originada somente por meio do processo histórico (p. 705-707).

A tese marxiana não poderia ter sido desenvolvida mais claramente. O sujeito revolucionário *emerge* neste momento *da* relação com o capital. A inversão que esse sujeito opera contra o capital é uma operação que não podemos mais qualificar de reapropriação, que se torna um termo insuficiente e ambíguo, para algo que já implica novas fundações. *A autodeterminação do sujeito é, portanto, uma mudança qualitativa do processo.* O sujeito estende a sua força até o ponto de reapropriar-se do próprio trabalho objetivado – até aqui inimigo do trabalho vivo – que doravante passa a ser dominado pelo trabalho vivo. Os temas de desmistificação não têm mais lugar neste estágio da análise. A inversão temática é tão radical que cria uma distância incomensurável em relação à miséria da exploração.

Chegamos assim ao final do discurso marxiano sobre o comunismo dos *Grundrisse*. Como vimos, *o comunismo não é em nenhum caso um produto do desenvolvimento capitalista: é a sua inversão radical.* É a desmistificação que se torna inversão do desenvolvimento capitalista. O comunismo não é nem a teleologia do sistema capitalista nem a sua catástrofe. É um sujeito novo que se forma, que transforma a realidade e destrói o capital. Comunismo é, portanto, um conceito que somente pode ser formulado na forma da transição. A inversão é tão potente que a forma da transição não é simplesmente antitética; mas, sim, constitutiva de um novo sujeito, de um potencial de transformação total. Para caracterizar do modo mais rigoroso a transformação, Marx realça a *abolição do trabalho*. A libertação *do* trabalho é a liberação *em relação ao* trabalho. A criatividade do trabalho comunista não contém relação alguma com a organização do trabalho capitalista. O trabalho vivo, libertando-se, reconquistando o *valor de uso de si próprio*, contra o valor de troca, cria um universo de necessidades do qual, eventualmente, o trabalho pode apenas participar. E nesse caso, se trata de trabalho essencial, coletivo, não mistificado, comunista: o contrário ao trabalho como construção capitalista. A transformação é total, *e ela não dá azo a nenhuma homologia*. É um novo sujeito. Rico e alegre. *Marx o disse*: não é preciso aqui exagerar em absoluto, Marx disse dez, cem vezes. A única coisa divertida sobre tudo isso é a vergonha que muitos – quase todos – teóricos marxistas experimentam ao repetir, ao ler esses parágrafos. De resto, não há nada de divertido, senão o enorme cansaço da luta pela abolição do trabalho.

A partir dessas premissas, podemos fazer algumas observações relativas às consequências desta abordagem do comunismo. Quero dizer, a centralidade que assume o conceito de abolição do trabalho na temática da transição implica que examinemos as condições teóricas específicas da encruzilhada. Então, frente aos estereótipos que circulam, é preciso colocar particularmente o problema da relação entre *comunismo* e *planificação*. O que este problema está fazendo na articulação da "abolição do trabalho e da transição"? Sem dúvida alguma, Marx ressaltou a planificação como uma qualidade do comunismo. Apesar disso, com demasiada frequência, a partir de Engels, essa relação foi entendida, por um lado, seja em termos de mera socialização (estatização) das relações de produção; por outro, seja em termos de "racionalidade econômica superior". É evidente que, a partir dos *Grundrisse*, não se trata disso. O comunismo é planificação unicamente na medida em que é abolição planificada do trabalho. *A planificação é uma expressão (e uma condição) do caráter associado do trabalho que deve suprimir a alienação do poder de mando e de sua reificação.* Trata-se, por conseguinte, de uma racionalidade econômica não superior, *mas diversa*. Tão diversa que não pode haver nenhuma homologia entre elas. Quando não se dão as condições e o objetivo da abolição do trabalho, a planificação é apenas uma nova forma de poder de mando capitalista – a sua forma socialista. Aqui, pois, a *crítica marxiana do socialismo* adquire toda a sua pertinência. O socialismo não é, não pode ser em caso algum, uma etapa ou uma passagem para o comunismo. O socialismo é a forma mais alta, a forma superior da racionalidade econômica do capital, da racionalidade do lucro. Sobrevive no socialismo, assim, a lei do valor, levada a um grau de centralização e síntese geral que conecta as formas da gestão econômica planificada com o funcionamento da maquinaria jurídica e política do estado. *O socialismo mantém viva e generaliza a lei do valor. A abolição do trabalho é o signo inverso da lei do valor*. A questão da abolição do trabalho exclui qualquer homogeneidade possível entre planificação capitalista e planificação comunista. Devemos novamente criticar com contundência a lógica dialética que autoriza camadas de homogeneidade no desenvolvimento das oposições: pelo contrário, precisamos ver em ação a lógica de um dualismo radical. A extinção da lei de valor – que o "fragmento sobre as máquinas" nos permitiu ler nos *Grundrisse* – constitui o fundamento de uma transformação de seu funcionamento (no invólucro capitalista) em lei de puro poder de mando. Mas esta constitui já uma expressão do funcionamento da lógica antagonista. Toda relação, toda homogeneidade, todo elemento de racionalidade relativa é suprimido pela derrocada da lei do valor. A continuidade da relação do capital se acha definitivamente cindida. Aqui pode funcionar somente a lógica do antagonismo – fundada em sujeitos opostos e irredutíveis. Cada polaridade tem critérios próprios para a planificação. Uma planificação independente. *Autovalorização operária e proletária é a planificação da abolição do trabalho*. A saturação de espaços sociais produzida pela planificação socialista do capital é, por isso, resultado de uma monstruosa fragilidade. Cada segmento é contraditório não somente a respeito da imediatez do antagonismo que revela, como também em relação ao quadro da oposição, da planificação voltada à abolição do trabalho, ao qual se acha conectado. A recusa do trabalho, a sua organização planificada por parte da classe operária e proletária, constitui a medida não de uma aproximação estúpida à utopia; mas, sim, ao processo constituinte que o sujeito define. Desse modo, o processo experimenta um deslocamento real. Planificar se torna um termo irredutível ao capital, e o socialismo um termo (quando representa uma categoria econômica) irredutível ao comunismo. O sujeito comunista se constitui no processo, na mesma base desses deslocamentos radicais. A sua *multilateralidade* não é apenas riqueza de necessidades, como também (como a teoria da composição de classe nos ensina), riqueza de sínteses sucessivas.

A análise volta ao sujeito e sua força constituinte. Começando pela recusa do trabalho – que se transformou em abolição planificada e racional do trabalho – vimos o sujeito pôr as condições de sua própria autoconstituição. Mas o projeto é estratégico. A *recusa do trabalho* constitui o sujeito enquanto se projeta no mundo, enquanto *constitui um modo de produção*. Não cabe a Marx, nem a nós neste momento, oferecer prefigurações sobre o assunto. O que se pode dizer é simplesmente que o modo de produção comunista compreende a totalidade das determinações sociais e econômicas que pertencem a cada um desses modos de produção. A amplitude do espectro de relações que se oferece somente pode ser resolvida na escala da totalidade. É importante sublinhar o fato que – na situação determinada pela extinção da função racionalizadora da lei de valor – a medida, as proporções e a finalidade do desenvolvimento do modo de produção comunista se dão, totalmente, a partir da recusa do trabalho, a partir da prática subjetiva, cada vez mais planificada coletivamente, da supressão do trabalho.

Reintroduzir imagens de totalidade não significa suspender todo discurso sobre o comunismo no nível da totalidade, não significa reduzir todo o seu desenvolvimento ao desdobramento da estratégia. Pelo contrário, significa o oposto. A recusa do trabalho mostra, na totalidade do projeto que o caracteriza, e de maneira felizmente contraditória com ele, uma *multilateralidade* de aspectos, uma riqueza de movimentos livres, uma complexidade de autonomias – cada passo em frente, para o comunismo, implica uma difusão e uma expansão da riqueza das diferenças. *Diferenças e rupturas*. Nesse sentido, gostaria de aconselhar que se considerassem as metáforas explosivas de Marx (o mundo capitalista deve "saltar pelos ares" etc., tema que se repete continuamente), não como ênfase catastrofista; mas, sim, como acentuação do movimento libertador do sujeito ao comunismo. A rebelião e a subversão, que se radicam na necessidade do antagonismo, elas constituem um processo de atos libertadores tão importante quanto o processo como um todo. Como entender, por outro lado, um mecanismo revolucionário cuja medida é a supressão do trabalho senão como processo de liberdade? Como entender a planificação da supressão do trabalho senão no sentido da acumulação de infinitas diferenças? Como imaginar a totalidade do comunismo senão como plenitude e contínua repetição do risco de liberdade? O comunismo na forma da transição é um processo de que conhecemos a sua origem, de que vivemos o percurso – nada nos pode dizer, fora do terreno sobre o que caminhamos e lutamos, qual será a sua conclusão. Está descartada qualquer homologia objetiva: *o futuro comunista somente pode ser construído*. Cada qualidade dele reside na potência de sua fundação, na força do projeto.

Esse resultado da consideração marxiana do comunismo nos parece convincente. Não há dúvida que o quadro mudou desde que começamos a nos acostar dele. Somos movidos por uma sobreposição de trajetórias que, de tempos em tempos, constrangia o comunismo entre as grades da necessidade objetiva e seu desenvolvimento catastrófico, ou mesmo dos dedos rosas da utopia e sua emergência auroral.

Aprofundando os temas, insistindo no nexo subjetivo do processo, deslocando a sua intensidade do âmbito teórico ao prático, *o tema do comunismo se verteu no da transição*, e a transição se fundou sobre a natureza antagonista da lógica marxiana. Todas as determinações, pouco a pouco, confluíram nesse novo lugar, em torno desse novo processo. Prescindiu-se de qualquer reminiscência de uma lógica dialética, fortemente continuísta. Admitamos, assim, que com frequência o procedimento marxiano está enervado, a propósito do comunismo, de resíduos e alusões dialéticas: apesar disso, ao fim, tais elementos não se mostram decisivos. O caminho, ao contrário, se abre regozijando-se da plenitude de determinações metodológicas e substanciais que o conjunto da obra marxiana produz, em termos de antagonismo. O ponto central desse procedimento marxiano está lá aonde apontamos a passagem *da desmistificação à inversão*. Quando a inversão, com grande potência, se exerce sobre a totalidade dos níveis mais importantes da análise marxista e satura as categorias tais como "dinheiro, trabalho abstrato, máquinas, ciência" etc. – bem, neste momento, toda ambiguidade já foi eliminada. *A dialética é de-*

volvida ao capital, o materialismo se torna o horizonte exclusivo, vertebrado por sua lógica antagonista e subjetiva. A transição comunista segue neste ponto o caminho que conduz à autovalorização e à autodeterminação, à independência cada vez mais elevada e completa do sujeito proletário, à multilateralidade de suas trajetórias. A transição é o terreno final da desmistificação de toda utopia, seja cientificista ou idealista, é a fundação do comunismo como percurso da subjetividade, de sua complexidade e, na sua multilateralidade, é a recusa e a inversão de toda dialética. Marx se desmistifica também a si próprio. *Marx Além de Marx. O conteúdo do processo está perfeitamente adequado a sua forma: processo antagonista e subjetivo da abolição do trabalho.* O comunismo é em todos os sentidos a destruição do capital. É o *não-trabalho*, é a planificação subjetiva-coletiva-proletária da supressão da exploração. É a positividade de uma constituição livre da subjetividade. Toda utopia é impossível.

LIÇÃO 9
Desenvolvimento Capitalista e classe revolucionária

O problema da dinâmica do comunismo. Suas determinações positivas e negativas: da crise da lei do valor à reemergência do valor de uso. (Indeterminação). Condições teóricas para a solução do problema: a produção social como circulação produtiva; a circulação produtiva e as suas contradições como base e processo constituinte do indivíduo social proletário. Condições metodológicas e limites do discurso marxiano. Deslocamento da categoria de "trabalho produtivo": a classe revolucionária. Novas condições históricas para a tradução da transição à dinâmica do comunismo. A autovalorização como núcleo teórico-prático do projeto. O comunismo como força motriz e destruição do desenvolvimento capitalista. (Para a crítica do comunismo: as categorias de destruição do capital).

É enorme a força de inversão do desenvolvimento capitalista posta em marca pelo comunismo, por sua dinâmica e processo. Mas não podemos esquecer o efeito de achatamento provocado pelos resíduos dialéticos do discurso marxiano. É preciso libertar-se deles, inclinar-se à determinação concreta, à explicitação não-genérica do dinamismo comunista. *Precisamos alcançar uma nova exposição do comunismo por meio da forma da transição.* Manifestou-se a lógica antagonista, plural, do discurso marxiano. Ela explodiu. Vimos essa lógica desvencilhar-se dos frutos teimosos do hábito dialético. Vejamos agora algumas determinações gerais que reforçam essa lógica antagonista, sustentadas por condições teóricas originais e verificadas por novas coordenadas históricas. Vejamos como a análise avança, deslocando-se teoricamente e superando os seus limites. Levar a análise da transição à materialidade significa, assim, falar da *dinâmica do comunismo*. Seja qual for a potência da transição – e vimos que é enorme – trata-se, na realidade, de uma alusão, um risco, um horizonte. O problema consiste em como materializar o comunismo como processo. Temos de ir ao coração do problema.

Várias determinações nos ajudam nesse propósito. Em primeiro lugar, determinações com função negativa, que sublinham a crise do desenvolvimento capitalista e, ao mesmo tempo, concretizam o quadro de análise. A lei do valor se extingue. A força e a eficácia de sua aparência – no nível da socialização do capital exposto nos *Grundrisse* – se desmistificam. A lei do valor vai da aparência à miséria. Embora ambas sejam eficazes, a primeira forma ainda guarda um caráter de racionalidade, enquanto a segunda é pura coerção. A lei do valor já não é dada pela relação entre o tempo médio de trabalho abstrato, já não é o cálculo da proporção entre trabalho necessário e trabalho excedente. Isto era a sua aparência: parecia conferir uma função progressista à lei da exploração. Quando o capital e a força de trabalho global se socializam, cada qual com capacidade própria de autovalorização, nesse momento a lei do valor não passa de coerção e relação de violência. A lei do valor se reduz à planificação do mando, sobredeterminação coativa da crise. Eis aí a lei do valor tomada do ponto de vista do "Fragmento sobre as máquinas" (p. 578-594). A lei está esvaziada e define quem se opõe a ele como antagonismo. A síntese é uma ilusão, e não passa de um ato de pura força. Ao mesmo tempo que isso acontece, o polo da classe operária ganha autonomia e se liberta. Mas seria essa suposição adequada à potência real que a classe operária exprime? Podemos, sim, fundar uma dialética positiva do desenvolvimento neste momento de libertação e autonomia, ainda que o ato de libertação não nos diga nada sobre o conteúdo e a positividade dela, sua dinâmica ou processo. *A verdade deduzida da extinção da lei do valor, de sua redução à pura lei do mando, é uma verdade parcial.* Enfraquecido o horizonte do valor de troca, corre-se o risco de obter como consequência a opacidade geral de todo o quadro teórico. (Não por caso, muitos que alertam para a profundidade da crise capitalista não cessem de bradar em cada esquina sobre o ressurgimento do fascismo). A mera negatividade não resolve o problema. Se a referência ao comunismo se restringir apenas na extinção da lei do valor, será uma referência infrutífera e insuperável).

Apesar disso, a extinção da lei do valor liberta efetivamente um *terreno real para a independência proletária.* É um espaço ainda escasso e nebuloso, mas real. Acumula valores de uso, necessidades, comportamentos mais ou menos imediatos. Ainda assim, *a mera reivindicação do valor de uso não é uma solução ou determinação.* Ficar no nível do valor do uso produziu, na história do marxismo, um ponto morto, empacando o tema da transição segundo um quebra-cabeças teórico. Parecia desejável que o movimento da inversão contivesse, por si mesmo, a força necessária para descrever a via ao comunismo. Com isso, no entanto, se acabava exaltando uma atitude burguesa do pensamento, provocando um quadro invertido da descrição do comunismo, sim, porém homólogo ao mercado. Capitalismo, crise, subversão, o efeito não-específico foi a criação de um espaço vazio, ainda que livre – como o mercado. Nesse quadro, o "indivíduo universal" não passa de uma positividade vazia. Ou seja, uma dialética da inversão presa à imediatez do valor de uso não tem nenhum significado. Certamente, aqui a determinação pretende-se positiva, mas não consegue. O processo da inversão é *qualitativamente* distinto do processo que produz a crise do valor e de sua lei. Este tem tão somente uma potência crítica e alusiva. Não é simplesmente por causa disso que o processo da inversão cumpre a sua tarefa; ele não se satisfaz apenas com a operação de inversão. Tampouco os teóricos que tentaram achar a solução ao quebra-cabeças chegaram a resultados muito satisfatórios. A mais célebre das tentativas esteve na ideia *da sobredeterminação do processo*, opondo à violência capitalista da síntese, a violência proletária da inversão. Mas o que poderia significar a extrema tensão da violência proletária – quando não é organizada por uma potência material de *inversão real* – senão uma imunda reproposição da aparência eficaz e terrível da dominação do valor? A pura insistência sobre a inversão é incapaz de libertar-se do vazio de uma totalidade de valores de uso, imediatamente indiferentes, como, além disso, sucumbe a soluções voluntaristas e terroristas ao problema. *O valor de uso, assumido em si e por si, não resolve nada.* A imediatez da criança que denuncia o rei nu é tão nudez quanto o rei denunciado. Com isso, não confundo uma coisa com a outra. Escolho um lado, firmemente. Mas, nem por isso, a imediatez me satisfaz. Ela é um ponto de partida, uma origem redescoberta, um momento de felicidade. Mas se não for desenrolada na dinâmica do comunismo, a imediatez é vazia e perigosa. O único elemento que tem em comum com a dinâmica do comunismo e o processo de inversão está em afirmar a violência da passagem, a desmistificação de todas possibilidades da hipótese pacifista, o reconhecimento assertivo da força como elemento decisivo. É nisso que radica o seu pertencimento primordial ao comunismo. A violência proletária, como alusão positiva ao comunismo, é um momento essencial da dinâmica do comunismo. Suprimir a violência do processo vai apenas entregá-la – amarrando as mãos aos pés – ao capital. A violência é uma auroral, imediata, vigorosa afirmação de necessidade do comunismo. Não provê a solução, mas é fundamental. A violência é talvez o meio único (insuficiente embora apropriado), em que o valor de uso escapa, neste nível de análise (e da realidade interpretada), da indistinção de horizonte dos comportamentos em que se determina. A violência proletária é um sintoma do comunismo.

O problema da dinâmica do comunismo não pode ser estabelecido, e muito menos resolvido, segundo o ritmo das oposições teóricas e conceituais extremas. Nesse ritmo, o único resultado será, como vimos, a *indeterminação*. Para introduzir um terreno de solução, para introduzir condições adequadas de solução, é necessário, em consequência, *preparar concretamente esse terreno da dinâmica comunista*, em termos próprios. Não, pois, a trajetória indefinida das transformações da composição de classe e dos modos de produção: essa trajetória privilegiada pela análise *estática* que, a cada mudança dos comportamentos operários, hipostasia categorias e definições abstratas. "Deslumbramento do método, bloqueio da pesquisa"! Nem, ao contrário, o contentamento objetivista de uma definição da crise da lei do valor e da extensão totalitária das sequências de dominação sobre toda a sociedade: "depois de mim, o dilúvio! ". Marx sabe de tudo isso. Nos *Grundrisse*, Marx elabora o problema e as condições da solução. Os termos resolutivos não lhe são alheios e, por isso, os limites de seu desenvolvimento são terrivelmente consistentes. Ainda assim, a correção e a aproximação à solução estão dadas. Aproximamo-nos de uma conclusão do problema da dinâmica do comunismo, ainda que não esteja totalmente determinada. Vejamos os próximos passos. Nos *Grundrisse*, Marx rastreou primeiro o tema do mais-valor até a crise e a catástrofe, até a demonstração histórica do antagonismo que essa categoria de exploração constitui. Depois, num segundo momento, Marx assumiu a temática da circulação para mostrá-la no interior do fazer-se de grandes forças sociais antagonistas. Até a explosão final do antagonismo. De ambos os lados, o discurso é abstrato. De ambos os lados, a passagem ao comunismo é um salto. Também quando a visão da passagem é, como na segunda fase do raciocínio, subjetivada, também aí, de qualquer modo, triunfa a indeterminação. *Marx está consciente desse limite e quer superá-lo.* Se não o superar, todo o desenvolvimento teórico poderia – e nada paradoxalmente – desaguar no objetivismo, até a deformação de método de que *O Capital* não se encontra isento. A falta de resolução não pode ser fruto da indeterminação a que chegou a análise. Agora sim, diz Marx, experimentemos pôr em contato, conjugar o processo de mais-valor e a enorme e odiosa quantidade de exploração que compreende (e a extrema lógica antagonista que produz) – experimentemos conjugar com o processo da socialização, na circulação do capital e da força de trabalho global. O antagonismo deve se tornar social, *a força de trabalho global deve tornar-se classe revolucionária* contra o desenvolvimento capitalista. Em toda a parte final dos *Grundrisse*, por essa razão, Marx tenta arduamente atingir uma *nova exposição.* Digamos de imediato que os resultados não nos são completamente satisfatórios. Veremos o porquê. De toda maneira, eles são consistentes. Na realidade, aqui, no plano da análise, se forma pelo lado do capital a categoria de lucro; pelo lado da classe operária, começam, ao contrário, a definir-se as categorias do antagonismo social do proletariado e da autovalorização. Nesse processo, *pode enfrentar-se de modo adequado o problema da dinâmica do comunismo*: por Marx e por nós próprios. O fato que Marx tão somente possa chegar de maneira parcial a definir resultados não nos deve impedir de perseguir hipóteses de pesquisa, pelo contrário, deve nos compelir a persegui-las.

Pôr em contato, na perspectiva da subjetividade proletária, a temática da exploração e a temática da circulação constitui condição teórica fundamental para que o problema da dinâmica do comunismo consiga encontrar uma solução. De qualquer modo, da perspectiva do capital, já Marx tinha procedido nesse sentido. Como vimos na lição 5, a definição da categoria de lucro – que, precisamente nas páginas agora consideradas, encontra uma definição plena – derivava da estreita conjugação entre teoria do mais-valor e teoria da circulação. A *Ausgleichung* da exploração, a sua equiparação interna ao redor de níveis médios, a construção de tal modo da lei do desenvolvimento capitalista, nasciam da difusão da relação de exploração no circuito social, ou melhor, no circuito da socialização da produção capitalista. *A* Ausgleichung *da subversão e a valorização proletária devem percorrer o mesmo caminho, mas no sentido contrário.* E tendo presente, por outro lado, que a inversão é só um começo. Não há, na realidade, homologia possível entre as duas trajetórias, do capital e do proletariado. Isto decide a lógica do antagonismo. O momento da inversão é o momento de ruptura de toda homologia possível, é o momento de liberação da diversidade absoluta. Devemos, no entanto, examinar esse momento de inversão. Não é insignificante que ele apareça, e somente possa aparecer – como vimos – onde a lei da exploração se dissolve na esfera da circulação, e onde a circulação produtiva se transforma no antagonismo dos sujeitos sociais. Sem embargo, Marx – dentro dos limites históricos de seu projeto e da força prospectiva e antecipadora que, de toda sorte, especificamente o caracteriza – avança sobre os dois terrenos. Marx resolve completamente o primeiro (quer dizer, o limite da constituição da circulação produtiva), e aproxima-se da solução do segundo (o antagonismo no nível social). Se ele resolve completamente o primeiro problema, é porque a sua base teórica é a mesma que serve para colocar o problema do lucro. E se somente por *aproximação alcança* a solução do segundo, é porque aqui a base teórica não é suficiente. Quantos recursos Marx poderia acumular, do arsenal de dados, para definir a independência do sujeito proletário, ele o fez. Mas desse ponto em diante, *apenas uma prática revolucionária madura pode permitir o completo deslocamento do problema*, o pleno desenvolvimento do sujeito. A tendência quer verificar-se numa determinação concreta, exatamente como busca determinar-se a abstração. Os limites históricos da experiência da luta de classes bloqueiam o processo de verificação da tendência. A força da análise pode, apesar disso, impelir a tendência, pode expô-la na realidade de modo provocativo tal, que se requerirá bem pouco das lutas operárias para realizar a categoria plenamente determinada que Marx indicou: aquela do "outro" movimento operário. Mas deixemos isto para mais tarde.

O dinheiro: relação negativa com a circulação. Quando Marx começa a introduzir o tema, não chama a atenção para a sua grande relevância. Numa primeira interpretação, a afirmação significa que a circulação não se contenta com o dinheiro, que o dinheiro vive uma relação com a circulação que não esgota o seu sentido. A circulação é, na realidade, um intermediário da produção. Nesse sentido, o próprio dinheiro se apresenta, positivamente, como "*instrumento de produção*, na medida em que a circulação não mais se manifesta em sua simplicidade primeira, como troca quantitativa, mas como processo de produção, como metabolismo real. Desse modo, o próprio dinheiro é determinado como momento particular desse processo de produção" (p. 162). Mas aqui há um segundo ponto a explorar-se. Dinheiro negativo se torna positivo. Ainda mais, essa mutação deve mudar o conceito geral da de circulação. "A *permanente continuidade* do processo, a passagem desimpedida e fluente do valor de uma forma à outra, ou de uma fase do processo à outra, aparece como condição fundamental para a produção fundada sobre o capital em um grau muito diferente do que em todas as formas de produção precedentes" (p. 441). Nessa situação, a potência do capital mostra uma incrível fluidez, trocabilidade, criatividade.

Antes de tudo, de um ponto de vista objetivo, na perspectiva do próprio capital:

> (...) embora o capital, como totalidade da circulação, seja *capital circulante*, seja passagem de uma fase à outra, em cada fase ele também

> é posto em uma determinabilidade, confinado em uma figura particular que é a negação de si mesmo como o sujeito do movimento como um todo. Por conseguinte, em cada fase particular o capital é a negação de si mesmo como o sujeito das distintas transformações. Capital não circulante. *Capital fixo*, mais propriamente capital *fixado*, fixado em uma das distintas determinabilidades, fases, que tem de percorrer. Enquanto persiste em uma dessas fases – a própria fase não aparece como passagem fluida –, e cada fase tem sua duração, não é circulante, é fixo. Enquanto persiste no processo de produção, não é capaz de circular; e [é] potencialmente desvalorizado. Enquanto persiste na circulação, não é capaz de produzir, de pôr mais-valor, de se processar como capital. Enquanto não pode ser lançado no mercado, é fixado como produto; enquanto tem de permanecer no mercado, é fixado como mercadoria. Enquanto não pode ser trocado pelas condições de produção, é fixado como dinheiro. Finalmente, se as condições de produção permanecem em sua forma como condições enão ingressam no processo de produção, o capital é outravez fixado e desvalorizado. O capital, como o sujeito que atravessa todas as fases, como a unidade movente, unidade processual de circulação e produção, é capital *circulante*; o capital, como capital confinado em cada uma dessas fases, como capital posto em suas *diferenças*, é capital *fixado*, capital *engajado*. Como capital circulante, ele próprio se fixa, e como capital fixo, circula (p. 518, 519).

Vejamos, a seguir, o que acontece do ponto de vista subjetivo. Na realidade, o capital se mostra aqui como sujeito, como unidade dinâmica e criativa. *Mas o capital é uma relação. Dentro dessa relação, o antagonismo proletário deve alçar-se à plenitude da subjetividade.* A subsunção da circulação por parte da produção do capital deve libertar o antagonista ao mesmo nível. Às condições dadas da socialização (que abordamos na lição 6), aqui se acresce o fato de que *a emergência do outro sujeito*, do *sujeito proletário, não pode deixar de estender-se por todo o âmbito da circulação*. Ao mesmo tempo, o movimento do sujeito proletário é tal que engendra uma dinâmica complexa de forças históricas e naturais.

Naturalmente, esta é uma definição geral. Mas estável. Nesse grau de socialização, a produção está tão profundamente misturada com a circulação, constituindo uma relação do capital em permanente crescimento de eficácia social. Bem, nesse mesmo ponto, também o sujeito proletário assume uma dimensão social.

Se a produção social subsume a circulação e a coloca como circulação produtiva – e, por isso mesmo, propõe nesse nível uma consideração igualmente extensa e profunda do movimento da classe operária –, em suma, se tudo isso se verifica, devemos ver como Marx trabalha sobre esse tecido e que resultados ele obtém quanto aos problemas fundamentais que nos importam. *Existe, pois, um terreno de expansão para a classe socializada que o nível do antagonismo tornou independente?* Dizer que Marx resolve esse problema seria (como lembramos) falso. Mas isto não nega o fato que Marx chegou constantemente perto da solução, que ele explicitamente estava buscando. Certamente, é verdade que os resultados da pesquisa são parciais. Mas devemos acrescentar que, se temos aproximações essencialmente negativas, se elas ganham forma inicialmente na análise das novas contradições que o capital socializado engendrou, é sempre fácil ver que os resultados da análise não são residuais, não são simplesmente negações da definição positiva do capital e de seu desenvolvimento. São, mais que isso, fragmentos dispersos, porém verdadeiros, de uma compacta realidade de classe que, por meio das contradições, começa a ser apreendida. O seu caráter episódico não os previne de serem significativos. É hora, pois, de examinarmos como, diante e dentro da circulação produtiva, o sujeito – enquanto sujeito proletário – conquista um espaço e uma dinâmica autônomos.

O primeiro ponto que reclama a nossa atenção é a análise de Marx da contradição entre valor de troca e valor de uso na circulação produtiva. Então, ele observa,

> A *natureza particular do valor de uso* em que o valor existe, ou que agora aparece como corpo do capital, aparece aqui como *determinando* ela mesma *a forma* e a ação do capital; conferindo a um capital uma qualidade particular em comparação com o outro; particularizando-o. Por isso, como já vimos em diversos casos, não há nada mais falso que ignorar que a distinção entre valor de uso e valor de troca, que, na circulação simples, na medida em que ela é *realizada*, cai fora da determinação formal econômica, cai totalmente fora dela." (p. 541). E temos que concretizar a análise: "A mesma determinação aparece uma vez na determinação do valor de uso e outra na do valor de troca, mas em estágios diferentes e com significado diferente. Usar é consumir, seja para a produção, seja para o consumo. Trocar é esse ato mediado por um processo social. O próprio uso pode ser posto pela troca e ser mera consequência dela: por outro lado, a troca pode aparecer como um simples momento do uso etc (p. 542).

Em suma, o "valor de uso como categoria econômica desempenha um papel" (ibid.). Em que sentido podemos interpretar esse alargamento da ação do valor de uso? Não, certamente, para deduzir o reconhecimento – como queria o "senhor Proudhon, ou os social-sentimentalistas" –que valor de troca e valor de uso são, neste nível de socialização, idênticos. Pelo contrário, na extensão social da circulação capitalista, ambos se apresentam antes de tudo como contraditórios. O caso mais importante desta contradição dinâmica é o que descrevemos no "*capítulo sobre a pequena circulação*", e que examinamos detalhadamente na lição 7. Mas essa relação pode se tornar também antagonista, como vimos. De fato, a reprodução capitalista se submete aqui a um duplo movimento: por um lado, a reprodução por meio da valorização; por outro, a reprodução que a sociedade operária realiza sobre si própria. A diferença, contraditória apenas em princípio, pode se tornar antagonista ao longo de seu desenvolvimento.

Quando *se torna atual a possibilidade* do antagonismo? A meu ver, esse desenvolvimento começa a aparecer quando Marx reconduz a análise da contradição à natureza da *composição de classe*, à natureza da qualidade da exploração. "Se examinamos a produção fundada sobre o capital, aparece como sua condição, considerada em termos absolutos, a maior massa absoluta de trabalho necessário, juntamente com a maior massa relativa de trabalho excedente" (p. 506). Apresenta-se aqui a relação entre massa e taxa de mais-valor. Uma relação que, como vimos na lição 5, é consubstancial à temática da crise: o capital é impelido pela lei do lucro, entendida como lei da apropriação, à máxima extensão de seu poder, mas ao mesmo tempo se acha completamente exposto ao contragolpe da exploração. Quando a lei é eliminada do horizonte abstrato da tendência e montada na historicidade das relações entre as classes em luta, então o trabalho necessário, a massificação, a articulação que a sua definição atrela ao valor de uso – bem, tudo isso *subjetiva* a nossa relação. Outorga-a um máximo de intensidade subjetiva. Aqui se atrelam, começam a tramar-se muitos dos fios que viemos rastreando ao longo das lições: trabalho necessário, valor de uso, até a determinação negativa que decorre da extinção da lei do valor. *Nesse nível, a relação do capital se reduz de fato à relação de força*. Não apenas porque o capital não consegue aplicar a lei do valor e configurar a partir dela a sua legitimidade; como também, acima de tudo, porque o lado operário se subjetivou na relação e se levanta agora como força antagonista.

Neste momento, devemos considerar *um terceiro elemento*, importante porque nos permite avançar sobre o terreno da composição da classe operária, no nível da socialização. Pois bem, se pergunta Marx, neste ponto da análise – frente a uma interpenetração tão intensa de circulação e produção, e ante antagonismos tão dramáticos – o que acontece? O fenômeno mais importante que temos de pôr em relevo é que a função de intermediação da equivalência, nessas condições, se desfaz paulatinamente. O capital – que sempre sentiu o tempo de circulação como um obstáculo para a produção, que sempre atuou para reduzir ao mínimo a contradição entre o tempo de produção e o tempo de circulação – se encontra empacado numa relação de força que traz, simultaneamente, a necessidade de seguir com este jogo, mas também o *caráter mortal* da resolução: "é uma tendência necessária do capital lutar para pôr o tempo de circulação = 0, *i.e.*, superar a si mesmo, porque o tempo de circulação só é postocomo momento determinante do tempo de produção pelo capital. É o mesmo que superar a necessidade da troca, do dinheiro e da divisão do trabalho neles baseada, em consequência, o mesmo que abolir o capital" (p. 525, 526). A circulação deve ser dominada pela equivalência horizontal, enquanto a exploração deve sê-lo pela equivalência vertical, mas *não é possível percorrer as duas trajetórias ao mesmo tempo*. A simultaneidade da circulação e produção, o antagonismo na produção, torna impossível a atribuição de um signo à equivalência. Assim, se destroem todas as funções do controle que poderiam influenciar essas contradições antes delas se tornarem antagonistas: e especialmente aquelas do dinheiro (ver, sobre isso, p. 450 e ss.). Ao contrário, a força da oposição que vimos cimentar-se no valor de uso e na massificação do trabalho necessário encontra aqui um espaço enorme de libertação coletiva. O mais coercitivo e eficiente aspecto do controle capitalista começa a desfazer-se: a determinação da desigualdade por meio do uso dos equivalentes.

Mas isso não é suficiente. Nesse ponto, intervém uma contradição adicional. Sabemos que o capital fixo compreende o potencial reprodutivo de toda a sociedade, mas sabemos também que ele não entra em circulação como valor de uso (p. 599). Sabemos ainda que o capital fixo domina, hierarquiza e funcionaliza os mecanismos de reprodução da sociedade capitalista. Mas sabemos, além disso, que essa reprodução somente é possível sob a pressão das necessidades humanas (p. 620-622). Então, dado o ponto a que chegamos, as relações se tornam impossíveis porque, por um lado, o capital deixou de ter uma chave interpretativa do desenvolvimento (a equivalência) e; por outro, o valor de uso operário se torna contundentemente antagonista ao desenvolver-se como subjetividade. *O capital fixo de contrapõe, é inimigo da subjetividade operária. A tensão atinge o seu ponto máximo, base teórica de uma luta de mútua anulação.* A contradição que se colocava inicialmente como potencial, não apenas se mostra real, como também se desloca ao antagonismo. Os termos do antagonismo, endurecidos na expectativa da violência, assumem doravante a exclusão do adversário como imperativo.

Demos, por conseguinte, um bom passo em frente. Começamos a ver a dinâmica do comunismo como processo independente no interior das contradições do desenvolvimento capitalista maduro. A dinâmica do comunismo se assenta numa emergência subjetiva que a crise do desenvolvimento capitalista maduro propicia – passivamente, propiciando-lhe espaço –, e que também na crise encontra a possibilidade de expandir-se e enriquecer-se. *Quando a produção capitalista satura a sociedade, determina um entrelaçamento inextricável com a circulação.* Circulação e produção se tornam gradualmente conceitos sobrepostos, tanto como produção quanto como reprodução. O antagonismo social da relação do capital eventualmente rompe este *universo compacto*, quando ele explode. *O conceito e a realidade da classe operária se deslocam e alcançam o nível* em que ocorre a explosão. Não é somente um novo antagonismo entre operário e proletário que se desloca; mas, sim, a *composição* da classe proletária. Nesse espaço, se desenvolve um processo constituinte, coletivo, de classe. É evidente que isto se dá somente na recomposição numa unidade que lhe dá sentido. É evidente que somente um modo complexo e subjetivo em que todos esses aspectos se encontram unificados, somente a pertinência pontual do antagonismo e sua violência, que propiciam essa emergência desenvolver-se em sua totalidade..., mas isto não significa que também não se devem seguir as várias passagens que as páginas dos *Grundrisse* já indicaram. O indivíduo universal da classe começa aqui a aparecer como atividade que se valoriza por meio do valor de uso e, então massifica e eleva o valor do trabalho necessário a níveis muito rígidos. Sua potência comporta em si o fim de todas as leis capitalistas de equivalência, de toda possibilidade de racionalmente mistificar a exploração. Enfim, ainda nas páginas dos *Grundrisse*, *o processo que constitui o indivíduo universal* se apresenta numa relação de total conflito com o funcionamento do capital fixo: é questão de determinar quem controla-a, quem comanda a intermediação necessária que o capital fixo precisa para reproduzir a sociedade. No mesmo processo em que o indivíduo social, universal, se constitui, ele mostra a capacidade e a força para seu poder de mando.

Comunismo então começa a descer das nuvens, na medida em que a inversão do processo capitalista – que o método marxiano requer para definir o comunismo – é alcançada, e invade o horizonte do processo constituinte. O indivíduo universal *não pode mais aparecer como* fruto de nostalgia humanista: *ele é produto do processo materialista* e nós temos que conectá-lo ao caráter materialista dessa análise, cada salto de qualidade, cada aprofundamento qualitativo do sujeito. Uma última observação: não há nada de "socialista" neste processo. No socialismo, existe apenas o desenvolvimento de um capitalismo maduro. Comunismo não vem numa "etapa seguinte", ele brota neste tempo como um processo constituinte, com uma força enorme de antagonismo e superação real.

Apesar de tudo, permanecemos com uma aproximação. Quero dizer, Marx nos mostra o caminho mais do que o segue ele próprio. Os elementos teóricos que nos fornece são antes ideias atiradas para fora, do que desenvolvimentos sistemáticos. *Mesmo esse caminho que vai da inversão à constituição é de fundamental importância.*

Desse ponto de vista, o limite mais consistente do pensamento marxiano é talvez de ordem metodológica. Isto significa que essa unificação formidável da teoria do mais-valor com a da circulação produtiva não é capaz de completamente deslocar seus próprios termos. Cada vez que nós encontramos esses grandes momentos teóricos, temos a impressão que uma força enorme de gravidade nos segura para trás, prevenindo-nos de penetrar na qualidade da síntese, de atingir um novo entendimento dos componentes. Então, cada vez que parecemos ter finalmente atravessado um segmento do processo constituinte, achamos Marx nessa mesma hora nos fornecendo uma nova ilustração – com extraordinárias melhorias teóricas – seja da teoria do mais-valor, seja da teoria da circulação produtiva. O deslocamento não está consciente de si, os resultados não são capazes de sustentar-se por si próprios. Ainda assim, Marx tem os instrumentos de uma *Neue Darstellung* ("nova exposição"), e foi levado a essa operação de deslocamento dos termos que lhe poderia ter permitido transformar a base de sua pesquisa e obter o fim que ele buscou. Da mesma maneira que sua lógica dialética foi substituída pela lógica da cisão, o que lhe permitiu – ao redor do salário, da "pequena circulação", do tema das necessidades – construir a figura antagonista do sujeito, similarmente, a relação entre a subjetividade e o ciclo, a passagem da lei do valor à lei da autovalorização, a exaustão de todas possibilidades levadas na operação de ir além da lei do valor – tudo isso deve ser capaz de aparecer, deve ser teoricamente possível. E isto parcial, mas não completamente, como vimos. Na realidade, o método marxiano permanece nos limites traçados pela experiência historicamente possível, e a figura teórica mais avançada que ele traça permanece nesse limite. Como já observamos a respeito do "livro sobre o salário", e ainda mais aqui, em relação ao *Livro da constituição do indivíduo social do comunismo, é o atraso da organização do trabalho que bloqueia o desenvolvimento ulterior da teoria*. Podemos quase suspeitar que Marx estava com medo de incidir em utopianismo. Com medo da não-comensurabilidade entre teoria e organização possível.

Duas observações sobre o assunto. *Primeiro*, uma nova verificação do que já dissemos na lição 1: não há nunca em Marx, e sobretudo nos *Grundrisse*, uma atitude teórica muito descolada da prática (da possibilidade de verificação na prática), assim como da organização (da possibilidade de conversão em organização). Isto parece tolo se lembrarmos as condições políticas sob as quais Marx trabalhou. Esta é uma lição importantíssima. A *segunda* observação que precisamos fazer, quanto aos limites implícitos no método, é que aqui há também uma consequência teórica extraordinária: o processo de autovalorização e a constituição do indivíduo comunista acontece ao deslocar nem tanto os termos gerais do discurso, mas sobretudo o motor central de seu desenvolvimento. O que significa que o tema da constituição nos força a penetrar numa fase teórica em que a determinação concreta do comportamento proletário, a práxis coletiva do proletariado, se torna um motor teórico, o tecido de proposição teórica, um sujeito com um extraordinário poder de liberdade e autoexposição. Neste estágio do deslocamento teórico, é o pressuposto que muda. É a mutação do sujeito que é produzida. Sem uma experiência concreta dessa mutação, é difícil ir além da simples alusão. Nós não gostaríamos de atribuir a Marx uma consciência clara e afiada dessa evolução da teoria, e assim justificar de alguma forma os seus limites. Eu repito, esses limites derivam do atraso da organização operária. Além disso, a imaginação teórica de Marx foi bem além disso, como vimos. Isto dito, permanece verdade que a *Neue Darstellung* desse processo – doravante amadurecido com a constituição do indivíduo coletivo do comunismo – deve transformar-se, mais e mais, numa *Selbst-Darstellung* ("auto-exposição").

Vamos voltar novamente ao limite do pensamento marxiano. Mesmo quando Marx conjuga muito estreitamente a produção e a reprodução, *ele não é capaz de iluminar*, em termos suficientemente explícitos, *o processo do trabalho social em toda a sua materialidade*. A relação entre produção e reprodução ainda permanece francamente genérica. Isto é, Marx nos mostra como o sistema e o antagonismo se reproduzem, globalmente, mas ele nunca faz a descida novamente para examinar *a natureza do processo de trabalho* no estágio da circulação produtiva, nem examina a natureza do trabalho produtivo. Agora, vamos fazer uma pausa para examinar esse conceito de *trabalho produtivo*. O que Marx nos diz sobre isso já foi analisado. O trabalho produtivo é o que produz *trabalho excedente*. Com isso estamos de acordo. O problema aparece quando buscamos encontrar o *mais-valor* e quais são seus circuitos de produção. Agora, quando produção e reprodução estão tão intimamente misturadas uma com a outra, não é mais possível distinguir o trabalho produtivo do trabalho reprodutivo. Aqui, o trabalho social abstrato, médio, que forma as primeiríssimas categorias da análise marxiana, se desloca para assumir uma dimensão histórica muito densa, uma dimensão concreta: é ela própria um elemento da constituição do indivíduo universal do comunismo. A extensão do conceito e da realidade do trabalho produtivo, à circulação, à reprodução, força a aparição não somente do caráter histórico, como também da múltipla variedade de processos constituintes da individualidade histórica do sujeito comunista. Bem, esse processo em definição, no nível teórico alcançado, permitiria a Marx realizar essa extensão. Mas ele não fez isso. Na realidade, a definição marxiana de trabalho produtivo é uma definição reducionista, que está ligada à axiologia socialista do trabalho manual. Ela permanece condicionada por essa axiologia mesmo quando as condições teóricas foram alteradas. E quão profundamente o foram! Houve só um *deslocamento completo* do conceito de trabalho produtivo que permitiria a definição da *classe revolucionária*. Conservar essa axiologia socialista para definir o conceito, enquanto todas as outras definições e aparatos do sistema foram deslocados em frente, foi francamente inútil e estéril. Marx sofreu o efeito nocivo dos limites do movimento operário.

Mas continuemos a analisar, por outro lado, as possibilidades teóricas implícitas contidas no conceito de trabalho produtivo. Sua evolução da produção à reprodução através da circulação produtiva é um índice *precioso* do desenvolvimento da *práxis constituinte* do indivíduo social do comunismo. Nesse desenvolvimento, a classe revolucionária será a categoria cujo desenvolvimento independente abrangerá a multiplicidade de formas e relações produtivas de trabalho as acumulará como potências e poderes alternativos, em relação à valorização capitalista. A *recusa do trabalho*, como conteúdo do comunismo e medida do processo de libertação que conduz a sua realização, aparece aqui, quando colocado em relação com a universalidade do trabalho produtivo, como também possuindo uma essência produtiva. Isto ocorre devido ao exercício de um poder massificado de destruir a universalidade da exploração e libertar as suas energias criativas, que a universalidade da cooperação na produção, e que os deslocamentos sucessivos da produção, imensamente alargaram. *A classe revolucionária, pela autovalorização, reúne uma intensidade e uma expansão de significados que a mostram como resultado do desenvolvimento e como a sua radical inversão*. Os aspectos genéricos e abstratos da definição marxiana do indivíduo universal, tomado em seu sentido literal, estão aqui completamente eclipsados. Podemos recuperar aqui completamente, se não a letra, pelo menos o método de Marx: é o que nos leva à análise do aprofundamento da cooperação produtiva, para sempre considerar a força coletiva como uma *práxis constituinte*. Pareceu em certo momento que a expansão formidável do quadro teórico, uma expansão capaz de englobar o antagonismo de toda a sociedade, não era capaz de conectar em sua própria análise a intensidade do impulso para o aprofundamento da cooperação e a expressão de uma força tanto criativa quanto destrutiva. Mas todas as condições necessárias para a correção desse desvio estão agora presentes e podem ser recuperadas. Nesse sentido, penso que a definição que Marx dá a respeito da dinâmica do comunismo conduz a novas direções. O deslocamento global de todos os termos do desenvolvimento capitalista deve ser simultaneamente o deslocamento de todos os termos de constituição do sujeito. Não mais aparece como simples polo antagonista: em vez disso, aparece muito mais como classe revolucionária, riqueza e autovalorização.

Materializar o comunismo, fazê-lo uma força histórica mais plenamente do que fora possível para Marx, é o projeto para hoje. Quando as condições do desenvolvimento capitalista e as condições da organização operária amadureceram. *Um projeto para hoje, mas um que ainda está baseado na teoria de Marx.* Nós podemos imaginar essa como uma trajetória que o movimento real percorre. É apenas o movimento real que transforma a indicação do comunismo contida no discurso sobre a transição num processo constituinte: a *dinâmica do comunismo*. É o desenvolvimento ulterior do capitalismo, o amadurecimento das tendências definidas por Marx, o que confere realidade ao esforço plenamente desenvolvido de materializar a definição do comunismo. Em termos de dinamismo, de caminho, em termos de classe. É evidente que nós não levamos em conta aqui o tema da transição, tal como o encontramos na história do marxismo político ortodoxo. Aqui, a crítica do político, longe de representar um terreno que Marx deveria um dia ter coberto, está pressuposta. A transição "ortodoxa" é a pura e simples ilusão, uma mistificação atroz. Na análise marxiana, a dinâmica do comunismo aparece como processo antagonista que contesta toda a dominação capitalista sobre a sociedade e reassume aquele processo da posição subjetiva do proletariado, de maneira a torná-lo independente, livre, rico. A travessia se torna a reiterada, mas contínua acumulação de momentos de rebelião e expressão de necessidades, em que as funções objetivas são distribuídas e, por vezes, determinam e tomam novos espaços de valorização. Multilateralidade e diferença são atributos substanciais do desenvolvimento da riqueza proletária. Hoje, temos diante dos olhos, tanto o alto grau da integração capitalista da sociedade e a riqueza de necessidades e movimentos de reapropriação do proletariado. É nesse nível que podemos verificar a via marxiana. E ela está aí. É suficiente ter o desejo e a força de enxergá-lo. É uma via que é fonte de guerra permanente entre classes, provavelmente uma via muito longa, e uma via material em cada ponto. Não há possibilidade alguma de remover o proletariado desse processo, da via da revolução.

Uma revolução que finalmente recuperou a importância de sua definição: uma revolução que está baseada na materialidade do sujeito coletivo. A irreversibilidade da via traçada pela ciência marxiana está radicada na materialidade da composição de classe e fortalece-a em seu combate necessário – combate "fatal", Marx diz – determinado contra o inimigo. As eternas e entediantes discussões para descobrir se é possível ou não (e sempre a última conclusão é alcançada, não por paixão, mas por raciocínio) estão encerradas. Aqui, não há decisão a tomar: na revolução ou se está, ou não se está; no comunismo ou se vive, ou não. A decisão é avante, nas condições da guerra de classe.

Materializar o comunismo, fazê-lo uma força histórica, é então ter resolvido, na realidade, o problema marxiano *em sua dinâmica*. Podemos colocar esse problema doutro ponto de vista e de maneira equivalente, em termos da composição de classe. Trata-se de mostrar como a composição de classe determina de maneira irreversível a direção do movimento comunista. Todas as condições teóricas agora estão reunidas. O problema está colocado do ponto de vista histórico e nós podemos apenas resolvê-lo por meio de uma fenomenologia constitutiva da *práxis coletiva* que esteja capaz de recuperar em si própria a determinação do desenvolvimento histórico da classe, dado nas condições presentes da composição de classe. Não para celebrá-las: mas, para explorar as determinações concretas, mais e mais concretas, do processo de autovalorização. Nós sempre voltamos ao mesmo ponto: a independência, a autonomia da valorização da classe operária. O capital vê isso emergir; o capital vê nisso, sem dificuldade, a chave fundamental para explicar a crise, a perda de eficiência de todas as categorias relevantes de ser controladas. É mais difícil virar essa consideração ao ponto de vista operário, porque aqui o negativo, a força de destruição não é suficiente para fornecer uma explicação. É o próprio caráter da riqueza do desenvolvimento da autovalorização a alcançar uma positividade, forte e racional, para explicar o seu próprio desenvolvimento. E é uma demanda difícil de ser satisfeita. É mais simples considerar os movimentos limitadores do capital, definir a estratégia que aparece na fronteira entre as classes em guerra. Mas quando precisamos descer ao emaranhado de iniciativas táticas que constituem o tecido da autovalorização, só conseguimos obter definições vagas e dispersas. Certos elementos positivos estão pura e simplesmente dados. Em *primeiro lugar*, o caráter – tanto multilateral quanto cumulativo – da composição de classe. Uma estratégia de autovalorização deve estar baseada na variedade de dinâmicas que fluem a partir desse nível da socialidade operária, a partir da riqueza e diversidade de pressões, necessidades, comportamentos. A capacidade de atacar cada uma das articulações da incessante reestruturação capitalista do ciclo. O modo em que essa riqueza e varidade exprimem-se impõe no capital uma flexibilidade total no controle que exerce. Mas esteja avisado, a flexibilidade está apenas do lado do capital: a variedade, a multilateralidade, o dinamismo e a riqueza dos operários não são flexíveis, mas rígidas. E isso é o *segundo ponto* para manter em mente. As sínteses que, deslocando-se, formam no interior do processo permanente da constituição da composição de classe os saltos qualitativos que esse desenvolvimento provoca, tudo o que é constituído materialmente na composição de classe. O capital pode controlar, pode bloquear o processo de constituição, mas ele não pode nunca o inverter. O momento do florescimento da classe antagonista que Marx apontou para nós no desenvolvimento das hipóteses da socialização da dialética, esse momento está inscrito materialmente: na realidade do trabalho necessário. Na *terceira instância*, por último, devemos manter em mente que a composição de classe acrescenta à multilateralidade e à rigidez um elemento suplementar: *a violência produtiva do mais alto grau de cooperação que ela exprime.* Podemos finalmente nomear a composição de classe pelo que ela se tornou: composição comunista. Sua dinâmica está marcada pelo caráter comunista da premissa, e é continuamente animada, estirada por essa característica. Nada pode explicar melhor do que esse elemento a alternação incessante de violência e programa, de guerra e massificação de objetivos, do ataque da vanguarda e da resistência, da expressão histórica do movimento da autovalorização proletária.

De maneira a melhor esboçar a característica desse dinamismo, *vamos agora ver como o inimigo de classe se comporta.* Isso é sensível para a autonomia assumida pela cooperação social do proletariado no movimento da autovalorização. É tão sensível que continuamente se refaz o quadro de referência e a perspectiva estratégica do capital, levando em conta aquela insurgência. O capital vai tentar responder à multilateralidade da iniciativa operária por meio de uma recomposição contínua do quadro social, em termos de uma linha de montagem alargada, difusa e socializada. O capital vai, então, tentar agregar vários estímulos indefinidos, mas ao decompô-los, segmentá-los na produção e reprodução. Trata-se de um controle puramente artificial, político, porque, como vimos no segundo ponto, a rigidez da autonomia é tamanha que bloqueia todas as operações que poderiam recortar ou provocar recessos. O caráter político e violento da relação do capital será mostrado pelo menos pela impossibilidade de planificar a tensão da cooperação dos operários na fase da autovalorização. Aqui, o capital vai simplesmente ser constrangido a tentar pôr fim a ela, usando força contra força, violência à violência. Tudo isso demonstra, a meu ver, que o comunismo – a realidade comunista da composição de classe – já antecipa e condiciona as formas que serão adotadas pelo desenvolvimento capitalista. O comunismo aparece, em seu papel como elemento constituinte e dinâmico, ao mesmo tempo como o motor e como a força que destrói o desenvolvimento capitalista. Toda a dinâmica que Marx indicou – que vimos no último movimento dos *Grundrisse* e que representou a articulação inicial do processo que estava desenvolvendo-se – toda essa dinâmica encontra aqui a sua conclusão. As condições que a autovalorização impõe ao desenvolvimento capitalista não é mais um efeito da dialética resolvida nas relações capitalistas; elas são, em vez disso, um condicionamento verdadeiro, uma lógica imposta ao adversário por meio de posicionamentos de força – posicionamentos separados que são autodeterminantes. Podemos, assim, avançar hoje "além de Marx", nessa via que Marx colocou desde as pedras fundamentais. Mas, uma vez o salto realizado, a imagem da realização do comunismo, a sua dinâmica, tem tamanha força de conotação que devemos, realmente, apesar de nossa incredulidade, repetir a nós mesmos: sim, nós fomos além de Marx.

Muitos disseram que *O Capital* funciona mal para ajudar-nos a entender o desenvolvimento capitalista contemporâneo. Especialmente os revisionistas – que não esperaram pelas transformações modernas do capitalismo para dizê-lo. O revisionismo repete isso odiando o espírito revolucionário que animou o trabalho de Marx. Mas além dessas motivações maliciosas, o revisionismo – e depois das numerosas tendências ligadas à mesma análise ortodoxa – encontraram espaço suficiente para dar suporte as suas reclamações. Alguns dizem que, no presente nível fenomenológico do capital, e no interior de seu desenvolvimento social, devemos modernizar-nos, que devemos reposicionar os conceitos fundamentais da tradição marxista: *o conceito de capital, de classe operária, de imperialismo.* Como podemos responder de outra maneira que não pela afirmativa? Todo o meu discurso está alinhado com essa ideia de modernização. Mas é este modo de ver as coisas suficiente? Vejamos. Em primeiro lugar, não há dúvida que *devemos dar novas fundações às categorias marxianas*, levando em conta o caráter social do desenvolvimento capitalista. Desse ponto de vista, os *Grundrisse* estão à frente do *Capital*, já que *o caráter social das categorias aparece imediatamente como fundamental.* As discussões pesadas da dialética público-privado que a crítica legal permite sobreviver na crítica marxiana da economia política estão praticamente ausentes nos *Grundrisse*. Isto não significa que vamos achar nos *Grundrisse* uma reformulação total das categorias. Claro que não. Existem momentos que mostram uma grande originalidade nas definições, mas é indubitável que, mesmo onde Marx vá mais longe, ele apenas – como sublinhamos – faz uma alusão à nova realidade social do capital. Onde os *Grundrisse* vão bem mais longe do que os esforços feitos no primeiro ponto (novas bases para categorias na necessidade de socialização) é, em vez disso, ao redor da definição do *antagonismo social.* Aí, sim, as categorias rompem qualquer possível concepção reformista e definem um segundo elemento fundamental de modernização das categorias de Marx.

Vamos nos demorar um momento para examinar este último elemento. Ele não confere apenas a originalidade, como também a modernidade, a *atualidade dos Grundrisse. Marx insiste em enfatizar aqui a união da teoria da socialização e da teoria do mais-valor*. A última possibilita considerar a primeira em termos antagonistas. A primeira permite-nos chegar nos níveis universais. Por "níveis universais", nos referimos ao fato que o trabalho de modernização e refundação das categorias marxianas deve ser capaz de apreender em seu objeto o *desenvolvimento do capital gerido pelo estado*, bem como o *modo de produção multinacional cada vez mais agressivo, atingindo um nível global*. A crítica da economia política não pode ser senão critica do político, crítica do socialismo, crítica da multinacionalidade. Mas os níveis universais são, apesar de tudo, níveis do antagonismo real. O desenvolvimento do capital no interior da forma-estado, a inserção dos mecanismos políticos no interior da dinâmica da acumulação, a elaboração do modo de produzir (que alguns chamam de "pós-taylorismo"), onde no centro está a questão do controle político, tudo isso coloca o antagonismo entre operário e estado no centro da dinâmica crítica. Marx indicou, muito frequentemente, especialmente nos *Grundrisse*, que falar "Estado" é outra forma de falar "capital". O desenvolvimento do modo de produção nos leva a reconhecer que falar "Estado" é o único modo de falar "capital": um capital socializado, um capital cuja acumulação é feita em termos de poder, uma transformação da teoria do valor em teoria do poder de mando; o lançamento em circuito e o desenvolvimento do Estado das multinacionais. *O desenvolvimento das categorias marxianas*, a sua *refundação*, não nos deve fazer esquecer, sob o risco de destruir todo o esforço teórico, *essa centralidade*. Nós temos que reformular o conceito de capital partindo da centralização estatista dos mecanismos de acumulação e planificação, partindo da reorganização massiva da centralização capitalista multinacional de todos instrumentos e mudanças na produção e na reprodução. Dos *Grundrisse* ao *Capital*? Sim, mas nesse sentido preciso. E noutro sentido complementar a esse, organicamente complementar: a análise da dinâmica do comunismo, no grau de intensidade do antagonismo. Devemos apreender o progresso da acumulação capitalista numa forma invertida. Mas não podemos fazer isso se não reduzirmos esse conceito de inversão ao de *cisão*. A relação do capital é uma relação de força que tende na direção da existência separada e independente do seu inimigo: o processo da autovalorização operária, a dinâmica do comunismo. *O antagonismo não é mais uma forma da dialética, é a sua negação*. Existe muita conversa sobre o "pensamento negativo" ultimamente. Bem, o pensamento negativo, extraído de suas origens burguesas, é um elemento fundamental do ponto de vista operário. Vamos começar a usá-lo, e ele dará alguns frutos! Alguns frutos a colher-se, a nutrir o desenvolvimento da crítica operária com saúde sólida, em toda a sua independência.

Ainda mais, uma vez tudo isso admitido, devemos ainda atravessar o caminho mais interior e importante, o que demanda a *análise da práxis coletiva*, da independência proletária. Vamos reexaminar nesse ponto uma passagem fundamental da metodologia marxiana:

> Antes de tudo: o capital força os trabalhadores ao trabalho excedente para além do trabalho necessário. Só assim ele se valoriza e cria valor excedente. Por outro lado, entretanto, ele só põe o trabalho necessário *desde (e à medida) que seja trabalho excedente* e este último seja *realizável* como *valor excedente*. Por conseguinte, o capital põe o trabalho excedente como condição para o necessário e o valor excedente como limite para o trabalho objetivado, enfim para o valor. Tão logo ele não pode pôr o primeiro, não põe o último, e, de acordo com seu fundamento, só ele pode pô-los. Portanto, o capital limita – por meio de restrição artificial, como os ingleses o expressam – o trabalho a criação de valor, e o faz, na verdade, pela mesma razão porque e à medida que põe trabalho excedente e valor excedente. Portanto, de acordo com sua natureza, o capital põe um *obstáculo* para o trabalho e a criação de valor que está em contradi-

> ção com sua tendência de expandi-los contínua e ilimitadamente. E uma vez que tanto põe um obstáculo que lhe é *específico* quanto, por outro lado, avança para além de *todo* obstáculo, o capital é a contradição viva (p. 345).

Nós já lemos e comentamos essa passagem noutra lição. Agora queremos relê-la, para invertê-la, convencidos que essa metodologia pode permitir-nos redescobrir a direção do desenvolvimento da *nova "contradição viva" que é a classe operária e o proletariado, na via comunista.* Uma via onde cada limite – a rigidez da composição de classe, determinado nível do trabalho necessário etc. – aparece como um obstáculo. Mas onde, do ponto de vista do capital, os limites existem e são considerados como obstáculos apenas para encontrar novos limites e proporções; do ponto de vista do operário, o limite aparece como um obstáculo em sentido próprio, como vindo do outro lado. Nesta maneira de ver do antagonismo, a superação do obstáculo não tende a criar novos limites, mas a desenvolver mais plenamente o valor de uso e a potência do trabalho vivo. Nessa passagem, com esse método, a subjetividade operária se torna classe revolucionária, a classe universal. *Nessa passagem, o processo constituinte do comunismo encontra o seu pleno desenvolvimento.* Devemos imediatamente sublinhar que a lógica antagonista cessa de ter um ritmo binário, cessa de aceitar a realidade de fantasia do adversário em seu horizonte. *Ela recusa a dialética* mesmo enquanto simples horizonte. *Ela tende a destruir e abolir o seu adversário. Negar a dialética*: essa eterna fórmula do pensamento judaico-cristão, o circunlóquio para dizer – no mundo ocidental – "racionalidade". Em Marx, nós lemos o mais avançado projeto de sua destruição, nós vimos passos enormes nesse sentido. Precisamos agora engajar-nos completamente. É somente nesse terreno que poderemos ser capazes de começar a falar em novas categorias: não do capital, mas da destituição do capital.

Aqui, no final de nosso trabalho, parece-me que podemos dar por satisfeita a intuição com a qual começamos. Precisamos libertar o conteúdo revolucionário do método marxiano. Para isso, a via dos *Grundrisse* oferece uma base fundamental. Avançar com ele, redescobrir os mecanismos que tensionam o pensamento marxiano mais adiante, nós chegamos, enfim, ao ponto central: *a crítica marxiana de todas as formas dialéticas*. É aqui, finalmente, que encontramos o caráter prático do pensamento de Marx. O fim da dialética? Sim, porque o ato de pensar aqui não tem qualquer autonomia em relação à força coletiva, à práxis coletiva que constitui o sujeito como dinamismo tendente ao comunismo. O adversário precisa ser destruído. Apenas a prática comunista pode destruí-lo, e deve, realizando e desenvolvendo-se, libertar a multilateralidade rica e independente do comunismo.

POSFÁCIO
Negri além de Negri

Por Giuseppe Cocco*

* Giuseppe Cocco é professor titular da Universidade Federal do Rio de Janeiro (UFRJ) e autor, entre outros, de GLOBAL – Biopoder e lutas em uma América Latina globalizada (Record, 2005), escrito em conjunto com Antonio Negri, e MundoBraz: O Devir-Mundo do Brasil e o Devir-Brasil do Mundo (Record, 2009). Italiano de origem, participou ativamente da luta política italiana nos anos 1970.

Por Giuseppe Cocco[63]

"*O* Operaísmo *político dos vênetos foi isso: construção incansável de organizações de base e definição de uma linha vermelha de construção alternativa nas lutas e na sociedade".*[64]

Antonio Negri

Tenho dois exemplares das edições italianas de *Marx além Marx*. O primeiro é o original, publicado em maio de 1979 pela editora *Giangiacomo Feltrinelli*, de Milão, que logo esgotou e nunca mais foi reeditado[65]. O segundo, é de 1998 (19 anos depois) e foi publicado pela *Manifesto Libri*, de Roma[66]. As duas edições contêm uma brevíssima "Premissa": uma nota de apresentação redigida pelo autor – datada "Milão, dezembro de 1978" – acompanhada de uma longa nota de advertência sobre as fontes bibliográficas. A "nova" edição tem também uma breve "Introdução" do autor, datada: "Roma, *Prisão de Rebibbia*, novembro de 1997".

---

[63] Giuseppe Cocco é professor titular da Universidade Federal do Rio de Janeiro (UFRJ) e é autor, entre outros, de GLOBAL - Biopoder e luta em uma América Latina globalizada (Record, 2005), escrito em conjunto com Antonio Negri, e MundoBraz. O Devir-Mundo do Brasil e o Devir-Brasil do Mundo (Record, 2009), italiano de origem, participou ativamente da luta política italiana nos anos 1970.

[64] *Luciano Ferrari Bravo. Ritratto di un cattivo maestro. Con alcuni cenni sulla sua epoca*. Manifesto libri, Roma, 2003, p.43.

[65] Antonio Negri, *Marx oltre Marx. Quaderno di lavoro sui Grudrisse*, Feltrinelli, Milão, 1979.

[66] Antonio Negri, *Marx oltre Marx,* manifestolibri, Roma, 1998 (reimpressão novembro de 2003).

Ainda lembro de quando e onde comprei o exemplar original. Na folha de rosto rascunhei naquele momento: *giugno 1979*. Estava em Pádua, indo em alguma reunião na Rádio Sherwood ou na faculdade de Ciências Políticas e entrei na livraria da própria editora Feltrinelli (que na época estava em *via San Franscesco*, bem na frente do *Palazzo del Bo*, sede centenária da Universidade). Não é difícil explicar por que – quase quarenta anos depois – estão vivos na minha cabeça o momento e o contexto da compra desse livro do Negri: estávamos a apenas dois meses da grande operação repressiva que tinha acontecido no dia 7 de abril e que justamente ficaria conhecida como o Processo *7 aprile* (7 de abril) [67]. Com um grupo de intelectuais do movimento autônomo italiano, muitos deles seus colegas e meus professores da faculdade de Ciências Políticas de Pádua – Negri foi acusado de ser o chefe de "uma organização" que teria sido "a matriz e a direção das Brigadas Vermelhas (organização clandestina) e da

[67] Existe uma vasta literatura sobre o "Processo 7 aprile". Carlo Ginzburg fala desse caso em um artigo sobre as relações entre historiadores e juízes, na reflexão sobre o método indiciário ("Provas e possibilidades", in *A Micro-História e outros ensaios*, Difel, Lisboa, 1989, p.182. Sobre a produção teórico-política do "operaismo" italiano das décadas de 1960 e 1970 e a repressão organizada em cima da acusação de "insurreição" podemos citar dois livros. O primeiro é livro póstumo de Luciano Ferrari Bravo, *Dal fordismo alla globalizzazione. Cristalli di tempo politico*, prefazione di Sergio Bologna, ManifestoLibri, Roma, 2001. Se trata de uma coleção de vários textos do professor Luciano Ferrari Bravo, um dos docentes presos no dia 7 de abril pelo juiz Pietro Calogero que passou 5 anos de prisão preventiva (1979 – 1985) e faleceu precocemente em 2000. A "segunda parte" do livro é composta por textos escritos ao diretor do diário *Repubblica*, pela transcrição do seu interrogatório ao juíz Palombarini durante o processo e enfim por uma reflexão ("Riflessioni su un fantasma") escrita na prisão de Trani em 1980 sobre o insolúvel problema jurídico colocado pelo crime de "insurreição" por meio do qual foi montada a operação repressiva. O segundo livro de homenagem ao amigo, teórico e companheiro escrito pelo próprio Antonio Negri: *Luciano Ferrari Bravo. Ritratto di un cativo maestro*, Cit..O prefácio tem um título emblemático: "Apologia del cattivo maestro"

Autonomia Operária (organização política), as duas visando a *insurreição* contra o Estado"[68]. Toda a imprensa, todos os partidos – sobretudo os de "esquerda", o próprio Presidente da República da época (Sandro Pertini) o indicavam ao linchamento como o "inimigo público número 1", um verdadeiro "monstro": o *cattivo maestro*. Com ele, éramos todos sumariamente criminalizados e perseguidos. Encontrar um novo livro do "monstro" no meio daquele bombardeio opressor era como enxergar uma pequena luz, algo como um vagalume. Comprar o livro acabou se tornando um pequeno ato de resistência. Por isso lembro perfeitamente da sensação de alegria que meu deu esse pequeno e silencioso evento.

Do alto dos meus 23 anos, tinha uma percepção ambivalente da virada repressiva na qual estávamos e que iria nos atropelar nos anos seguintes. Naquele momento, eu estava totalmente absorvido pelos esforços que fazíamos paramobilizar nossa solidariedade aos presos e preencher o vazio que a onda repressiva tinha determinado. Um vácuo que seria sistematicamente amplificado por sucessivas ondas repressivas. Me sentia numa situação acima das minhas experiências e capacidades, mas totalmente determinado a enfrentar a repressão tentando manter abertos os espaços de autonomia e autovalorização. Visto a partir de Pádua e de toda a região do Vêneto, o movimento ainda me parecia capaz de se-mobilizar para desmontar os teoremas repressivos organizados por meio do apoio político da esquerda e do arsenal de "leis especiais" promulgadas *ad hoc* (uma dessas – a da "delação premiada" – tinha um futuro promissor). Já tínhamos conseguido, nos últimos anos, fortes mobilizações contra a repressão, em particular depois das centenas de prisões que seguiram à revolta de março de

---

[68] Antonio Negri, *Luciano Ferrari Bravo. Ritratto di un cativo maestro. Con alcuni cenni sulla sua época.* Manifesto Libri, Roma. 2003, p. 79. Grifos meus.

1977 em Bologna e Roma[69]. Contudo, eu tinha também a nítida percepção que a mobilização social em defesa dos presos estava aquém da resposta necessária diante de um projeto repressivo que visava a criminalização do próprio pensamento revolucionário e autônomo daquela década mágica de lutas e conquistas[70]. Nessa fraqueza da mobilização, jogava um papel particularmente perverso a fuga para frente praticada pelo voluntarismo subjetivo que a espiral repressiva só fazia ampliar[71].

A mesma ambivalência tinha então esse "encontro" com o mais novo livro do Negri, onde ele apresentava por extenso as aulas sobre os *Grundrisse* de Marx oferecidas um ano antes na prestigiosa École Normale Supérieure (Rue D'Ulm - Paris). Na "premissa" (datada em dezembro de 1978), ele agradecia ironicamente aos "estúpidos que, forçando-me a emigrar terminaram obrigando-me a organizar as ideias com uma tranquilidade que, de outra forma, eu não teria condições". Por um lado, o breve período de emigração foi o contexto sistematização de sua potência teórica. Pelo outro, o exílio parisiense da primavera de 1978 era apenas o prelúdio de uma longuíssima Odisseia, feita de prisão, exílio e novamente prisão que somente se resolveria 25 anos depois, em 2003.

---

69 Cabe lembrar o grande encontro internacional contra a repressão que aconteceu em setembro de 1977 em Bologna. Vide http://www.infoaut.org/index.php/blog/storia-di-classe/item/2694-23-settembre-1977-il-convegno-a-bologna-contro-la-repressione .

70 Sobre o período revolucionário de 1968-1977 na Itália, vide Nanni Balestrini e Primo Moroni (a cura di), *L'Orda d'oro. 1968-1977: la grande ondata rivoluzionaria e creativa, politica ed esistenziale.* SugarCo, Milano, 1988.

71 O auge do voluntarismo vanguardista, cheio também de formas de autoritarismo stalinista, foi em março de1978: um ano depois do grande movimento de março de 1977 e um ano antes do 7 de abril, quando as Brigadas Vermelhas sequestraram e assassinaram Aldo Moro, o grande dirigente do partido católico que governava o país desde o segundo pós-guerra e o arquiteto do "compromisso histórico".

Deleuze e Guattari escreveram que a "filosofia deve se tornar não-filosofia para que a não-filosofia se torne a terra e o povo da filosofia"[72]. Na ultimíssima página de seu livro dedicado à fenomenologia da percepção, Maurice Merleau-Ponty termina afirmando que "a filosofia se realiza se *destruindo* como filosofia separada" e, de maneira ainda mais inusitada, continua: "Mas, é aqui que é preciso se calar, pois somente o *herói* vive até o fim a sua relação aos homens e ao mundo"[73]. Ato contínuo, Merleau-Ponty passa a palavra à Antoine de Saint-Exupéry em alguns trechos de seu *Pilote de Guerre*: "O homem nada mais é que um elo de relações. Só as relações contam para o homem" [74]. O "herói" é mesmo aquele que vivencia essa ontologia relacional e *perspectivista* e é essa figura heroica da vivência, da *Erlebnis*[75] que encontramos nas obras do Negri e particularmente em *Marx além de Marx*. É arriscando sua obra e até sua vida, lembram Gilles Deleuze e Félix Guattari, que a filosofia da imanência se faz: "Da imanência podemos estimar que ela é pedra angular ardente de toda filosofia, porque ela toma sobre si todos os perigos que esta tem que enfrentar, todas as condenações, perseguições e remanejamentos que ela sofre"[76].

---

[72] Gilles Deleuze e Félixa Guattari, *Qu'est-ce que la philosophie?*, Minuit, Paris, 1991, p. 105. Tradução nossa.

[73] *Phénoménologie de la perception* (1945), Gallimard, Paris, 2012, p.521. Grifos nossos.

[74] Antoine de Saint-Exupéry, *Pilote de guerre*, Gallimard, Paris, 1942, p.99 e p. 171.

[75] Sobre a experiência vivida, ver Maurice Merleau-Ponty, "Les sciences de l'homme et la phénoménologie", *Parcours deux, 1951-1961,* Verdier, Lagrasse, 2000, pp. 66-68 e 115. Merleau-Ponty usa Husserl e Dilthey para falar de uma filosofia totalmente situada, que "é a cada momento uma tomada de consciência do que há de válido ou seguro no momento considerado nos resultados científicos adquiridos (...) ".

76 Gilles Deleuze e Félixa Guattari, *Qu'est-ce que la philosophie?*, cit., p.47.

Obviamente, o primeiro que ficaria incomodado com esse Obtermo seria o próprio Negri. O heroísmo dele é claramente um anti-heroísmo, algo bem próximo do que Claude Lefort encontra em Edgar Quinet: não uma "evasão no imaginário suscitada pela ascensão dos homens de letras e a atração da teoria", mas o que de repente permite de separar-se da tradição, de ter "fé no impossível", ou seja, o "sinal de uma situação que não deixa outra escolha que a aceitação da servidão ou a invenção da liberdade"[77]. Um herói das margens, das danças dionisíaca que "nascem – dizia Hélio Oiticica – do ritmo interior do coletivo". "*Seja herói, seja marginal*". A condição das margens é constituição do "ato total do ser" experimentado diretamente, sem mediações: "não atos parciais totais, mas um 'ato total de vida', irreversível, o desequilíbrio para o equilíbrio do ser"[78]. A margem é a terceira margem do rio, aquela da *outra* história - potente e resistente - dos pobres, dos trabalhadores, dos deserdados, dos escravos que no deserto constituem um outro povo e uma outra terra.

No deserto da prisão e do exílio, Negri resiste e persiste; seu sofrimento é um grito que se transforma em alegria no diálogo potentíssimo com outros "marginais", com outros filósofos "malditos", outros "*cattivi maestri*": como a figura bíblica de Jô, aquela do filósofo excomungado Baruch Espinosa e enfim a do poeta romântico Giacomo Leopardi. É assim que Negri atravessa o (primeiro) período de prisão e transmuta o valor do sofrimento: "Comecei a escrever *Jó, a força do escravo* nos anos já distantes de 1981 ou 1982. Cumpria o meu quarto anos de prisão. Naquele momento escrevia também sobre Leopardi. Dedicava-me sempre,

[77] Claude Lefort, "Révolution et Parodie" (1985), *Le temps present. Écrits 1945 – 2005*, Belin, Paris, 2007, p.542.

[78] Hélio Oiticica, "A dança na minha experiência – 12 de novembro de 1965", in *Museu é o mundo*, organização de César Oiticica, Rio de Janeiro, 2011, pp.75-6.

portanto, à reflexão sobre o *sofrimento*"[79]. No prefácio à segunda edição italiana do livro dedicado ao poeta corcunda (Leopardi), Negri explicita: o que o interessou no poeta italiano foi mesmo de entrever nele a "figura de resistente à derrota da revolução e um defensor da ética das Luzes, de um poeta que de toda maneira reivindicava um animo *heroico* diante da crise"[80]. Com Leopardi, a figura do herói do qual estamos falando se confirma e define ainda mais: o herói é o marginal e esse é o pobre, o pobre capaz de riqueza, porque transmuta todos os valores: "Pobre é quem sempre está do lado dos pobres: pobre é qualquer pessoa que está imediatamente disponível a lutar por verdade e justiça"[81].

Também lembro onde e quando vi pela primeira vez a nova edição italiana de *Marx além de Marx*: foi o próprio Negri que mostrou, no apartamento de Trastevere (em Roma) onde ele transcorria o "regime prisional semiaberto" (sendo que devia voltar todas as noites para dormir a prisão de Rebibbia na periferia, onde sua companheira o levava). Ele tinha acabado de passar mais dois ou três anos de prisão em regime fechado desde que, em 1997, tinha decidido interromper os 14 anos de exílio parisiense e voltar à Itália, numa tentativa de acelerar uma medida de anistia que nunca acontecerá. Devia ser 2001 ou 2002 e tínhamos começado a falar do projeto de um livro sobre a América Latina (projeto que

---

[79] Antonio Negri, "Prefácio à nova edição", *Jó, a força do escravo*, Record, Rio de Janeiro, 2007, p. 7. (a primeira edição italiana saiu em 1990 com o título: *Il lavoro di Giobbe. Il famoso testo biblico come parabola del lavoro umano*, SugarCo de Milão). O livro é dedicado "Aos poucos que não são arrependidos. Às novas gerações". Sempre nesse periodo de prisão escreverá o já classic livro sobre Espinosa: *Anomalia Selvaggia. Saggio su Potere e Potenza in Baruch Espinosa*, Feltrinelli, Milão, 1982.

[80] "Prefazione alla seconda edizione", in A. Negri, *Lenta ginestra*. Saggio su Leopardi, Quaderni di Mellepiani, Mimesis Eterotopia, Milano, 2001, p. 7. Grifos nossos.

[81] *Luciano Ferrari Bravo. Ritratto di un cattivo maestro*, cit., p. 149.

realizaríamos em 2005[82]) e ele me mostrou com um ar divertido vários exemplares de livros escritos em ideogramas e publicados no Japão e na Coreia do Sul. Um deles era *Marx além de Marx*.

Então, o outro exemplar não é uma segunda edição, mas uma "nova" edição, pois a editora que inicialmente publicou quase todos os livros de Negri, a Feltrinelli[83], tinha muito simplesmente – com base no lobby de intelectuais ligados à esquerda – "jogado fora" as provas de praticamente todos seus livros e que assim estavam todos esgotados e desparecidos[84]. Como o próprio Negri explica na *Introduzione alla nuova edizione*, *Marx oltre Marx* (inicialmente publicado e várias vezes reeditado também na França e nos Estados Unidos) não teve o mesmo tratamento que os outros livros de sua autoria (nesse caso a editora não destruiu as provas), mas era *introvabile* (inencontrável). Quase 20 anos depois, o livro era novamente publicado, e Negri estava novamente na prisão. Desde o 7 de abril de 1979, a Itália continuava sendo um enigma: por um lado, ela foi o berço de uma renovação filosófica enraizada nas práticas de um formidável ciclo de lutas autônomas que começaram a murmurar em Turim, com a revolta dos operários FIAT (já em 1962), se generalizaram nas lutas estudantis de março e maio de 1968 e no *Autunno Caldo* (Outono Quente) de 1969 da revolta operária contra o trabalho para depois alastrar-se ao longo de toda a década de 1970, até o movimento de 1977; pelo outro, o deserto social, político e moral produzido pela repressão política

---

[82] Antonio Negri e Giuseppe Cocco, *GlobAL. Biopoder e lutas em uma América Latina Globalizada*, Record, Rio de Janeiro, 2005.

[83] Editora fundada por Giangiacomo Feltrinelli, um militante da esquerda revolucionária que tinha usado a fortuna familiar para um projeto editorial muito próximos dos movimentos oriundos do 1968. Feltrinelli morreu tragicamente num acidente, durante uma operação de guerrilha, na periferia de Milão, em 1972.

[84] Os 5 livros que Feltrinelli destruiu serão publicados em 2006 numa coletânea chamada *I libri del rogo*, pela editora romana Derive e Approdi.

– entre 1979 e 1982 – ainda não encontrou o êxodo capaz de atravessa-lo e desloca-lo: para uma boa parte da chamada "opinião pública", Negri continua sendo um *cattivo maestro.*

Sem apreendermos o tamanho desse "enigma" e dessa miséria italiana dificilmente teremos a sensação do tremendo desafio que o Negri enfrento nessa Odisseia: resistir, persistir, conseguir continuar pensando e produzindo – inclusive dentro do sofrimento da prisão (e do exílio) e enfim "voltar" à Itália passando pelo "mundo". Deleuze e Guattari falavam do "Ulysses, o plebeu astucioso, (...) Proletário autóctone ou Migrante estrangeiro que se lançam no movimento infinito – a revolução"[85]. Voltar à Itália, mas não sem antes ter provincializado a península: "Na Itália, nesse *paesucolo* às margens do Império, esses comportamentos editoriais se acompanharam da tentativa de reduzir ao silêncio uma geração"[86]. O antropólogo Eduardo Viveiros de Castro costuma descontruir a retórica nacionalista brasileira invertendo os pontos de vista: "O Brasil é grande, mas o mundo é pequeno". Negri também descontrói a pressão repressiva e a censura italianas operando uma troca de trocas de pontos de vista: "Infelizmente para eles, repressores e editores, o *mundo* era maior". Mas o ponto de vista que alcança o mundo "maior" é aquele que vem pelas margens das linhas de fuga do êxodo, dos corpos aprisionados, pois "até desde a *cadeia* foi possível fazer ouvir uma voz inteligente contra a imbecilidade e o cinismo reinantes"[87]. É a prisão de onde a "alegria teórica" derrota todas "as paixões tristes" e faz triunfar o cérebro[88].

---

[85] *Qu'est-ce que la philosophie*, cit., p. 94.

[86] Antonio Negri, "Introduzione alla nuova edizione" (datada novembro de 1997, Roma, prisão de Rebibbia), in A. Negri, *Marx oltre Marx,* Manifesto libri, cit., p.10. Grifos nossos.

[87] "Corpo imprigionato" é o título do capitulo 3 do livro escrito in memoriam do amigo e professor Luciano Ferrari Bravo, *Ritratto di un cattivo maestro*, cit., p.79, Grifo nosso.

[88] Antonio Negri, "Introduzione alla nuova edizione", cit., p. 10.

A prisão onde Negri e seus companheiros se encontram é uma prisão *dura*. Falando de Luciano Ferrari Bravo, Negri lembra que ele passou 5 anos e meio de prisão e mais dois anos de residência obrigatória antes de "ser *absolvido*". Foram "5 anos e meio nas piores prisões de segurança máxima de toda Itália: desde Treviso a Rebibbia, desde Favignana a Palmi, de Trani a Venezia e finalmente de novo nas seções especiais de Rebibbia". Negri lembra que "em Favignana ele viveu seis meses nas grutas de tufo que a indignação pública fez fechar nos anos 1980. (Na prisão) de Trani, Luciano esteve no meio do motim e se saiu em fim de vida"[89]. O "prefácio" à primeira edição do livro sobre Espinosa é datado 7 de abril de 1979 – abril de 1980, nas prisões por onde o regime o faz circular num ritmo demencial: "Rovigo, Rebibbia, Fossombrone, Palmi, Trani"[90]. Por quatro anos, Negri compartilhou com Luciano e os outros o mesmo inferno. Lembro de quando lhe perguntei como se saiu durante a revolta (e a repressão) no cárcere de Trani[91] e ele me contou a intervenção das tropas especiais que tocaram o terror, colocaram todos os detentos deitados no chão das celas descarregando os fuzis metralhadores a alguns centímetros acima das cabeças, do corredor polonês pelo qual todos tiveram que passar na hora de evacuar a prisão para ir dormir vários dias no pátio da prisão, a céu aberto (em pleno inverno europeu, em dezembro). Lembro que ele me contou das horas que passou a medicar os companheiros, pois ele era o único que podia usar as mãos: contrariamente à maioria que as tinha usadas

---

[89] *Ritratto di un cattivo maestro*, cit., p.79.

[90] *L'anomalia selvaggia. Saggio su potere e Potenza in Baruch Espinosa*, Feltrinelli, Milão, 1981, p.19.

[91] A revolta no cárcere de Trani em dezembro de 1980, foi fomentada e organizada pelos militantes presos das Brigadas Vermelhas (onde aliás os brigadistas, num belo estilo estalinista, o ameaçavam de morte por ele resistir com toda sua inteligência e até de dentro da cadeia à lógica da espiral da militarização do movimento).

para proteger a cabeça, ele as tinha postas para tentar proteger os óculos e assim – ao passo que os outros tinham a cabeça e as mãos massacradas pelas coronhadas de fuzil – e ele tinha apanhado "apenas" na cabeça e no corpo e podia usar as mãos para cuidar dos companheiros feridos[92]. O franciscanismo de Antonio Negri não é uma figura retórica, mas a *Erlebnis* de sua filosofia prática, de sua abolição da filosofia como saber separado, como história de uma disciplina do pensamento. Apesar da "condenação durar muito tempo, sobretudo porque a exclusão que sofreram, da vida, da pátria, da igreja, da razão, foi em seguida santificada na história da filosofia (...) os *cattivi maestri*, escreve Negri, ressurgem sempre, a verdade e o estilo de vida deles se impõem".

---

[92] Este é o relato de Gabriella Gazzea Vesce, esposa de Emilio Vesce – um dos presos do 7 aprile que estava com Negri e Ferrari Bravo e outros na prisão de Trani e também falecido prematuramente – publicado por *Il Mattino di Padova*, em uma carta do 10 de maio de 2008, onde ela ainda deve pedir que se publique a verdade, ou seja que Negri, Vesce, Ferrari Bravo e os outros do 7 de abril foram injustamente acusados também da revolta e depois absolvidos: Gli imputati del 7 aprile, Toni, Emilio, Luciano, e altri erano stati chiusi assieme ai 19 secondini, furono pestati tutti, con il calcio dei fucili. Quando chiesero l'identità di ciascuno con il mitra ficcato in bocca, individuarono le guardie «ferite» e chiamarono i soccorsi. I detenuti furono spinti a calci e fatti passare tra due file di «incappucciati» con manganelli. A Emilio, «uno dei capi», toccò due volte il percorso. Naso e costole fratturate. Arrivò il mandato di cattura per la rivolta, per il sequestro delle guardie e del giudice D'Urso. Dopo l'interrogatorio, nulla, prosciolti ovviamente, senza alcuna informazione sui media. I radicali entrati nel carcere ricevettero da Emilio, Luciano, Toni e altri un comunicato stampa di dissociazione dalla rivolta, che procurò loro ulteriori tensioni, per usare un eufemismo, con i brigatisti. Dopo 5 anni, 5 mesi, 5 giorni di carcere preventivo, tre mesi di confino Emilio Vesce e Luciano Ferrari Bravo furono assolti. Padova deve far piena luce sulla malagiustizia e disinformazione riguardo il processo 7 aprile. Domani cade il settimo anniversario della morte di Emilio e credo sia corretto rendergli giustizia.". Il ruolo di Emilio Vesce nella rivolta di Trani". Disponível em http://ricerca.gelocal.it/mattinopadova/archivio/mattinodipadova/2008/05/10/MC6PO_MC603.html.

Em fevereiro de 1946, Merleau-Ponty escrevia que – desde que a "paz" voltou – "os heróis se afastaram". Contudo, ele afirmava que "o culto dos heróis é de sempre" [93] e ao mesmo tempo esse passou por uma mudança, se tornou materialista: ao passo que os "santos do cristianismo, os heróis das revoluções passadas (...) tentavam crer que sua luta já estava ganha no céu ou na História, (o) s homens de hoje não dispõem desse recurso. O herói contemporâneo não é Lucífero, tampouco Prometeu, é o *homem*"[94]. O que permite ao "herói de sacrificar-se não é, como em Nietzsche, o culto pela morte ou, como em Hegel, a certeza de realizar o que a história quer, mas a fidelidade ao movimento natural que nos joga em direção às coisas e aos homens. O que amo, dizia Saint-Exupéry, não é a morte, mas a vida"[95]. O herói é Ulysses. Ele luta contra a morte: "O que é belo, lembra o helenista Jean-Pierre Vernant numa reflexão filosófica dedicada ao período em que ele participava da resistência na segunda guerra mundial, é de ser vivo"[96]. Pensando na morte de Luciano, seu amigo de faculdade e de prisão, Negri lembra: "Oferecer um galo a Esculápio – como Sócrates pediu na hora de morrer – é um 'hino à vida', uma medicina que pode nos salvar, a metamorfose que pode nos transformar em anjos"[97]. Comentando essa mesma enigmática frase de Sócrates, Michel Foucault disse em seu último curso que é "um convite ao cuidado de si e dos outros"[98].

---

[93] Maurice Merleau-Ponty, publicado inicialmente com o título "O culto do heroi", *Action*, n. 74, pp. 12-13. Republicado como último capitulo de *Sens et non-sens,* Gallimard, Paris, 1966, p. 221.

[94] Ibid., p. 226. Grifos nossos.

[95] Cit., p. 225.

[96] *La Traversée des frontières*, Seuil, 2004, Paris, p.101.

[97] A. Negri, *Luciano Ferrari Bravo* .., cit., p. 147.

[98] "Leçon du 15 février 1984", *Le Courage de la vérité. Le gouvernement de soi et des autres II,* Cours au Collège de France. 1984, Hautes Études, Gallimard, Seuil, Paris, 2009, p. 105.

De qual herói precisamos hoje? Desta vez os *cattivi maestri* têm que se tornar multidão: "Ninguém nunca tentou se confrontar com uma multidão de homens livres e iguais, capazes de amores fortes. Nós precisamos tentar. Essa multidão de *cattivi maestri* é a carne do mundo que vem, é o acesso a uma idade de monstros"[99]. O trabalho dos monstros é o terreno da produção de subjetividade, das sublimes desproporções e excessos cujos poderes criativos não podem ser contidos nos estreitos limites da racionalidade moderna: a antimodernidade precisa se aliar à outra modernidade[100].

A ressurreição dos corpos.

Marx além de Marx é um livro sobre a *crise da lei do valor*, sobre a crise da medida. A teoria do valor, escreve Negri, "é usada como um porrete contra de nós". A lei do valor é a arquitrave do objetivismo marxista e da ortodoxia construída dentro dessa igreja. "Nada nos interessa da ortodoxia. Pelo contrário, se pudéssemos fazer sem Marx, seriamos felizes". Nenhuma fé explica então a volta a Marx. O que interessa são as potentes antecipações que os *Grundrisse* contêm. Nesses cadernos, Marx aparece como "teórico das grandes transformações do capital no nível da crise da lei do valor"[101]. De maneira ainda mais enfática: "(...) a crise da lei do valor (é) o ápice da investigação marxiana"[102]. Nos *Grundrisse*, Negri procura uma obra política, onde "a luta de classe (e) a política são enfim o centro da teoria econômica"[103]. Por isso, Marx começa pela circulação: "Se a teoria da mais-valia introduz

---

[99] A. Negri, *Luciano Ferrari Bravo* .., cit., p. 15

[100] Sobre a poética monstruosa da resistência do proletariado metropolitano, vide Szaniecki, *Outros Monstros Possíveis, Disforme contemporâneo e design encarnado*, Anna Blume, São Paulo, 2014, p. 234.

[101] Antonio Negri, *Marx oltre Marx*, cit., p. 29.

[102] Ibid., cit., p. 25.

[103] Ibid., p. 142.

na teoria econômica o fato da exploração, a teoria marxiana da circulação introduz (na economia) a luta entre as classes"[104].

Mas, uma boa maneira para apreender o que é *Marx além de Marx* talvez seja ler uma passagem do "Prefácio à nova edição" escrita por Negri ao seu livro sobre Jó e na qual ele enfatiza sua percepção da *crise*. O ponto de partida é – mais uma vez – a *Erlebnis*: "a situação na qual me encontrava era realmente desesperadora". Sem perspectivas de sair, "buscava na análise do sofrimento uma chave para resistir"[105]. Ao mesmo tempo, a vivência da incomensurabilidade da dor e do sofrimento da prisão renovava e amplificava a percepção negriana da *crise* da medida. É essa percepção que chega a sua maturidade teórica em *Marx além de Marx*. Falar de crise da medida implica, com efeito, entrar "em contradição imediata com (a) cultura marxista" exatamente porque esta consiste em "(...) um trabalho da medida (e) uma paixão medida pela razão de Estado", que isso fosse o direito do trabalho da mediação reformista ou a mensuração totalitária do trabalho no socialismo real.

A crise é consequência da insurreição contra a medida: "Foi em 1968 que percebi, maravilhado, que uma grande mutação da fortuna do homem e do destino era possível e poderia, assim, abalar qualquer medida do mundo"[106]. Ao longo das décadas de 1970 essa percepção só fez se agudizar, diante e dentro do formidável ciclo de lutas libertárias que a Itália conhecia. Negri diz que, mais tarde, ele chegou a se perguntar se essa percepção tão aguda da crise da medida e das leis que a estruturam não foi capaz de *abalar a minha razão* ao ponto de levar-me – com alguns amigos – ao enfrentamento revolucionário contra o Estado"[107]. Também me pergunto se, em junho de 2014, a minha percepção da crise da medida da governabilidade

[104] Ibid.

[105] A. Negri, *Jó, ...*, cit., p. 7.

[106] Ibid.

[107] Ibid., p.9. Grifos nossos.

brasileira (em particular o esgotamento definitivo do dispositivo de regulação constituído pelo PT e o chamado "lulismo") não foi tão aguda de abalar a minha razão até o ponto de querer que o Negri – que estava visitando o Brasil – se dobrasse às dimensões estreitas de uma antecipação que – apesar de totalmente adequada – ele não podia ou sequer queria compartilhar naquele momento.

Naquele momento, final da década de 1970, em *Marx além de Marx*, Negri nos oferece as bases teóricas sistemáticas de uma percepção da crise da "lei do valor" que eram tremendamente urgentes e ao mesmo tempo cheias de antecipações que iriam se concretizar – pelo menos em termos políticos – somente muito mais tarde. O que queremos dizer? Que nos anos 1970 a "crise da medida" anunciada pela insurreição estudantil de 1968, pelo outono quente operário de 1969 e praticada pelo sem número de coletivos e "assembleias autônomas" da constelação que compunha a *Autonomia Operária* era mais um terreno – potentíssimo – de "crítica" do que uma "crise" da medida. O método marxiano da tendência que tão bem o Negri apresenta[108] talvez tenha nos feito esquecer as ambiguidades do processo de extenuação da "lei do valor": não apenas porque ela era substituída pelo "valor da Lei", mas também peloefeitos paradoxais que o próprio aprofundamento da crise determinava em retorno[109].

Por um lado, a passagem da "produção de mercadorias por meio de comando" (do regime disciplinar) para a produção de "comando por meio de comando" (a sociedade de controle) se tornava tautológica e cada vez mais débil, pelo outro esse processo produzia efeitos de segmentação e fragmentação da composição social do trabalho que ofereciam uma sobrevida – paradoxal mas não me-

[108] Na "Lição 3: O método da tendência antagonista".

[109] Em *Il dominio e il sabotaggio*, Antonio Negri dizia: "a crise da lei (do valor) não elimina sua vigência, mas modifica sua forma (...) transformando-a de lei da economia política em forma do comando do Estado". Isto é, a "Lei do Valor" é substituída pelo "Valor da Lei". Feltrinelli, Milano, 1978, p.13.

nos efetiva - à medida: à medida que se afirmou nos milhares de trabalhadores demitidos, nos milhares de militantes presos e exilados, nos séculos prisão e das dezenas de jovens que morreram nas manifestações de rua ou praticando ações armadas[110]. A produção de comando por meio de comando encontrava nos temas da segurança e da governamentalidade promovidos pelos neoliberais um horizonte político novo alimentado e legitimado pelos fragmentos residuais do "velho": não por acaso, a "esquerda", em particular o Partido Comunista Italiano, desempenharam um papel direto na repressão e na própria prisão do Negri. A própria noção de "sociedade de controle" proposta mais tarde por Gilles Deleuze indicava um deslocamento mais aberto e mais ambíguo do que pensávamos e sobretudo do que aparece nos dois livrinhos lançados por Negri antes (em 1976) e depois do movimento de 1977 (em 1978)[111].

A crise da medida é resultado e condição do novo horizonte de uma crítica totalmente emancipada do objetivismo da ortodoxia marxista e de sua íntima cumplicidade com o stalinismo e, pois, com o próprio capitalismo. Ao mesmo tempo, o stalinismo soube se adequar ao neoliberalismo mais do que a queda dos muros pareceu indicar. Na defesa da medida, capitalismo liberal e stalinismo capitalista estão juntos: as duas faces de um mesmo objetivismo positivo que tem suas bases nos valores (únicos) da razão. O próprio reformismo oportunista aparece como uma variável do mesmo stalinismo. A ruptura com o socialismo precisa ser muito mais contundente e definitiva e, para isso, precisamos nunca esquecer a questão central da crítica da técnica.

O terreno dessa renovação da crítica passa antes de mais nada pela questão da tecnologia e da racionalidade. A tecnologia antes

[110] Sem contar as duas centenas de pessoas inocentes massacradas por bombas do "Estado" - numa estratégia de "tensão" totalmente parecida ao que o Brasil conheceu com o Rio Centro, a OAB – ou pela violência dos grupos neofascistas

[111] Estamos falando de *Proletari e Stato*, Feltrinelli, Milão, 1976 e de *Il Dominio e il sabotaggio*, cit.

de ser técnica é social, como escreveu Deleuze em seu livro sobre Foucault, citando aliás como referência o *operaísmo* italiano. No meado da década de 1960, Tronti escrevia: "A ciência e a técnica não serão o prêmio da luta de classes, mas o seu terreno"[112]. Em um comentário sobre seu *Anti-Édipo*, Félix Guattari não dizia outra coisa: "O que nós denunciamos são todos os temas da oposição homem-máquina, do homem alienado pelas maquinarias..."[113]. A técnica não é nem o objetivo já dado de uma linha de progresso que seria suficiente de alcançar e seguir, nem algo que seria preciso recusar para proteger uma natureza natural com seus selvagens. A técnica e a ciência são o terreno da luta.

Maurice Merleau-Ponty definia a perda de sentido da racionalidade instrumental como um movimento pelo qual "a ciência manipula as coisas e renuncia a habitá-las (e assim) trata do ser como objeto em geral"[114]. No período industrial, a bússola era constituída – dizia Marx – pela classe operária. Mas, o socialismo real acabou reduzindo a perspectiva marxiana: o operariado transformado em Estado pelo Partido de vanguarda acabou, por sua vez, se tornando o sujeito da continuidade das mesmas produção e racionalidade industrial de tipo capitalista e até algo pior (como a história da industrialização forçada da União Soviética nos mostrou: produzindo trabalho forçado, escravidão). Como lembramos acima, os fundadores do *operaísmo* italiano da década de 1960 produziram uma outra execução virtuosa – um novo virtuosismo – da partitura marxiana escrevendo, alguns anos antes da insurreição estudantil e operária de 1968, que a análise das "necessidades de desenvolvimento do capital" só interessa para "transformá-las

[112] Mario Tronti, "La linea di condotta" (1966) tradução para português de Portugal de Carlos Aboim de Brito e Manuel Villaverde Cabral, in Mario Tronti, *Operários e Capital*, Afrontamento, Porto, 1976..

[113] Gilles Deleuze et Félix Guattari, "Entretien sur l'Anti-Oedipe", in *L'Arc*, cit., p. 32.

[114] *L'oeil et l'esprit*, (1964) Gallimard/Folio, 2001, Paris, pp. 9-10.

em possibilidade subversivas de classe". Isso significava dizer que a classe operária pode transformar tudo porque "é *inimiga* até de si própria, como capital"[115]. A centralidade que Marx atribuía à classe operária era de ser um sujeito capaz, lutando por seus interesses, de uma transformação do valor e isso por meio de uma transformação antropológica que levaria à sua própria destruição como trabalho assalariado. A luta não é pelo emprego, mas *contra* o trabalho. Ou seja, nas palavras de Antonio Negri, a crítica de Marx à mais-valia é um "dispositivo que reverte a acumulação e a alienação por ela produzidas" em luta pela liberdade[116].

Assim, o Marx que Negri procura é o que está além do objetivismo determinista do oportunismo *e* do stalinismo. O reformismo oportunista, no lugar de protestar contra a insensatez do desenvolvimento capitalista e contra a infelicidade individual que ele determina, apenas se mobiliza – de maneira moralista e "progressista" contra "um desenvolvimento histórico inacabado, constrangido"[117]. É nessa miséria política que a esquerda nos países que lidam com o subdesenvolvimento, como no caso da América Latina e, particularmente, do Brasil, acaba encalhando, inclusive as experiências dos chamados governos "progressistas" da primeira década de 2000. Para essa "esquerda" oportunista, a emancipação dependeria da manutenção do projeto moderno e de seu trabalho assalariado de tipo industrial. Aqui, a perspectiva é aquela da dialética histórica e suas inevitáveis sínteses: o desenvolvimento, seus estágios e "transições" (socialistas e/ou desenvolvimentistas). Não por acaso, nesse terreno, encontramos uma sociologia "marxista" do trabalho transformada em liturgia

---

[115] Mario Tronti, "Linha de Conduta" (1966), in *Operários e Capital*, cit. p. 8. Grifos nossos.

[116] Antonio Negri, *D'òu venons-nous? – L'origine*, site Uninomade 2.0, 13 de julho de 2011 (conferência pronunciada em 20ème Le Monde, 16 de novembro de 2008), http://uninomade.org/da-dove-veniamo-lorigine/.

[117] A. Negri, "Prefazione alla prima edizione", *Lenta Ginestra*, cit., p.15

comemorativa que associa o culto pelas tábuas da "lei do valor" e a retórica do trabalho como valor (transcendente).

Negri procura em Marx a antecipação, mas também antecipa a si mesmo. Ao mesmo tempo que ele redigia "seus cadernos sobre os cadernos de Marx", no calor empolgante dos eventos semi-insurrecionais de fevereiro – setembro de 1977, ele escrevia um outro livrinho destinado à ação política (e que será largamente usado como "peça de acusação" contra ele): "*Il dominio e il sabotaggio: sul metodo marxista dela trasformazione sociale*"[118]. Há uma relação estreita entre os dois textos: os dois sendo desdobramentos recíprocos de teoria e práxis. Assim, podemos ler: "Marx – dizia Louis Althusser – pensa o comunismo como uma *tendência* da sociedade capitalista"[119]. O método é também "constitutivo" e isso "na medida em que a luta de classe é constitutiva de antagonismos explosivos (...)". Eis detalhados seus níveis sucessivos: "*Abstração determinada, métodos da tendência, nova exposição e deslocamento do campo da investigação*: este dinamismo metódico (que) constitui um universo 'plural' dentro do qual mover-se é arriscado, compreender duro e vencer empolgante"[120].

---

[118] Feltrinelli, Milão, 1978. Publicado em janeiro de 1978, o livrinho contém uma breve nota de apresentação datada de setembro de 1977 que o apresenta como quinto capítulo de uma série que inclui *Crisi dello Stato-piano, comunismo e organizzazione rivoluzionaria* (Feltrinelli, Milão, 1974), "Partito operaio contro il lavoro" (in S. Bologna, P. Carpignano, A. Negri, *Crisi e organizzazione operaia,* Feltrinelli, Milão, 1974), *Proletari e Stato*, (Feltrinelli, Milão, 1976) e "Autovalorizzazione operaia e ipotesi di lavoro" (in A. Negri, *La forma Stato*, Feltrinelli, Milão, 1977). O conjunto desses livros teve as provas destruídas pela editora Feltrinelli e foram publicados em 2006 sob o título geral de *Libri del Rogo,* em portguês: os livros da fogueira (cit, ver acima) .

[119] "Le marxisme comme théorie <<finie>>" (1978) in Louis Althusser, *Solitude de Machiavel.* Édition préparée et commentée par Yves Sintomer, PUF-Actuel Marx, Paris 1998, p. 285, grifos do autor. Sobre o método marxista, vide também Antonio Negri, *5 Lições sobre Império*, DP&A, Rio de Janeiro, 2003.

[120] *Marx oltre Marx*, cit., p. 25. Grifos do autor.

No meio de páginas tomadas pela exaltação da luta encontramos antecipações potentíssimas para o debate político e teórico nesse meado da segunda década de 2000, no momento em que estamos vivenciando o desmoronamento vergonhoso da ilusão positivista, e neodesenvolvimentista, da esquerda sul-americana e o esgotamento de seus governos, entregues a crises econômicas e morais que nos lembram a miséria do socialismo real: "A compatibilidade entre interesse particular operário e interesse geral da sociedade, entre socialismo e democracia – a compatibilidade, pois, do processo de autovalorização com a estruturação produtiva da sociedade é um mito. Não Proudhon e Bentham, mas Rousseau e Stalin são os país desta bem-amada síntese". Como não lembrar das justificativas dos governos do PT para remover as moradias dos pobres na preparação dos megaeventos: em nome do interesse geral (de Roussseau) e por meio da polícia (stalinista!).

É aqui que encontramos uma incrível antecipação dos paradoxos que nos oferece o cinismo oportunista da esquerda positivista em suas cruzadas contra o "pós-moderno" e contra o próprio debate que ele contém. "Pessoalmente, diz Negri, não tenho nada a ver com os chamados '*nouveaux philosophes*', mas devo dizer que fico pasmo quando vejo representantes históricos da classe operária que sempre foram ciosos do binômio esclarecimento-stalinismo produtivo, insultar os jovens filósofos por terem registrados essa conexão mistificadora"[121]. É exatamente o que podemos ler na pobre literatura dos intelectuais da esquerda brasileira dessa segunda década do século XXI: critica-se o "pós-moderno" (e o neoliberalismo) para, por um lado, defender as políticas autoritárias de mega-obras, megaeventos e subsídios para a grande indústria e, pelo outro, para chamar os próprios neoliberais a aplicar violentos ajustes dos desequilíbrios macroeconômicos que suas próprias ilusões instrumentais criaram.

[121] *Il dominio e il sabotaggio*, cit. Pp. 21-2.

É preciso não apenas aceitar a crise da lei do valor, mas afirmar sua determinação operária, procurando a constituição de antagonismos desmedidos. Por isso, é pelo conceito de "autovalorização" que Negri procura apreender essa crise: "A autovalorização proletária é força de se separar do valor de troca e capacidade de fundar-se no valor de uso, (no) reconhecimento das dimensões independentes das forças produtivas"[122]. Se trata, pois, do terreno de uma luta operária contra o (e não pelo) trabalho que transforma todos os valores e por meio da qual a classe operária destrói a si mesma como classe: se metamorfoseia. Naquele final da década de 1970, Negri apreende o movimento de 1977, suas dimensões totalmente sociais, internas à esfera da circulação (por isso a ênfase colocada no movimento feminista em vários de seus textos, pois se trata de uma luta que tem caraterísticas biopolíticas), ponto de vista subjetivo que lhe permite de radicalizar a análise da tendência. Nesse terreno é enfim possível romper concretamente com as ambiguidades dialéticas de Marx e sobretudo do marxismo, em particular da trágica experiência do socialismo real e do stalinismo. Se Lenin podia pensar as relações entre "Sovietes e Eletrificação", entre "Sovietes e locomotivas", hoje o capital "jogou a locomotiva contra nós" [123], exatamente como Stalin atropelou os trabalhadores com o trabalho forçado massificado pelo sistema penal e como os governos neodesenvolvimentistas na América do Sul e no Brasil em particular deram continuidade aos grandes projetos dos militares atropelando os índios e suas reservas, removendo os pobres de suas favelas e massacrando os jovens no sistema mafioso de governo das periferias.

Aqui, o conceito unitário de desenvolvimento capitalista se rompe: de um lado, o desenvolvimento do capital constante, do outro o das forças produtivas. Negri encontra ou produz um "ou-

---

[122] *Il dominio e il sabotaggio*, Feltrinelli, Milano, 1978, p.19.

[123] *Il Dominio e il sabotaggio*, cit. p. 49.

tro" Marx e isso em dois movimentos: em primeiro lugar, um Marx teórico da formação da subjetividade; em segundo lugar, um Marx que antecipa a passagem da subsunção formal para subsunção real. Não mais, pois, o Marx teórico do determinismo objetivo do capital, mas aquele do perspectivismo renovado pelos jovens teóricos do *operaísmo* italiano (Raniero Panzieri e Mario Tronti). Não mais o Marx que apreende o mundo a partir unicamente da esfera da produção – aceitando dessa maneira a subordinação da sociedade à ordem fabril – mas que começa seus *cadernos* pela circulação. Não há teoria do comunismo que não seja uma teoria da formação do sujeito ao mesmo tempo que a circulação do capital é seu devir e esse devir é mesmo o movimento de socialização do capital, de construção de uma sociedade-fábrica. Tudo isso abre-se a mais dois desdobramentos teóricos: o primeiro diz respeito à necessidade de uma nítida ruptura com a lógica da dialética, de suas sínteses e teleologias; o segundo implica apreender a passagem para a subsunção real do ponto de vista das transformações do trabalho. O processo constitutivo do sujeito afirma-se como separação que se opõe à dialética que tudo resolve, que tudo sintetiza. Na separação, o dualismo do conceito é ultrapassado no terreno da dualidade dos sujeitos: "o processo de constituição da independência de classe é hoje (em 1977) processo de separação". Ou seja, as lutas proletárias já estão num terreno de ruptura com a dialética do capital[124]. Nas lutas operárias, Negri enxergava a afirmação "sectária (de nossa) condição separada, (e) a diversidade da constituição (proletária) "[125]. Na radicalização anticapitalista há uma radicalização da crítica do stalinismo e do socialismo como formas do capital.

[124] Essas lutas eram definidas por Negri e pelo movimento da "autonomia operaia" como lutas de "autovalorização", ou seja, lutas que articulavam a recusa do trabalho subordinado de tipo fabril com formas de cooperação social produtiva oriunda.

[125] Antonio Negri, *Il dominio e il sabotaggio*, Feltrinelli, Milano, 1978, p.16.

Aqueles que, do ponto de vista do marxismo tradicional criticam a perspectiva da separação e da alteridade na realidade, "assumem a responsabilidade de participar da monstruosidade do desenvolvimento do 'socialismo' e de seus ilícitos negócios com os mais nojentos aspetos do modo de produção capitalista"[126].

Contudo, é no terreno das transformações do trabalho que "Negri estava além Negri": a percepção da crise da medida estava além da dinâmica sociológica real ou pelo menos das inercias corporativas e políticas da velha esquerda e dos sindicatos. A transformação da força-de-trabalho em força-invenção, no ritmo da recusa do trabalho assalariado e no horizonte da transmutação do trabalho estava sim constituindo o terreno de lutas de tipo biopolítico – como indicava o movimento feminista e como tinha feito, antes, o movimento dos negros norte-americanos (com lutas que aconteciam diretamente na esfera da reprodução, envolvendo todo o tempo de vida), mas com muitos mais elementos de fragmentação e descontinuidade do que pensávamos conseguir enfrentar. Se a desmedida capitalista não tinha a capacidade de impor uma nova métrica, ela conseguiu sim impedir que o desdobramento das lutas as reinventasse em termos, como dizia Negri naquela época, "comunistas"[127] ou, como diríamos hoje na construção do comum. Talvez, um dos problemas tenha sido mesmo o fato que nossa violenta crítica da cumplicidade que ligava entre eles o reformismo e o stalinismo, socialismo e capitalismo, se mantivesse ainda demasiadamente interna ao campo da "esquerda" e nesse sentido se deixasse atravessar por um viés ideológico. O que realmente interessava, ao contrário, era mesmo largar todas as amarras ideológicas, fugir rumo ao deserto e radicalizar a invenção *operaísta* no terreno biopolítico da recomposição de trabalho manual e trabalho intelectual no *corpo vivo* do trabalhador "social".

---

[126] Ibid.

[127] *Il Dominio* ..., cit. p. 58.

Era preciso ir além do *operaísmo*, inclusive na análise do próprio americanismo e do New Deal. A síntese proposta por Tronti em 1970[128] e sua conversão aos temas da autonomia do político tinha elementos internos a ambiguidade funcionalista da abordagem operaísta. A noção de "era progressiva" que fazia das lutas operárias o mecanismo fundamental de regulação do crescimento capitalista era viável na medida que a luta era vista fundamentalmente como luta dos operários. Sim, a luta era o determinante da passagem da exploração extensiva (a mais valia absoluta) para a exploração intensiva (a mais valia relativa que a inovação técnica proporcionava). Mas essa dimensão primeira, constitutiva não deixava de encontrar uma síntese no desenvolvimento: reformista ou socialista que fosse.

Negri ia além de Tronti, recusando a autonomia do político e afirmando o critério da "separação". Negri ia além Negri desdobrando a autonomia operária em termos de autovalorização diante de um capital que não mais organizava a cooperação social produtiva, mas apenas a comandava desde fora, de maneira cada vez mais parasitária. Isso precisava não apenas cavar a tendência, mas também as bases do *operaísmo*: "Somente a história das lutas pode fazer a do equivalente geral"[129]. Mas essa história das lutas também precisa ser radicalmente "outra" com relação ao capital.

---

[128] No artigo "The Progressiva Era", datado de 1970 e usado como conclusão na coletânea de artigos de Mario Tronti, *Operai e capitale,* Einaudi, Torino, 1971. Uma virada para autonomia do político que não por acaso Negri crítica em um dos 3 apêndices do seu primeiro livro sobre Espinosa, *L'Anomalia Selvaggia* (cit.), "Note sulla storia del político in Tronti", pp.288-292. Nessa podemos ler: "No fundo, a coisa que mais se parece ao poder, ao político, e o dinheiro. Vocês podem imaginar então uma história do dinheiro – e de seu autônomo funcionamento – que não tenha em si uma história das relações de produção, das proporções da reprodução, da dinâmica das forças produtivas? Quando é que a estrutura do Tesouro poderia explicar o funcionamento do dinheiro? ".

[129] Antonio Negri, "Note sulla storia del politico in Tronti", *L'Anomalia Selvaggia,* cit., p.291.

A constituição da subjetividade e a lógica da separação já estavam em funcionamento por fora da relação salarial. Há uma longa duração das lutas biopolíticas. Talvez encontremos algo num outro autor "maldito" daquelas décadas gloriosas. Tão "maldito" que sequer o movimento da autonomia tinha entendido a potência de sua reflexão trágica. Pier Paolo Pasolini, em 1966, fazia descobertas muito próximas dos *operaístas* sobre as dimensões operárias do fordismo rooseveltiano: "Na América há ideólogos não marxistas (que entenderam) os limites do socialismo real, ou seja (entenderam) que os operários soviéticos são dominados por uma burocracia que de revolucionário só tem o nome". A democracia estadunidense é "extremista", dizia ele, "exasperada, quase mística e enquanto tal é revolucionária". Ele tinha também a sensibilidade para entender o que ia *além disso*, *além do operaísmo* (da análise operaísta) algo como uma biopolítica: "Quem não viu uma manifestação pacifista e não-violenta em Nova Iorque está em falta de uma grande experiência humana"[130]. São páginas belíssimas, onde ele compara aos membros da resistência antifascista na segunda guerra os estudantes brancos do Norte que descem no Sul a lutar contra a segregação racial juntos aos negros. "A extraordinária novidade (para um europeu como eu, diz Pasolini), é que a consciência de classe (...) paira nos americanos *em situações totalmente novas e quase escandalosas para o marxismo*" e isso porque "o americano totalmente livre teve que passar pelo *calvário* dos negros e compartilhá-lo"[131]. Pasolini vê, justamente nos Estados Unidos, um tipo de resistência que já está além das lutas operárias, exatamente nos termos que dizia um conto da Resistência Black: "*Temos que jogar nosso corpo na luta*". A luta e o corpo coincidem no movimento antirracista norte-americano

[130] Pier Paolo Pasolini, *Empirismo Eretico*, cit., pp. 144-5.

[131] Ibid., pp. 148-9.

e o poeta via nisso "o novo mote de um engajamento real e não tediosamente moralista: jogar seu *corpo* na luta"[132].

Voltemos ao que Negri apreende nos *Grundrisse*, ou seja a passagem da teoria da mais-valia para aquela da circulação: "A teoria da mais-valia (...) é a definição da possibilidade do sujeito revolucionário, a sua definição em negativo. Com a teoria da circulação a realidade do sujeito coletivo de classe vem colocando-se (...)". Isso significa que o "sujeito se torna cada vez mais verdadeiro, mais concreto, a estrutura celular que a teoria da mais-valia descreve se torna corpo, realidade animal acabada"[133].

A constituição do sujeito e sua dimensão separada (ou seja, não mais mediada dentro da linha do progresso) tem como terreno o trabalho vivo que se "apropriou da ferramenta, a tornou sua por meio da rede e do êxodo, sob a forma da prótese"[134]. É entre a rede e o êxodo, na *ressurreição dos corpos*, que hoje se define essa condição prévia sem a qual não pode haver produção nenhuma. Entre as redes e as ruas acontece um novo tipo de trabalho, cuja cooperação é colaborativa e tendencialmente horizontal. Esse "entre" pode ser definido como o comum, um comum sem o qual nenhuma produção é possível: sujeitos que produzem o comum em comum.

Para terminar, lembraremos que o Negri adverte: sequer os *cattivi maestri* estão livres de manipulação e de serem usados pelo avesso da radicalidade democrática que teorizaram e praticaram ao risco de suas vidas. Num livrinho polêmico dedicado ao debate italiano na virada do século, ele escrevia: "O pensamento fraco traduziu para o italiano um Foucault e um Deleuze travestidos em *soubrettes*, os fizeram dançar no caderno cultural dos jornais da chamada esquerda (...)"[135]. Todo autor, toda obra passa

---

[132] Ibid., p. 150. Grifos nossos.

[133] A. Negri, *Marx oltre Marx,* cit., p. 116.

[134] A. Negri, "Lettre à Raúl sur le corps", *Art et Multitude*, Stock, Paris, p. 109.

[135] *La differenza italiana*, Nottetempo, , Roma, 2005, pp.7-8.

pelo desafio de um reconhecimento que na realidade significa ao mesmo tempo ir para um museu, por exemplo aquele da História da filosofia. Hélio Oiticica escreveu que "museu é o mundo", mas o mundo foi para o Museu, juntamente com sua obra. O Museu transforma "as obras que nasceram no calor de uma vontade (...) em prodígios de um outro mundo" – dizia Merleau-Ponty. Assim, o reconhecimento "mata a veemência da pintura como a Biblioteca transforma em mensagens os escritos que eram os gestos de um homem..."[136]. Da mesma maneira, a história da filosofia santifica a exclusão dos *cattivi maestri*, pois a "história da filosofia é – lembra Negri - uma faculdade jurídica, ou seja, de polícia"[137]. No mesmo tom, Gilles Deleuze e Félix Guattari escreviam que a "filosofia é devir, não história: ela é coexistência de planos e não sucessão de sistemas[138]".

Por definição, na filosofia dos *cattivi maestri* não há e não pode haver dogma e ainda menos uma *doxa*. Assim, lembra Negri, esse pensamento gera "discípulos", mas o faz de maneira ambígua: "pois que ele não disciplina essa geração, ele terá discípulos fieis e infiéis". Isso significa relativizar até esse pensamento da imanência e da democracia absoluta? Pelo contrário: "sempre há uma solução prática dos problemas reais". Somente na prática o pensamento resolve sua própria ambiguidade, "mergulhando no evento de seu aparecimento"[139]. Esse é um desafio sempre atual, mesmo quando até os *cattivi maestri* estão cansados.

Rio de Janeiro, julho de 2015

---

136 *La prose du monde*, Gallimard (Tel), Paris, 1969, p.103.

137 *Luciano Ferrari Bravo ...* , cit., p. 10.

138 *Qu'est-ce que la philosophie,* cit.p. 59.

139 *Luciano Ferrari Bravo ...*, cit., p. 14.

POTE

SOBRE O AUTOR

Antonio "Toni" Negri nasceu na cidade italiana de Pádua, no Vêneto, em 1º de agosto de 1933. Na década de 1950, ingressou no curso de Filosofia da Universidade de Pádua, no qual demonstrou particular interesse no historicismo alemão; uma vez graduado, foi rapidamente incorporado ao departamento de Filosofia da faculdade de Direito de sua *alma mater*. Sua atividade intelectual, por sinal, jamais esteve desacompanhada da política: iniciou sua vida política junto a movimentos da esquerda católica e, logo depois, se tornou membro do *Partido Socialista Italiano* (PSI) em 1956.

Nos anos 1960, colaborou com o círculo de intelectuais marxistas que girava em torno da revista *Quaderni Rossi*, a qual envolvia pensadores como Mario Tronti e serviu como referência teórica para o *movimento operaísta* – o qual se caracterizou por uma retomada vívida do pensamento marxista, pela intensa produção teórica associada às lutas materiais e a recusa de vias burocráticas de organização.

Nesse contexto de radicalização política, marcado pela greve de 1962 da Fiat, Negri rompe com o PSI em 1963, e acirra sua postura crítica à débil social-democracia italiana, capitaneada pelo frágil PSI, ou por uma via soviética, simbolizada pelo *Partido Comunista Italiano* (PCI), maior partido comunista da Europa Ocidental; em 1967, ele se torna catedrático em Teoria do Estado pela sua *alma mater* e em 1969 participa da fundação do *Poder Operário*, importante organização operaísta no contexto do *Outono Quente*. Envolvido profundamente com o movimento operaísta, Negri ocupa um papel central em um contexto perpassado por greves selvagens – voltadas tanto contra os patrões quanto contra as direções burocráticas dos sindicatos –, levantes estudantis, manifestações de rua e o não alinhamento à esquerda parlamentar – o que se acelera com o 1968 italiano, inaugurando um ciclo quase ininterrupto de agitações que irá se estender pelos próximos dez anos.

Nos anos 1970, Negri é peça fundamental na formação da *Autonomia Operária*, enquanto o ciclo de lutas chega ao seu ponto alto com o escárnio das esquerdas contra a capitulação definitiva do PCI em 1977, pelas mãos do chamado *Compromisso Histórico*, que apenas sacramentou o acordo tácito que já unia a esquerda comunista à direita. A partir daí, com a declaração final da falência da esquerda parlamentar, o grau de tensão e o número de confrontos estoura na Itália.

O 1977 italiano chama a atenção de toda a Europa: o movimento contestatório local atinge massa crítica, se tornando alvo de uma violenta repressão de Estado. Em 1978, com o sequestro e assassinato do premiê democrata cristão Aldo Moro pelas *Brigadas Vermelhas*, a repressão recai violentíssima e normas de exceção são criadas e aplicadas.

Negri, visto como um dos grandes teóricos do processo, entra na alça de mira, o que, depois de chegar a ser preso, passa uma temporada na França no ano seguinte onde, atendendo ao convite de Louis Althusser, ministra as conferências sobre os *Grundrisse* que deram origem a Marx além de Marx – um interregno entre os dois períodos no cárcere.

Dezenas de milhares entraram na mira da onda persecutória de Estado, sobretudo intelectuais e militantes notórios, sendo alvos de interrogatórios e prisões arbitrárias. Um dos líderes da *Autonomia Operária*, Negri é acusado de ser *cattivo maestro* e mandante moral do assassinato de Moro no rumoroso *Processo de 7 de Abril* (de 1979).

Negri faz a sua própria defesa em vão, mas passa vários anos no horror do sistema prisional italiano, no qual se dedica a estudar e a escrever – quando encontra a obra do filósofo luso-

-holandês Espinosa, essencial para suas formulações posteriores; ironicamente, ele acaba eleito na prisão para o cargo de deputado pelo *Partido Radical* em 1983.

Sua imunidade, contudo, é rapidamente derrubada pelos seus pares, mas ele foge para a França, onde se radica. Ele seguiu os passos de inúmeros outros perseguidos dos chamados *anni di piombo* (os anos de chumbo italianos) – os quais, sob a proteção da *Doutrina Mitterrand*, são recepcionados e protegidos no país vizinho.

Na França, Negri é acolhido por intelectuais do porte de Gilles Deleuze e Felix Guattari e passa a lecionar nas principais universidades locais. Em 1997, ele retorna voluntariamente à Itália para se entregar às autoridades para o cumprimento do resto de sua pena e, assim, tentar forçar o Estado italiano a perdoar inúmeros militantes que não podiam retornar ao seu país – um gesto de sacrifício que terminou restando em vão.

Escreve *Império* (2000) com o pensador americano Michael Hardt, dando início à trilogia que teve ainda *Multidão* (2004) e *Comum* (2009), a qual lhe deu franca notoriedade mundial, sobretudo por tratar de temas caros ao movimento *alterglobalista*, que vivia seu auge, enquanto manteve os olhos na América Latina e, depois, nos movimentos multitudinários iniciados pela *Primavera Árabe* – dos quais se seguiram o *Occupy Wall Street* e fenômenos congêneres pela Europa, sobretudo na Espanha, e pelo mundo.

Em seus mais de oitenta anos, Negri escreveu dezenas de obras apresentando uma visão atual, autêntica e potente e de pensadores como Marx e Espinosa, realizando, por conseguinte, uma sofisticada análise das profundas mudanças que o Capitalismo sofreu nas últimas décadas – sempre se mantendo do ponto de vista das lutas materiais e da multidão.

AGRADECIMENTOS DO TRADUTOR

Agradeço à editora Autonomia Literária pela oportunidade de traduzir este clássico, a Toni Negri pela confiança e a prestatividade em sanar dúvidas, especialmente quanto a passagens truncadas resultantes da transcrição de seu curso original, como impresso na primeríssima edição da Feltrinelli, de 1979, depois revisada na segunda edição italiana pela editora Manifestolibri, em 1998, agradeço também a Carlos Prieto del Campo, tradutor da edição espanhola, e a Raúl Sánchez Cedillo, que contribuíram fornecendo as provas da elegante tradução àquele idioma, ao tradutor da edição em inglês, Harry Cleaver pelas dicas e decifrações, a Giuseppe Cocco, Homero Santiago e Cauê Seignemartin Ameni que contribuíram para a realização deste projeto e, final e especialmente, a Hugo Albuquerque pela atenciosa revisão e amizade sem peias.

Bruno Cava, Outubro de 2016